AF275201

Disfrute gratuitamente **DURANTE UN AÑO** de los eBook y audiolibros de las obras de Editorial Colex*

⊛ Acceda a la página web de la editorial **www.colex.es**

⊛ Identifíquese con su usuario y contraseña. En caso de no disponer de una cuenta regístrese.

⊛ Acceda en el menú de usuario a la pestaña «Mis códigos» e introduzca el que aparece a continuación:

RASCAR PARA VISUALIZAR EL CÓDIGO

⊛ Una vez se valide el código, aparecerá una ventana de confirmación y su eBook y/o audiolibro estará disponible **durante 1 año desde su activación** en la pestaña «Mis libros» en el menú de usuario.

---

* Los audiolibros están disponibles en las ediciones más recientes de nuestras obras. Se excluyen expresamente las colecciones «Códigos comentados», «Biblioteca digital» y los productos de www.vademecumlegal.es.

¡Gracias por confiar en nosotros!

La obra que acaba de adquirir incluye de forma gratuita la versión electrónica. Acceda a nuestra página web para aprovechar todas las funcionalidades de las que dispone en nuestro lector.

Funcionalidades eBook

Acceso desde cualquier dispositivo con conexión a internet

Idéntica visualización a la edición de papel

Navegación intuitiva

Tamaño del texto adaptable

Síguenos en: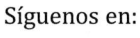

REGISTRO Y AUDITORÍA RETRIBUTIVA

Herramientas empresariales para la igualdad retributiva: registro retributivo y su auditoría, valoración de puestos de trabajo e información salarial

REGISTRO Y AUDITORÍA RETRIBUTIVA

Herramientas empresariales para la igualdad retributiva: registro retributivo y su auditoría, valoración de puestos de trabajo e información salarial

EDICIÓN 2025

Obra realizada por el Departamento de Documentación de Iberley

COLEX 2025

© Editorial Colex, S.L.
Calle Costa Rica, número 5, 3.º B (local comercial)
A Coruña, 15004, A Coruña (Galicia)
info@colex.es
www.colex.es

I.S.B.N.: 978-84-1194-838-8
Depósito legal: C 18-2025

SUMARIO

ANEXO
FORMULARIOS

0.
INTRODUCCIÓN

En el contexto actual, la igualdad retributiva se ha convertido en pilar fundamental para garantizar la equidad en el ámbito laboral. Este libro aborda las herramientas empresariales clave para lograr la igualdad retributiva, centrándose en el registro retributivo, la auditoría salarial, la valoración de puestos de trabajo y la información salarial. A través de un análisis detallado de cada una de estas herramientas, se pretende proporcionar a las empresas y profesionales del derecho laboral una guía práctica y exhaustiva para implementar y mantener políticas de igualdad retributiva en sus organizaciones.

La igualdad retributiva no solo es un derecho fundamental, sino también una obligación legal en España, respaldada por una serie de normativas que incluyen la Ley Orgánica 3/2007 para la igualdad efectiva de mujeres y hombres, el Real Decreto-ley 6/2019, y los Reales Decretos 901/2020 y 902/2020. Estas normativas establecen la necesidad de realizar auditorías retributivas, mantener registros salariales y valorar los puestos de trabajo sin sesgos de género, con el objetivo de identificar y corregir posibles desigualdades salariales.

El libro aborda en detalle las herramientas y procedimientos necesarios para cumplir con estas obligaciones legales. Se exploran aspectos como la creación y mantenimiento del registro retributivo, que debe incluir las retribuciones medias y medianas de los trabajadores desglosadas por sexo y categoría profesional, así como la realización de auditorías retributivas que analicen la estructura salarial de la empresa y propongan medidas correctoras en caso de detectar desigualdades.

Además, se profundiza en la valoración de puestos de trabajo, un proceso crucial para asegurar que trabajos de igual valor reciban la misma retribución, independientemente del género de quien los desempeñe. Este proceso implica una descripción detallada de las tareas y responsabilidades de cada puesto, así como la identificación de posibles sesgos de género en la clasificación y remuneración de los mismos.

Finalmente, el libro ofrece una visión práctica sobre cómo implementar estas herramientas en el día a día de la empresa, incluyendo ejemplos de buenas prácticas y estudios de caso que ilustran cómo otras organizaciones han abordado y superado los desafíos relacionados con la igualdad retributiva.

En resumen, esta obra resulta esencial para cualquier empresa comprometida con la equidad salarial, proporcionando los conocimientos y recursos necesarios para cumplir con la normativa vigente y promover un entorno laboral justo y equitativo. Para ello desarrollaremos:

1. **El principio de igualdad y las herramientas para la igualdad retributiva**. El primer capítulo explora el marco legal que sustenta el principio de igualdad y no discriminación en el ámbito laboral en España. Se analizan las normativas vigentes y se distingue entre discriminación directa e indirecta por razón de sexo, proporcionando una base sólida para entender las obligaciones legales de las empresas.

En este apartado veremos resumido y con esquemas el contenido esencial de la obra:

- **Registro salarial o retributivo**: se detalla la importancia del registro retributivo como herramienta para identificar y corregir posibles desigualdades salariales dentro de la empresa.

- **Auditoría salarial o retributiva**: se explica el proceso de auditoría retributiva, incluyendo la realización de diagnósticos y la implementación de planes de acción para corregir desigualdades.

- **Sistema de valoración** de puestos de trabajo: se describe cómo la valoración de puestos de trabajo contribuye a una clasificación profesional justa y equitativa.

- **El derecho de acceso al registro retributivo**: se aborda el derecho de los trabajadores y sus representantes a acceder al registro retributivo, garantizando la transparencia en la empresa.

2. **Dónde se encuentran las diferencias retributivas: brecha retributiva**. En el punto segundo analizamos dónde se encuentran las diferencias retributivas:

- Salario base y complementos salariales o extrasalariales: se analizan los diferentes componentes del salario y cómo pueden contribuir a la brecha retributiva.

- Doble escala salarial: se examina la existencia de dobles escalas salariales y su impacto en la igualdad retributiva.

- La negociación colectiva y el sistema de clasificación profesional: se estudia el papel de la negociación colectiva y los sistemas de clasificación profesional en la determinación de salarios.

Del mismo modo daremos respuesta a cuestiones como: ¿qué es la brecha retributiva?, ¿qué elementos explican la existencia de las diferencias salariales? o cómo realizar un análisis de la brecha retributiva en la empresa:

3. **Registro retributivo**. Este capítulo detalla las normativas que regulan el registro retributivo, su contenido, acceso, y periodo de validez. Se explican las diferencias entre el registro retributivo y la auditoría retributiva, así como las consecuencias de no realizar el registro. También se aborda la protección de datos en el contexto del registro retributivo y se proporcionan claves para su correcta implementación en las empresas.

4. Auditoría retributiva. Se exploran las normativas que regulan la auditoría retributiva, las empresas obligadas a realizarla y su vigencia. Se describe el contenido de la auditoría, incluyendo el diagnóstico de la situación retributiva y el establecimiento de un plan de actuación. Además, se analiza la relación entre la auditoría retributiva y el RD 902/2020, así como su integración en el plan de igualdad de la empresa.

5. Valoración de puestos de trabajo (VPT). Este capítulo define la valoración de puestos de trabajo y describe el procedimiento para su implementación. Se detallan los elementos del procedimiento, la selección de factores y subfactores, y la comparativa y análisis de género de las puntuaciones de los puestos de trabajo. También se proporcionan claves para realizar la valoración de puestos de trabajo en la empresa y ejemplos prácticos.

6. Información retributiva a las personas trabajadoras y sus representantes. Se analiza la importancia de la información salarial como herramienta para garantizar la transparencia retributiva. Se detalla quién y qué puede acceder a la información retributiva, incluyendo a las personas trabajadoras, sus representantes legales, la Inspección de Trabajo y los trabajadores contratados por una ETT. También se aborda la protección de datos en el contexto del acceso a la información retributiva.

7. Consecuencias del incumplimiento de las obligaciones en materia de igualdad y transparencia retributiva. Este capítulo examina las infracciones y sanciones derivadas del incumplimiento de las obligaciones en materia de igualdad y transparencia retributiva. Se detallan las sanciones por falta de valoración de puestos de trabajo, registro retributivo, auditoría salarial y falta de información a los representantes de los trabajadores.

8. Reclamaciones de las personas trabajadoras ante discriminación salarial. Se exploran las vías legales para que las personas trabajadoras puedan reclamar ante situaciones de discriminación salarial. Se detalla el proceso de impugnación de convenios colectivos, el conflicto colectivo por discriminación salarial y la tutela de derechos fundamentales. Se describen las especialidades procesales, las medidas cautelares y las particularidades de la sentencia e indemnización.

1.
EL PRINCIPIO DE IGUALDAD Y LAS HERRAMIENTAS PARA LA IGUALDAD RETRIBUTIVA

En base al principio de igualdad ninguna persona trabajadora puede ser discriminada por razón de nacimiento, origen racial o étnico, sexo, religión, convicción u opinión, edad, discapacidad, orientación o identidad sexual, expresión de género, enfermedad o condición de salud, estado serológico y/o predisposición genética a sufrir patologías y trastornos, lengua, situación socioeconómica, o cualquier otra condición o circunstancia personal o social.

1.1. Marco normativo del principio de igualdad y no discriminación en las relaciones laborales

El principio de igualdad de trato entre mujeres y hombres supone la ausencia de toda discriminación, directa o indirecta, por razón de sexo, y, especialmente, las derivadas de la maternidad, la asunción de obligaciones familiares y el estado civil. La igualdad de trato y de oportunidades entre mujeres y hombres es un principio informador del ordenamiento jurídico y, como tal, se integrará y observará en la interpretación y aplicación de las normas jurídicas (arts. 3 y 4 de la LOI).

a) Normativa internacional

El principio de igualdad y no discriminación en las relaciones laborales cuenta con reconocimiento internacional expreso desde el 10 de diciembre de 1948, fecha en la que la Asamblea General de las Naciones Unidas declaró que todos los seres humanos nacen libres e iguales en dignidad y derechos, y se les garantiza la protección contra todo tipo de discriminación.

La igualdad es, asimismo, un **principio fundamental en la Unión Europea**. Desde la entrada en vigor del **Tratado de** Ámsterdam, el 1 de mayo de 1999, la igualdad entre mujeres y hombres y la eliminación de las desigualdades entre unas y otros son un objetivo que debe integrarse en todas las políticas y acciones de la Unión y de sus miembros.

Con amparo en el antiguo artículo 111 del Tratado de Roma, se ha desarrollado un acervo comunitario sobre igualdad de sexos de gran amplitud e importante calado:

– **Directiva 2006/54/CE del Parlamento europeo y del Consejo de 5 de julio de 2006** relativa a la igualdad de oportunidades e igualdad de trato entre hombres y mujeres en asuntos de empleo y ocupación, incluyendo la aplicación del principio de igualdad de oportunidades e igualdad de trato entre hombres y mujeres en asuntos de empleo y ocupación; con conceptos como igualdad de retribución, así como desarrollando como sobre quién recaerá la carga de la prueba.

– **Directiva 2004/113/CE**, sobre aplicación del principio de igualdad de trato entre hombres y mujeres en el acceso a bienes y servicios y su suministro.

b) Constitución Española

Para definir el alcance y contenido del principio de igualdad hemos de hacer obligada referencia al tratamiento que la **Constitución Española (CE)** realiza del mismo:

– El **art. 1 de la CE**, bajo la regulación «España se constituye en un Estado social y democrático de Derecho, que propugna como valores superiores de su ordenamiento jurídico la libertad, la justicia, la igualdad y el pluralismo político», proclama junto a la libertad, justicia y el pluralismo político, la igualdad como uno de los valores superiores del ordenamiento jurídico nacional.

– El **art. 9.2 de la CE**, establece la obligación de los poderes públicos de promover las condiciones para que la libertad y la igualdad del individuo y de los grupos en que se integra sean reales y efectivas.

– El **art. 14 de la CE**, prevé —constituyendo el núcleo central del derecho a la igualdad— que «los españoles son iguales ante la ley, sin que pueda prevalecer discriminación alguna por razón de nacimiento, raza, sexo, religión, opinión». En este caso, el artículo 14 de la Constitución contiene una cláusula general de igualdad de todos los españoles ante la ley; cuando existe una diferencia de trato en situaciones comparables, se rompe el equilibrio y el Derecho debe restaurar la igualdad. Sobre este punto, la prohibición de discriminación por razón de sexo tiene su razón de ser en la voluntad de terminar con la histórica situación de inferioridad, en la vida social y jurídica, de la mujer. Por tanto, siguiendo unánimemente doctrina científica, la prohibición de discriminación entre sexos impone que la distinción entre los mismos sólo pueda ser utilizada excepcionalmente como criterio de diferenciación jurídica de trato entre los varones y las mujeres, resultando un principio también vigente en materia de empleo.

- El **art. 24.1 de la CE**, asociado al derecho de tutela judicial efectiva en relación al principio de igualdad, preceptúa que «todas las personas tienen derecho a obtener la tutela efectiva de los jueces y tribunales en el ejercicio de sus derechos e intereses legítimos, sin que, en ningún caso, pueda producirse indefensión».

- En último lugar, en relación con la introducción del concepto, el **art. 35.1 de la CE**, indica que «todos los españoles tienen el deber de trabajar y el derecho al trabajo, a la libre elección de profesión u oficio, a la promoción a través del trabajo y a una remuneración suficiente para satisfacer sus necesidades y las de su familia, sin que en ningún caso pueda hacerse discriminación por razón de sexo».

c) Estatuto de los Trabajadores

Centrando este apartado introductorio en el principio de igualdad y no discriminación en las relaciones laborales, resulta igualmente necesario reflejar, los **artículos 4.2.c), 7.c), 9.3, 28 y 53.4, 55.5 del Real Decreto Legislativo 2/2015, de 23 de octubre, por el que se aprueba el texto refundido de la Ley del Estatuto de los Trabajadores (ET)**:

- El **art. 4.2.c) del ET**, dentro de los derechos laborales, establece que en la relación de trabajo, las personas trabajadoras tienen derecho «a no ser discriminadas directa o indirectamente para el empleo o, una vez empleados, por razones de estado civil, edad dentro de los límites marcados por esta ley, origen racial o étnico, condición social, religión o convicciones, ideas políticas, orientación sexual, identidad sexual, expresión de género, características sexuales, afiliación o no a un sindicato, por razón de lengua dentro del Estado español, discapacidad, así como por razón de sexo, incluido el trato desfavorable dispensado a mujeres u hombres por el ejercicio de los derechos de conciliación o corresponsabilidad de la vida familiar y laboral». Del mismo modo, amplía la imposibilidad de discriminación por razón de discapacidad, «siempre que se hallasen en condiciones de aptitud para desempeñar el trabajo o empleo de que se trate».

- El **art. 7.c) del ET**, donde se reconoce la capacidad para contratar a los extranjeros, de acuerdo con lo dispuesto en la legislación específica sobre la materia.

- El **art. 9.3 del ET**, especifica: «(...) en caso de nulidad por discriminación salarial por razón de sexo, el trabajador tendrá derecho a la retribución correspondiente al trabajo igual o de igual valor».

- El **art. 17.1 del ET**, precisa que «se entenderán nulos y sin efecto los preceptos reglamentarios, las cláusulas de los convenios colectivos, los pactos individuales y las decisiones unilaterales del empresario que den lugar en el empleo, así como en materia de retribuciones, jornada y demás condiciones de trabajo, a situaciones de discriminación directa o indirecta (...) por razón de sexo (...)».

- El **art. 22.3 del ET**, establece la necesidad de que «(...) la definición de los grupos profesionales se ajustará a criterios y sistemas que, basados en un análisis correlacional entre sesgos de género, puestos de trabajo, criterios de encuadramiento y retribuciones, tengan como objeto garantizar la ausencia de discriminación, tanto directa como indirecta, entre mujeres y hombres. Estos criterios y sistemas, en todo caso, cumplirán con lo previsto en el artículo 28.1».

– El **art. 28 del ET**, preceptuando, dentro del deber de igualdad de remuneración, la obligación empresarial de pagar «pagar por la prestación de un trabajo de igual valor la misma retribución, satisfecha directa o indirectamente, y cualquiera que sea la naturaleza de la misma, salarial o extrasalarial, sin que pueda producirse discriminación alguna por razón de sexo en ninguno de los elementos o condiciones de aquella».

– El **art. 54.2 del ET** (en relación con el despido disciplinario por acoso) «2. Se considerarán incumplimientos contractuales: (...) g) El acoso por razón de origen racial o étnico, religión o convicciones, discapacidad, edad u orientación sexual y el acoso sexual o por razón de sexo al empresario o a las personas que trabajan en la empresa».

– El **art. 55.5 del ET** (en similar redacción a la del art. 53.4 del ET para los supuestos de extinción por causas objetivas), donde se considera nulo el despido que tenga por móvil alguna de las causas de discriminación prohibidas en la Constitución o en la ley, o bien se produzca con violación de derechos fundamentales y libertades públicas de las personas trabajadoras, junto con una serie de supuestos concretos como:

  – El de los trabajadores durante los periodos de suspensión del contrato de trabajo por nacimiento, adopción, guarda con fines de adopción, acogimiento, riesgo durante el embarazo o riesgo durante la lactancia natural [art. 45.1.d) y e) del ET] o por enfermedades causadas por embarazo, parto o lactancia natural, o el notificado en una fecha tal que el plazo de preaviso concedido finalice dentro de dichos periodos.

  – El de las trabajadoras embarazadas, desde la fecha de inicio del embarazo hasta el comienzo del periodo de suspensión a que se refiere la letra a); el de los trabajadores que hayan solicitado uno de los permisos (arts. 37.4, 5 y 6 del ET), o estén disfrutando de ellos, o hayan solicitado o estén disfrutando la excedencia (art. 46.3 del ET); y el de las trabajadoras víctimas de violencia de género por el ejercicio de los derechos de reducción o reordenación de su tiempo de trabajo, de movilidad geográfica, de cambio de centro de trabajo o de suspensión de la relación laboral en los términos y condiciones reconocidos en el texto estatutario.

  – El de las personas después de haberse reintegrado al trabajo al finalizar los periodos de suspensión del contrato por nacimiento, adopción, delegación de guarda, acogimiento, o paternidad [art. 45.1.d) del ET] siempre que no hubieran transcurrido más de nueve meses desde la fecha de nacimiento, adopción, delegación de guarda o acogimiento del hijo o del menor.

  – El disfrute del permiso parental a que se refiere el art. 48 bis del ET.

RESOLUCIÓN RELEVANTE

SAN n.º 198/2018, de 18 de diciembre de 2018, ECLI:ES:AN:2018:4697

Analizando normativa interna que regula la retribución variable equipare el descanso por paternidad al de maternidad, recalculando objetivos y condiciones de devengo en proporción al tiempo trabajado, «(...) cabe concluir, parafraseando a la referida STS 10/2017, que "para evitar toda discriminación y garantizar la igualdad de oportunidades entre hombres y mujeres, los trabajadores que se hayan acogido a un permiso parental no pueden estar en una posición de desventaja con respecto a los trabajadores que no se hayan acogido a tal permiso". Y esto es aplicable tanto a mujeres como a hombres, tanto para la suspensión por maternidad como por paternidad. Porque si la paternidad queda menos protegida que la maternidad, la consecuencia lógica es un menor índice de disfrute de la primera en detrimento de la segunda, perpetuándose así la asunción mayoritaria de cargas familiares por las mujeres al ser estas quienes utilizan de modo absolutamente mayoritario estos permisos».

d) LISOS

En el **Real Decreto Legislativo 5/2000, de 4 de agosto, por el que se aprueba el texto refundido de la Ley sobre Infracciones y Sanciones en el Orden Social (arts. 7.13; 8.17; 12; 16 y 46 bis del LISOS)**, se establece que serán infracciones muy graves las decisiones unilaterales del empresario que impliquen discriminación directa o indirecta; así como las que supongan un trato desfavorable de los trabajadores como reacción ante una reclamación efectuada en la empresa o ante una acción judicial destinada a exigir el cumplimiento del principio de igualdad de trato y no discriminación.

e) Ley Orgánica 3/2007 de 22 de marzo, para la igualdad efectiva de mujeres y hombres

La **LOI**, fija el deber general de las empresas de respetar el principio de igualdad en el ámbito laboral, contemplando, específicamente, el **deber de negociar planes de igualdad** (arts. 45 y 46 del LOI que desarrollaremos a lo largo de la obra).

En su Título Primero, la LOI define los conceptos y categorías jurídicas básicas relativas a la igualdad, como las de discriminación directa e indirecta (art. 6), acoso sexual y acoso por razón de sexo (art. 7), y acciones positivas (art. 11). Asimismo, determina las consecuencias jurídicas de las conductas discriminatorias e incorpora garantías de carácter procesal para reforzar la protección judicial del derecho de igualdad.

JURISPRUDENCIA

STS n.º 1040/2024, de 10 de septiembre, ECLI:ES:TS:2024:4531 y STS n.º 778/2019, de 13 noviembre, ECLI:ES:TS:2019:3703

El art. 3 de la LOI «(...) es el parámetro sobre el que debe interpretarse la norma y juzgarse la validez del acuerdo, tanto para valorar la concurrencia de una situación de discriminación directa, como para apreciar la eventual existencia de discriminación indirecta en los términos definidos en el art. 6.2 de la precitada LO 3/2007" (STS 1246/2021 de 9 diciembre, rec. 76/2020). "La igualdad de trato y de oportunidades entre mujeres y hombres es un principio informador del ordenamiento jurídico y, como tal, se integrará y observará en la interpretación y aplicación de las normas jurídicas. Ello significa, por un lado, que la igualdad entre mujeres y hombres constituye valor supremo del ordenamiento jurídico; y, por otro, que consecuentemente, la aplicación de tal principio debe considerarse criterio hermenéutico imprescindible para la interpretación de las normas jurídicas».

f) Ley 15/2022, de 12 de julio, integral para la igualdad de trato y la no discriminación

A pesar de no modificar directamente ninguna normativa laboral, la **Ley para la igualdad de trato y la no discriminación** (en vigor el 14/07/2022), alcanzan este ámbito dada la aplicación transversal de la igualdad de trato.

De la regulación contenida en sus arts. 3; 4; 6; 9; 10; 11; 12; 25-39; 46-52 y D.A. 5.ª, podemos destacar su incidencia sobre el empleo, por cuenta ajena y por cuenta propia, en aspectos como:

- **Prohibición de toda disposición, conducta, acto, criterio o práctica que atente contra el derecho a la igualdad.** Se consideran vulneraciones de este derecho la discriminación, directa o indirecta, por asociación y por error, la discriminación múltiple o interseccional, la denegación de ajustes razonables, el acoso, la inducción, orden o instrucción de discriminar o de cometer una acción de intolerancia, las represalias o el incumplimiento de las medidas de acción positiva derivadas de obligaciones normativas o convencionales, la inacción, dejación de funciones, o incumplimiento de deberes.

- **Definiciones de la discriminación directa e indirecta, por asociación y por error.**

- **Derecho a la igualdad de trato y no discriminación en el empleo por cuenta ajena.** «1. No podrán establecerse limitaciones, segregaciones o exclusiones por razón de las causas previstas en esta ley para el acceso al empleo por cuenta ajena, público o privado, incluidos los criterios de selección, en la formación para el empleo, en la promoción profesional, en la retribución, en la jornada y demás condiciones de trabajo, así como en la suspensión, el despido u otras causas de extinción del contrato de trabajo».

- **Negociación colectiva.** «(...) La negociación colectiva no podrá establecer limitaciones, segregaciones o exclusiones para el acceso al empleo, incluidos los criterios de selección, en la formación para el empleo, en la promoción profesional, en la retribución, en la jornada y demás condiciones de trabajo, así como en la suspensión, el despido u otras causas de extinción del contrato de trabajo, por las causas previstas en esta ley».

- **Se podrán establecer medidas de acción positiva** para prevenir, eliminar y corregir toda forma de discriminación en el ámbito del empleo y las condiciones de trabajo. «La representación legal de los trabajadores y la propia empresa velarán por el cumplimiento del derecho a la igualdad de trato y no discriminación en la empresa por las causas previstas en esta ley y, en particular, en materia de medidas de acción positiva y de la consecución de sus objetivos».

- **Derecho a la igualdad de trato y no discriminación en el trabajo por cuenta propia.** No podrán establecerse limitaciones, segregaciones o exclusiones (por las causas previstas en esta ley) en el acceso al ejercicio y en el desarrollo de una actividad por cuenta propia.

– Derecho a la igualdad de trato, a la no discriminación e intolerancia en organizaciones políticas, sindicales, empresariales, profesionales y de interés social o económico.

– **Se recoge el régimen de infracciones y sanciones en materia de igualdad de trato y no discriminación.** También se establecen sanciones accesorias y la posible sustitución de las mismas por la prestación de su cooperación personal no retribuida en actividades de utilidad pública, con interés social y valor educativo, o en labores de reparación de los daños causados o de apoyo o asistencia a las víctimas de los actos de discriminación; por la asistencia a cursos de formación o a sesiones individualizadas, o por cualquier otra medida alternativa que tenga la finalidad de sensibilizar al infractor sobre la igualdad de trato y la no discriminación, y de reparar el daño moral de las víctimas y de los grupos afectados.

g) Ley 4/2023, de 28 de febrero, para la igualdad real y efectiva de las personas trans y para la garantía de los derechos de las personas LGTBI

Se desarrollan nuevas obligaciones en materia de inclusión de colectivos LGBTI relacionadas con la igualdad de trato y de oportunidades de este colectivo en el ámbito laboral. Dentro de las cuales se establecen la obligación de desarrollar el conjunto planificado de las medidas para la igualdad y no discriminación de las personas LGTBI en las empresas (Real Decreto 1026/2024, de 8 de octubre).

h) Código Penal

El **Código Penal**, donde dentro del mismo fundamentalmente los arts. 173.1 y 184.1, 2 y 3, hacen referencia a la sanción penal del acoso sexual.

i) Ley 36/2011, de 10 de octubre, reguladora de la jurisdicción social

La **LRJS**, señala en su art. 2 e) que la competencia para conocer las reclamaciones de responsabilidad derivada de los daños sufridos como consecuencia del incumplimiento de la normativa de prevención de riesgos laborales que forma parte de la relación funcionarial, estatutaria o laboral, corresponde al orden social.

> «e) Para garantizar el cumplimiento de las obligaciones legales y convencionales en materia de prevención de riesgos laborales, tanto frente al empresario como frente a otros sujetos obligados legal o convencionalmente, así como para conocer de la impugnación de las actuaciones de las Administraciones públicas en dicha materia respecto de todos sus empleados, bien sean éstos funcionarios, personal estatutario de los servicios de salud o personal laboral, que podrán ejercer sus acciones, a estos fines, en igualdad de condiciones con los trabajadores por cuenta ajena, incluida la reclamación de responsabilidad derivada de los daños sufridos como consecuencia del incumplimiento de la normativa de prevención de riesgos laborales que forma parte de la relación funcionarial, estatutaria o laboral; y siempre sin perjuicio de las competencias plenas de la Inspección de Trabajo y Seguridad Social en el ejercicio de sus funciones».

Del mismo modo, al amparo del art. 177 de la LRJS —en consonancia con lo dispuesto en el art. 53.2 de la Constitución Española—, cualquier persona trabajadora o sindicato podrá recabar la tutela a través del proceso laboral especial de tutela de los derechos fundamentales y libertades públicas, cuando considere (dentro de la jurisdicción social) lesionados sus derechos a:

- La libertad sindical.

- La huelga.

- Otros derechos fundamentales y libertades públicas.

- No sufrir tratamiento discriminatorio.

- No sufrir acoso.

j) Estatutos de Autonomía y su desarrollo reglamentario

Los **distintos Estatutos de Autonomía** desarrollan reglamentariamente la normativa en igualdad. Por lo general, dentro del derecho a la no discriminación por razón de género, se prohíbe cualquier discriminación de género u orientación sexual, ya sea directa o indirecta y se fija el deber de los poderes públicos de la autonomía de garantizar la transversalidad del principio de igualdad de género en todas sus políticas, promoviendo acciones positivas para lograr la igualdad de oportunidades entre mujeres y hombres, sobre todo en los ámbitos educativo, económico, laboral, en la vida pública, en el medio rural, en relación con la salud y con los colectivos de mujeres en situación de necesidad especial, particularmente las víctimas de violencia de género (a modo de ejemplo: Ley Orgánica 14/2007, de 30 de noviembre, de reforma del Estatuto de Autonomía de Castilla y León).

Del mismo modo, las **distintas leyes autonómicas de igualdad de oportunidades entre mujeres y hombres** regulan, en el ámbito de la Comunidad correspondiente, el marco de actuación en orden a fomentar la igualdad de la mujer de conformidad con lo previsto en el Estatuto de Autonomía mediante la adopción de medidas de acción positiva para la corrección de desigualdades por razón de género.

k) Negociación colectiva

En última instancia, corresponderá a la **negociación colectiva**, «(...) el deber de negociar medidas dirigidas a promover la igualdad de trato y de oportunidades entre mujeres y hombres en el ámbito laboral o, en su caso, planes de igualdad con el alcance y contenido previsto en el capítulo III del Título IV de la Ley Orgánica para la igualdad efectiva de mujeres y hombres» [art. 85.1 (párrafo segundo) del ET].

Sin perjuicio de lo anterior, la negociación colectiva podrá establecer medidas de acción positiva para favorecer el acceso de las mujeres a todas las profesiones. A tal efecto podrá establecer reservas y preferencias en las condiciones de contratación de modo que, en igualdad de condiciones de idoneidad, tengan preferencia para ser contratadas las personas del sexo menos representado en el grupo profesional de que se trate (art. 17.4 del ET).

CUESTIONES

1. ¿Qué diferencias existen entre el principio de igualdad y la prohibición de discriminación?

El principio de igualdad implica el tratamiento igualitario de los ciudadanos en la aplicación de la ley y en el contenido de la ley. En cambio, la discriminación es un tipo específico de diferencia de trato injustificada que se vincula a la atribución de una persona a un grupo o categoría social.

El principio de igualdad debe ponderarse con otros derechos buscando una relación de proporcionalidad. En cambio, la prohibición de discriminación es una regla establecida en la Constitución Española en términos concretos «(...) sin que pueda prevalecer discriminación alguna».

2. Dentro de un plan de igualdad de empresa, ¿cómo se puede favorecer la igualdad?

Algunas de las acciones que el plan de igualdad puede implantar son:

– Formar a la platilla para evitar comportamientos sexistas y, además, sepan incorporar la perspectiva de género en su proceso de trabajo.

– Implementar medidas para prevenir, actuar y reparar el acoso sexual o por razón de sexo.

– Aplicar medidas de acción positiva en caso de detectarse diferencias en alguna de las áreas de análisis en el diagnóstico.

– Instaurar medidas de conciliación corresponsables dirigidas a mujeres y a hombres, fomentando el uso de las mismas por los varones.

– Diagnosticar la brecha retributiva y llevar a cabo acciones para eliminarla.

– Llevar a cabo campañas de sensibilización a favor de la igualdad.

RESOLUCIÓN RELEVANTE

STSJ del País Vasco, rec. 446/2007, de 24 de abril de 2007, ECLI:ES:TSJPV:2007:1659

Se rechaza la pretensión de que, aplicar diferentes baremos por el cobro del plus de distancia basándose en la antigüedad, viole los principios de igualdad y no discriminación, ya que en el caso de la no discriminación no se ha usado un factor de diferenciación relacionado con la discriminación, segregación u opresión.

Discriminación directa e indirecta por razón de sexo

Se considera discriminación directa por razón de sexo la situación en que se encuentra una persona que sea, haya sido o pudiera ser tratada, en atención a su sexo, de manera menos favorable que otra en situación comparable.

Se considera discriminación indirecta por razón de sexo la situación en que una disposición, criterio o práctica aparentemente neutros pone a personas de un sexo en desventaja particular con respecto a personas del otro, salvo que dicha disposición, criterio o práctica puedan justificarse objetivamente en atención a una finalidad legítima y que los medios para alcanzar dicha finalidad sean necesarios y adecuados (art. 6 de la LOI).

La igualdad entre mujeres y hombres y el derecho a la no discriminación por razón de sexo que se plasma en el art. 14 de nuestra Constitución, tiene desarrollo específico en la citada LOI y, en relación al contrato de trabajo, está asimismo consagrada en el apdo. 1 del art. 17 del Estatuto de los trabajadores, cuando señala que «Se entenderán nulos y sin efecto los preceptos reglamentarios, las cláusulas de los convenios colectivos, los pactos individuales y las decisiones unilaterales del empresario que den lugar en el empleo, así como en materia de retribuciones, jornada y demás condiciones de trabajo, a situaciones de discriminación directa o indirecta (...) por razón de sexo (...)».

DISCRIMINACIÓN DIRECTA E INDIRECTA

LOI

Discriminación por razón de sexo.

Discriminación directa por razón de sexo:
«(...) situación en que se encuentra una persona que sea, haya sido o pudiera ser tratada, en atención a su sexo, de manera menos favorable que otra en situación comparable».

Discriminación por embarazo o maternidad:
«(...) Constituye discriminación directa por razón de sexo todo trato desfavorable a las mujeres relacionado con el embarazo o la maternidad».

Discriminación indirecta por razón de sexo: *«(...) la situación en que una disposición, criterio o práctica aparentemente neutros pone a personas de un sexo en desventaja particular con respecto a personas del otro, salvo que dicha disposición, criterio o práctica puedan justificarse objetivamente en atención a una finalidad legítima y que los medios para alcanzar dicha finalidad sean necesarios y adecuados».*

Ley 15/2022, de 12 de julio

Discriminación por origen, religión, edad, o cualquier otra condición o circunstancia personal o social, independientemente de su situación administrativa en el Estado español.

Discriminación directa: *«(...) situación en que se encuentra una persona o grupo en que se integra que sea, haya sido o pudiera ser tratada de manera menos favorable que otras en situación análoga o comparable por razón de las causas previstas en el apartado 1 del artículo 2».*

Discriminación por asociación y discriminación por error: *«(...) a) Existe discriminación por asociación cuando una persona o grupo en que se integra, debido a su relación con otra sobre la que concurra alguna de las causas previstas en el apartado primero del artículo 2 de esta ley, es objeto de un trato discriminatorio. b) La discriminación por error es aquella que se funda en una apreciación incorrecta acerca de las características de la persona o personas discriminadas».*

Discriminación indirecta: *«(...) cuando una disposición, criterio o práctica aparentemente neutros ocasiona o puede ocasionar a una o varias personas una desventaja particular con respecto a otras por razón de las causas previstas en el apartado 1 del artículo 2».*

Discriminación múltiple e interseccional: *«(...) a) Se produce discriminación múltiple cuando una persona es discriminada de manera simultánea o consecutiva por dos o más causas de las previstas en esta ley. b) Se produce discriminación interseccional cuando concurren o interactúan diversas causas de las previstas en esta ley, generando una forma específica de discriminación. c) En supuestos de discriminación múltiple e interseccional la motivación de la diferencia de trato, en los términos del apartado segundo del artículo 4, debe darse en relación con cada uno de los motivos de discriminación».*

La legislación española y europea establece firmemente la prohibición de cualquier forma de discriminación directa o indirecta por razón de sexo en el ámbito laboral. Esta protección se articula a través de diversas normativas, incluyendo el Estatuto de los Trabajadores [arts. 4.2.c) y 17.1], la Ley Orgánica 3/2007 para la igualdad efectiva de mujeres y hombres (arts. 6 y 8), y la Ley 15/2022 para la igualdad de trato y no discriminación (art. 6). A nivel europeo, la Directiva 2006/54/CE del Parlamento Europeo y del Consejo refuerza estos principios, prohibiendo la discriminación en las condiciones de empleo y trabajo [art. 14.1.c)].

La discriminación directa se define como un trato menos favorable por razón de sexo, mientras que la indirecta se refiere a prácticas aparentemente neutras que perjudican a un sexo en particular, salvo justificación objetiva [arts. 2.1 a y b) de la Directiva 2006/54/CE].

Recientemente, se ha especificado que el trato desfavorable por ejercer derechos de conciliación de la vida familiar y laboral constituye discriminación por razón de sexo, en línea con la Directiva (UE) 2019/1158 y jurisprudencia relevante del Tribunal de Justicia de la Unión Europea y del Tribunal Constitucional español. La jurisprudencia española ha establecido una clara diferenciación entre el principio de igualdad y la prohibición de discriminaciones, aplicando esta última incluso en el ámbito de las relaciones privadas, especialmente cuando se utilizan criterios de diferenciación históricamente ligados a formas de opresión o segregación.

> **JURISPRUDENCIA**
>
> **STS, rec. 2328/2013, de 14 de mayo de 2014, ECLI:ES:TS:2014:1908**
>
> Establece una clara distinción entre el principio de igualdad y la prohibición de discriminación, destacando la importancia de esta última en el ámbito de las relaciones privadas y laborales, y reconociendo el papel de la autonomía privada y la libertad empresarial, siempre que no se incurra en prácticas discriminatorias.
>
> **STS n.º 1240/2021, 9 de diciembre de 2021, ECLI:ES:TS:2021:4795**
>
> Se cuestiona el derecho de los trabajadores en reducción de jornada a que sus objetivos se reduzcan en proporción a las horas de trabajo, sin ajuste de la base total de incentivos. Desestimación de los recursos, en tanto que se estima que los objetivos están correctamente aplicados conforme al plan de igualdad.

Existen multitud de supuestos de discriminación directa como **salarios diferentes, despidos por embarazo, diferentes contratos, tratamientos desfavorables en el desarrollo de la relación laboral por embarazo o maternidad** (STC n.º 161/2004, de 4 de octubre; STC n.º 182/2005, de 4 de julio), **negativa la disfrute de las vacaciones tras la maternidad por superarse el periodo anual máximo previsto legalmente** (STC n.º 324/2006, de 20 de noviembre); **no renovación de un contrato temporal por estar embarazada la trabajadora** (STC n.º 173/1994, de 7 de junio; STC n.º 17/2003, de 30 de enero; STC n.º 175/2005, de 4 de julio, STC n.º 74/2008, de 23 de junio), etc.

Ahora bien, el precepto exige que se haya producido un trato desfavorable por tales razones. Como afirma la STS, rec. 4371/2012, de 14 de marzo de 2014, ECLIES:TS:2014:1099, al enjuiciar la situación de una mujer embarazada a la que coincide su maternidad inminente con la fecha señalada para realizar el examen de la oposición: «No se trata de una enfermedad, pues el embarazo y el parto no lo son, ni tampoco es equiparable a una intervención quirúrgica urgente en el sentido que se le da a esta expresión. Dar a luz no parece, en fin, una causa de fuerza mayor, ya que es el punto final de un proceso natural cuyo único extremo indeterminado es el momento concreto que se produce si bien se sitúa dentro de un período de tiempo delimitado».

RESOLUCIONES RELEVANTES

STJCE de 3 de febrero de 2000 (Caso Silke-Karin Mahlburg); STJCE de 8 de noviembre de 1990 (Caso Dekker); STJCE de 21 de julio de 1991 (Caso Stoeckel)

Al ser el embarazo la causa de la no contratación, se produce una discriminación directa por razón de sexo, y no se admite tal decisión, aunque se funde en razones objetivas y no razonables, son perfectamente aplicables al caso de autos, a tenor de las circunstancias fácticas expresadas, pues la actora la actora no fue contratada cuando debía serlo y fue preterida en la Bolsa de trabajo, contratándose a otras trabajadoras que le precedían en la Bolsa de trabajo, debido a su situación de embarazo, lo que supone un claro supuesto de discriminación por razón de sexo, pues como establece la art. 8 de la Ley 3/2007 de 22 de marzo, constituye discriminación directa por razón de sexo todo trato desfavorable a las mujeres relacionado con el embarazo o la maternidad.

A modo de **ejemplo**, y relacionándolo con un posible punto de actuación dentro de un plan de igualdad, si una empresa paga más a los «Peones» que a los «Limpiadores». A pesar de que ambas categorías de clasificación son neutras y ajenas al sexo. La menor retribución provoca un impacto desfavorable sobre las mujeres, dado que en los limpiadores predominan mujeres y en los peones predominan hombres. En este caso, la empresa deberá explicar que estas diferencias salariales se deben a una diferencia objetiva de valoración del trabajo. Si la empresa no consigue justificar esto, nos encontramos ante un caso de discriminación indirecta. (STC n.º 145/1991, de 1 de julio).

1.2. Herramientas empresariales para la igualdad retributiva: ¿cómo se desarrolla el principio de igualdad y transparencia retributiva?

Los principios de igualdad y transparencia retributiva en el ámbito laboral se basan en el artículo 28 del ET y en la Directiva 2006/54/CE, donde se establece que un trabajo de igual valor debe ser remunerado de la misma manera, sin discriminación por razones de sexo o tipo de contrato. Este principio también está respaldado por el artículo 14 de la Constitución Española, que prohíbe cualquier forma de discriminación. Para ello, nuestro ordenamiento jurídico cuenta con diferentes conceptos y herramientas (Real Decreto-ley 6/2019, de 1 de marzo):

- El **concepto de trabajo de igual valor**, dando certeza y seguridad jurídica acerca de su alcance y la necesidad de que sean tenidos en cuenta factores objetivos vinculados de manera estricta y necesaria con el trabajo desempeñado.

– La obligación del registro retributivo desarrollando los criterios concretos para **desagregar por sexo la información retributiva** de la empresa.

– Los **sistemas de clasificación profesional** contenidos en los convenios colectivos y su necesaria vinculación con el registro y la transparencia retributiva a través de una correcta valoración de los puestos de trabajo, así como el derecho de las personas trabajadoras a acceder al contenido del registro [arts. 22.3 y 12.4. d) del Estatuto de los Trabajadores].

El **Real Decreto 902/2020, de 13 de octubre, de igualdad retributiva entre mujeres y hombres,** —complementando la regulación contenida en el Real Decreto 901/2020, de 13 de octubre— desarrolla el **marco normativo en torno al** principio de igualdad y no discriminación en las relaciones laborales. Este RD basa la obligación de transparencia retributiva en **instrumentos** como:

– Los registros retributivos.

– La auditoría retributiva.

– El sistema de valoración de puestos de trabajo de la clasificación profesional contenida en la empresa y en el convenio colectivo que fuera de aplicación.

– El derecho de información de los trabajadores.

De esta forma, como elementos esenciales para combatir la discriminación retributiva, hemos de entender la necesidad de **transparencia en los sistemas de remuneración**, así como de claridad y de seguridad jurídica sobre el **concepto de** «trabajo **de igual valor**». Para ello, el reglamento apuesta por dos ejes principales:

– El acceso a la **información desagregada por sexo** posibilita el acceso a los datos estadísticos necesarios para plantear demandas por discriminación salarial.

– La **transparencia salarial**, entendiéndose como un instrumento esencial para posibilitar las reclamaciones judiciales y, consiguientemente, también para inspirar en el empresariado un mayor interés (siquiera preventivo) en la instauración de sistemas de retribución objetivos.

Todas las empresas y sus trabajadores y trabajadoras, incluidos en el ámbito de aplicación de los arts. 1.1 y 1.2 del Estatuto de los Trabajadores, se encontrarán dentro del ámbito de aplicación del reglamento para la igualdad retributiva entre mujeres y hombres, extendiendo así la aplicación de la igualdad retributiva entre mujeres y hombres a las relaciones laborales de carácter especial.

CUESTIONES

1. ¿Qué hemos de entender por principio de transparencia retributiva?

«(...) aquel que, aplicado a los diferentes aspectos que determinan la retribución de las personas trabajadoras y sobre sus diferentes elementos, permite obtener información suficiente y significativa sobre el valor que se le atribuye a dicha retribución».

«El principio de transparencia retributiva tiene por objeto la identificación de discriminaciones, en su caso, tanto directas como indirectas, particularmente las debidas a incorrectas valoraciones de puestos de trabajo, lo que concurre cuando desempe-

ñado un trabajo de igual valor de acuerdo con los artículos siguientes, se perciba una retribución inferior sin que dicha diferencia pueda justificarse objetivamente con una finalidad legítima y sin que los medios para alcanzar dicha finalidad sean adecuados y necesarios (art. 3 del Real Decreto 902/2020, de 13 de octubre)».

2. ¿Qué medidas establece el RD 902/2020 para identificar la brecha retributiva entre mujeres y hombres?

Acude a una serie de metodologías de evaluación de puestos de trabajo; registro salarial en las empresas; explicación y visibilización de los sistemas que son utilizados en la negociación colectiva. Todo ello partiendo de la identificación, evaluación, corrección y prevención de las diferencias retributivas no objetivas, junto a la necesidad de detectar posibles prácticas discriminatorias por razón de sexo como parte de la política de la empresa así como del acceso a la información de las personas trabajadoras, su representación legal y otros organismos con capacidad para fiscalizar o promover acciones judiciales, sin olvidar las necesarias medidas de promoción para lograr la superación de estereotipos y una auténtica integración de la perspectiva de género en las empresas.

3. ¿Cuál es el objetivo de la obligación de transparencia?

La obligación de transparencia tiene por objeto la identificación de discriminaciones, tanto directas como indirectas, particularmente las debidas a incorrectas valoraciones de puestos de trabajo, lo que concurre cuando desempeñado un trabajo de igual valor, se perciba una retribución inferior sin que dicha diferencia pueda justificarse objetivamente con una finalidad legítima y sin que los medios para alcanzar dicha finalidad sean adecuados y necesarios.

JURISPRUDENCIA

STS n.º 967/2024, de 2 de julio de 2024, ECLI:ES:TS:2024:3701

Para el Tribunal Supremo, es contrario al principio de igualdad no remunerar con el complemento de funciones a los trabajadores discontinuos que se abona a los trabajadores continuos cuando ha quedado acreditado que no existe diferencia alguna en el contenido del trabajo, salvo la concreción temporal del trabajo.

RESOLUCIÓN RELEVANTE

SAN n.º 34/2024, de 14 de marzo de 2024, ECLI:ES:AN:2024:1284

Se analiza una posible lesión del derecho fundamental a la igualdad retributiva sobre las personas trabajadoras a tiempo parcial de un determinado grupo y subgrupo profesional. La AN declara la vulneración del derecho de igualdad retributiva en trabajadores a tiempo parcial al no reconocerles el plus por jornadas flexibles para los años 2021 y 2022.

Registro salarial o retributivo

El **objeto** de la medida es claro: «garantizar la transparencia en la configuración de las percepciones, de manera fiel y actualizada, y un adecuado acceso a la información retributiva de las empresas, al margen de su tamaño, mediante la elaboración documentada de los datos promediados y desglosados». Siguiendo el apdo. 2 del art. 28 del Estatuto de los Trabajadores, **este registro tiene por objeto garantizar la transparencia en la configuración de las percepciones, de manera fiel y actualizada, y un adecuado acceso a la información retributiva de las empresas, al margen de su tamaño, mediante la elaboración documentada de los datos promediados y desglosados.**

> **A TENER EN CUENTA**. Aunque la obligación de mantenerlo se estableció en el Real Decreto-ley 6/2019, de 1 de marzo, las herramientas reglamentarias necesarias no estuvieron completas hasta noviembre de 2022. (SAN n.º 125/2023, de 14 de noviembre de 2023, ECLI:ES:AN:2023:5711).

Atendiendo al art. 5 del Real Decreto 902/2020, de 13 de octubre, el registro retributivo deberá incluir los valores medios de los salarios, los complementos salariales y las percepciones extrasalariales de la plantilla desagregados por sexo y distribuidos conforme a la clasificación profesional aplicable en la empresa:

> «A tales efectos, deberán establecerse en el registro retributivo de cada empresa, convenientemente desglosadas por sexo, la media aritmética y la mediana de lo realmente percibido por cada uno de estos conceptos en cada grupo profesional, categoría profesional, nivel, puesto o cualquier otro sistema de clasificación aplicable. A su vez, esta información deberá estar desagregada en atención a la naturaleza de la retribución, incluyendo salario base, cada uno de los complementos y cada una de las percepciones extrasalariales, especificando de modo diferenciado cada percepción».

Como peculiaridades en este apartado encontramos:

- **El periodo temporal de referencia** será con carácter general el año natural, sin perjuicio de las modificaciones que fuesen necesarias en caso de alteración de cualquiera de los elementos que integran el registro, de forma que se garantice el cumplimiento de su finalidad.
- El documento en el que conste el registro tendrá el **formato establecido en las webs oficiales del Ministerio de Trabajo y Economía Social y del Ministerio de Igualdad,** o en este último caso, del Instituto de la Mujer.
- La **representación legal de las personas trabajadoras** deberá ser consultada con carácter previo a la elaboración del registro. Asimismo, deberá ser informada en caso de alteración de cualquiera de los elementos que integran el registro.
- En las **empresas que lleven a cabo auditorías retributivas** (art. 6 del Real Decreto 902/2020, de 13 de octubre):
  - El registro deberá reflejar las medias aritméticas y las medianas de las agrupaciones de los trabajos de igual valor en la empresa, conforme a los resultados de la valoración de puestos de trabajo.
  - El registro deberá incluir la justificación a que se refiere el apdo. 3 del art. 28 del ET, cuando la media aritmética o la mediana de las retribuciones totales en la empresa de las personas trabajadoras de un sexo sea superior a las del otro en, al menos, un 25 por ciento.
- Las **personas trabajadoras a tiempo parcial** tienen los mismos derechos, incluidos los retributivos, que las personas trabajadoras a tiempo completo. En este sentido, el principio de proporcionalidad en las retribuciones percibidas resultará de aplicación cuando lo exijan la finalidad o naturaleza de estas y así se establezca por una disposición

legal, reglamentaria o por convenio colectivo. Cualquier reducción proporcional deberá garantizar, asimismo, que no tenga repercusión negativa alguna en el disfrute de los derechos relacionados con la maternidad y el cuidado de menores o personas dependientes (art. 11 del Real Decreto 902/2020, de 13 de octubre).

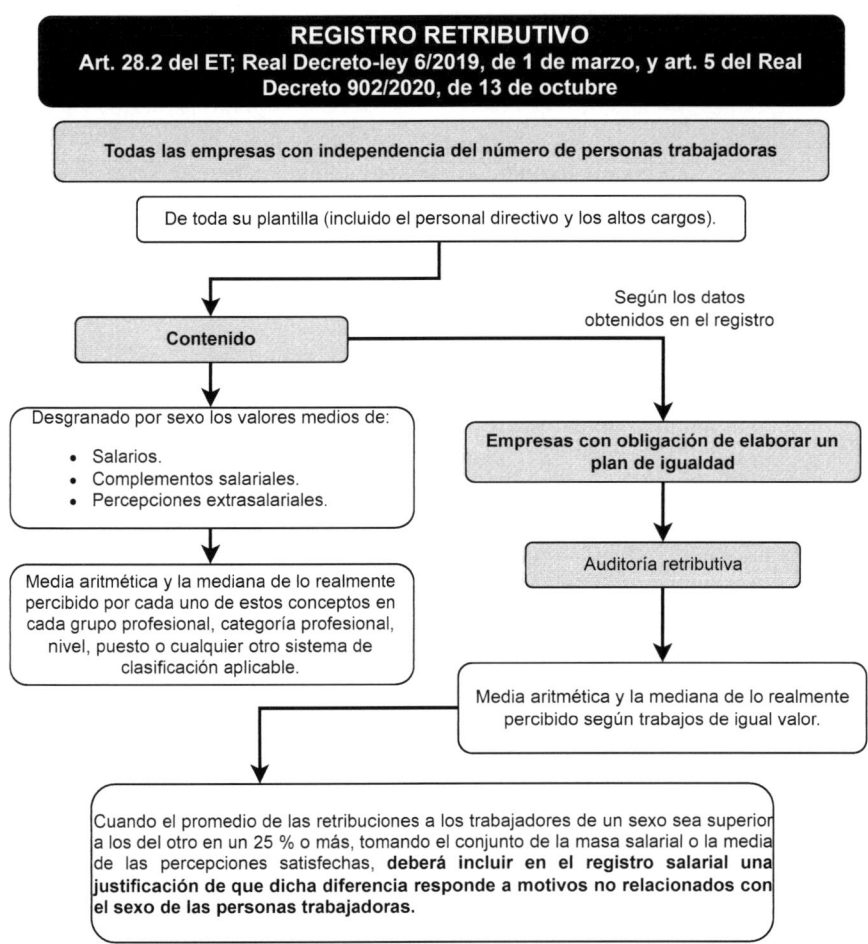

REGISTRO RETRIBUTIVO
Art. 28.2 del ET; Real Decreto-ley 6/2019, de 1 de marzo, y art. 5 del Real Decreto 902/2020, de 13 de octubre

Todas las empresas con independencia del número de personas trabajadoras

De toda su plantilla (incluido el personal directivo y los altos cargos).

Contenido

Según los datos obtenidos en el registro

Desgranado por sexo los valores medios de:

- Salarios.
- Complementos salariales.
- Percepciones extrasalariales.

Empresas con obligación de elaborar un plan de igualdad

Media aritmética y la mediana de lo realmente percibido por cada uno de estos conceptos en cada grupo profesional, categoría profesional, nivel, puesto o cualquier otro sistema de clasificación aplicable.

Auditoría retributiva

Media aritmética y la mediana de lo realmente percibido según trabajos de igual valor.

Cuando el promedio de las retribuciones a los trabajadores de un sexo sea superior a los del otro en un 25 % o más, tomando el conjunto de la masa salarial o la media de las percepciones satisfechas, **deberá incluir en el registro salarial una justificación de que dicha diferencia responde a motivos no relacionados con el sexo de las personas trabajadoras.**

A TENER EN CUENTA. La obligación de realizar un registro retributivo **existe desde el 8 marzo de 2019** (fecha de entrada en vigor de la modificación realizada sobre el al 28.2 del ET, por el Real Decreto-ley 6/2019, de 1 de marzo). No obstante, **su regulación en los términos descritos a continuación resultará exigible desde el 14 de abril de 2021** (fecha de entrada en vigor del Real Decreto 902/2020, de 13 de octubre).

Auditoría salarial o retributiva

La auditoría retributiva tiene por objeto obtener la información necesaria para comprobar si el sistema retributivo de la empresa, de manera transversal y completa, cumple con la aplicación efectiva del principio de igualdad entre mujeres y hombres en materia de retribución. Se trata de un registro cuantitativo (no nominativo) que recoge los valores promedio de los salarios, los complementos salariales y las percepciones extrasalariales, con los datos desagregados por sexo y distribuidos por grupos profesionales, categorías profesionales o puestos de trabajo iguales o de igual valor.

Asimismo, deberá permitir definir las necesidades para evitar, corregir y prevenir los obstáculos y dificultades existentes o que pudieran producirse en aras a garantizar la igualdad retributiva, y asegurar la transparencia y el seguimiento de dicho sistema retributivo.

Las empresas que elaboren un plan de igualdad deberán incluir en el mismo una auditoría retributiva, de conformidad con el art. 46.2. e) de la Ley Orgánica 3/2007, de 22 de marzo, para la igualdad efectiva de mujeres y hombres, previa la negociación que requieren dichos planes de igualdad (art. 7 del Real Decreto 902/2020, de 13 de octubre).

La auditoría retributiva tendrá la vigencia del plan de igualdad del que forma parte, salvo que se determine otra inferior en el mismo.

Como obligaciones en el **contenido de la auditoría retributiva** del nuevo reglamento, encontramos:

1. Realización del diagnóstico **de la situación retributiva** en la empresa, donde se configura como obligatoria:

   a) La evaluación de los puestos de trabajo, tanto con relación al sistema retributivo como con relación al sistema de promoción. La valoración de puestos de trabajo tiene por objeto realizar una estimación global de todos los factores que concurren o pueden concurrir en un puesto de trabajo, teniendo en cuenta su incidencia y permitiendo la asignación de una puntuación o valor numérico al mismo. Los factores de valoración deben ser considerados de manera objetiva y deben estar vinculados de manera necesaria y estricta con el desarrollo de la actividad laboral.

   La valoración debe referirse a cada uno de los puestos de trabajo de la empresa, ofrecer confianza respecto de sus resultados y ser adecuada al sector de actividad, tipo de organización de la empresa y otras características que a estos efectos puedan ser significativas, con independencia, en todo caso, de la modalidad de contrato de trabajo con el que vayan a cubrirse los puestos de trabajo.

   b) La relevancia de otros factores desencadenantes de la diferencia retributiva, así como las posibles deficiencias o desigualdades que pudieran apreciarse en el diseño o uso de las medidas de conciliación y corresponsabilidad en la empresa, o las dificultades que las personas trabajadoras pudieran encontrar en su promoción profesional o económica derivadas de otros factores como las actuaciones empresariales discrecionales en materia de movilidad o las exigencias de disponibilidad no justificadas.

2. Establecimiento de un **plan de actuación para la corrección de las desigualdades retributivas**, con determinación de objetivos, actuaciones concretas, cronograma y persona o personas responsables de su implantación y seguimiento. El plan de actuación deberá contener un sistema de seguimiento y de implementación de mejoras a partir de los resultados obtenidos.

El Instituto de la Mujer y para la Igualdad de Oportunidades, en colaboración con las organizaciones sindicales y empresariales más representativas, elaborará una **guía técnica con indicaciones para la realización de auditorías retributivas con perspectiva de género** (D.A. 3.ª del Real Decreto 902/2020, de 13 de octubre).

AUDITORÍA RETRIBUTIVA

Concepto y contenido ⟶ Arts. 7 y 8 del Real Decreto 902/2020, de 13 de octubre.

- Su **objetivo** es comprobar si el sistema retributivo de la empresa cumple el **principio de igualdad retributiva**, así como permitir definir las necesidades para evitar, corregir y prevenir los obstáculos y dificultades existentes para garantizar esta igualdad.

- La **obligación** de una auditoría salarial se aplica a todas las empresas que tienen, a su vez, obligación de tener un plan de igualdad a partir del 14/04/2021.

- Su **vigencia** será la misma que la del plan de igualdad donde se incluya, salvo que se especifique lo contrario.

- **OBLIGACIONES DE LA EMPRESA QUE REALICE AUDITORÍA:**
  A) Realización del diagnóstico de la situación retributiva en la empresa (incluyendo la valoración de los puestos de trabajo cuyo procedimiento está pendiente de aprobar por el MTES y el Ministerio de Igualdad).
  B) Un plan de actuación para corregir las desigualdades retributivas (fijando objetivos, actuaciones concretas, cronograma y personas responsables de su implantación y seguimiento).

No existe un modelo o formato para hacer una auditoría retributiva, por lo que, de forma genérica, podemos estandarizar los siguientes **pasos:**

El Instituto de la Mujer elaborará una **guía técnica** con indicaciones para la realización de auditorías retributivas con perspectiva de género.

1.º Definir factores que la empresa desea analizar

2.º Elaboración de comparaciones

3.º Segmentación de trabajadores con características similares

4.º Análisis de los datos obtenidos

5.º Diseña un plan de actuación frente a las desigualdades detectadas

Particularidades del registro salarial en empresas con auditoría retributiva ⟶ Art. 6 del Real Decreto 902/2020, de 13 de octubre.

En estos casos, el registro deberá:
A) Reflejar las medias aritméticas y las medianas de las agrupaciones de los trabajos de igual valor en la empresa, conforme a los resultados de la valoración de puestos de trabajo, aunque pertenezcan a diferentes apartados de la clasificación profesional, desglosados por sexo y desagregados.
B) Incluir la justificación, si se produjera, de por qué la media aritmética o la mediana de las retribuciones totales en la empresa de las personas trabajadoras de un sexo sea superior a las del otro en, al menos, un 25 %.

Sistema de valoración de puestos de trabajo de la clasificación profesional en la empresa o convenio

La valoración de puestos de trabajo en los convenios colectivos supone otro de los ejes fundamentales dentro del principio de transparencia retributiva.

Como hemos adelantado, la reglamentación desarrolla lo establecido en los artículos 22.3 y 12.4. d) del Estatuto de los Trabajadores donde tras las modificaciones operadas en el por el Real Decreto-ley 6/2019, de 1 de marzo, se establece, respectivamente, la **obligación de que la clasificación profesional se realice conforme a criterios libres de discriminación, y la garantía de ausencia de discriminación, tanto directa como indirecta, entre mujeres y hombres en el caso de los contratos a tiempo parcial.**

De acuerdo con el texto estatutario, con el objetivo de comprobar que la definición de los grupos profesionales se ajusta a criterios y sistemas que garantizan la ausencia de discriminación directa e indirecta entre mujeres y hombres y la correcta aplicación del principio de igualdad de retribución por trabajos de igual valor, las mesas negociadoras de los convenios colectivos deberán asegurarse de que los factores y condiciones concurrentes en cada uno de los grupos y niveles profesionales respetan los criterios de adecuación, totalidad y objetividad, así como el principio de igual retribución para puestos de igual valor.

Dentro de las disposiciones aplicables para la elaboración del diagnóstico, el Real Decreto 901/2020, de 13 de octubre, y el Real Decreto 902/2020, de 13 de octubre, establecen una serie de obligaciones sobre este instrumento para aplicar la transparencia retributiva complementando lo dispuesto en el art. 22.3 del Estatuto de los Trabajadores:

- La necesidad de realizar una descripción de los sistemas y criterios de valoración de puestos de trabajo, tareas, funciones, y de los sistemas y/o criterios de clasificación profesional utilizados por grupos profesionales, y/o categorías, analizando la posible existencia de sesgos de género y de discriminación directa e indirecta entre mujeres y hombres. Asimismo, el diagnóstico analizará la distribución de la plantilla conforme al sistema o criterio utilizado para clasificación profesional utilizado en la empresa.

- La implantación y revisión de sistemas de organización y control del trabajo, estudios de tiempos, y valoración de puestos de trabajo y su posible impacto con perspectiva de género.

Igualmente, los negociadores de un convenio colectivo han de comprobar que la definición de los grupos profesionales se ajusta a criterios y sistemas que garantizan la ausencia de discriminación directa e indirecta entre mujeres y hombres y la correcta aplicación del principio de igualdad de retribución por trabajos de igual valor (art. 4 del Real Decreto 902/2020, de 13 de octubre y art. 28.1 del ET).

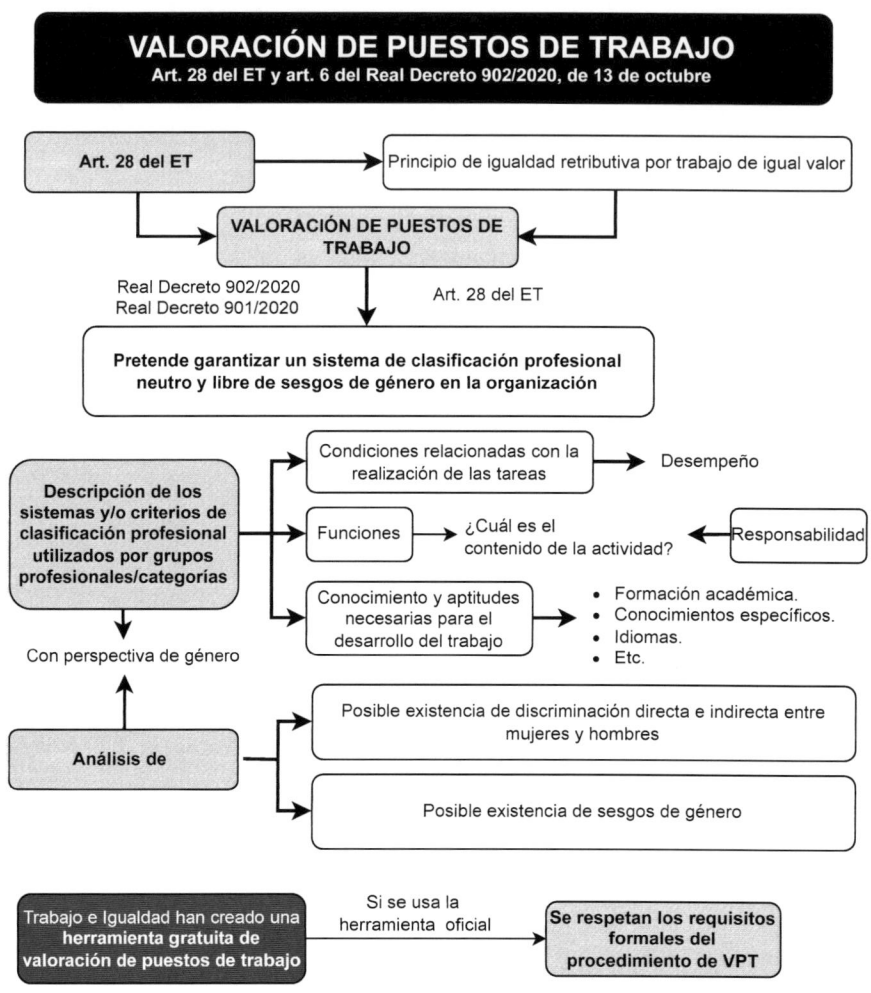

El derecho de acceso al registro retributivo

Todas las personas trabajadoras tienen derecho a acceder al registro retributivo de la empresa para la que presten servicios, si bien dicho acceso se hará efectivo mediante el traslado de su contenido por parte de la empresa a la representación legal de personas trabajadoras, de existir (Ministerio de Trabajo y Economía Social. Normativa relevante y preguntas frecuentes son el registro retributivo y la herramienta IR!). El RD 902/2020, de 13 de octubre, diferencia entre la existencia de RLT o no. Es decir, la norma configura dos formas de entregar los datos:

– **Cuando se solicite por parte de la persona trabajadora ante inexistencia de representación legal**: la información a facilitar se limitará a las diferencias porcentuales que existieran en las retribuciones promediadas de hombres y mujeres, que también deberán estar desagregadas en atención a la naturaleza de la retribución y el sistema de clasificación aplicable.

– **Cuando se solicite por parte de la representación legal de las personas trabajadoras o Inspección de Trabajo:** tienen derecho a conocer el contenido íntegro del mismo. Se facilitarán los datos promediados respecto a las cuantías efectivas de las retribuciones que constan en el registro.

RESOLUCIÓN RELEVANTE

SAN n.º 23/2023, de 23 de febrero del 2023, ECLI:ES:AN:2023:791

En el registro retributivo deben constar las medias y las medianas de los distintos conceptos retributivos de cada puesto de trabajo. El hecho de que sea identificable el trabajador y su retribución, no puede ser excusa para proporcionar dicha información pues se trata de un tratamiento de datos necesario para el cumplimiento de una obligación legal.

2.
DÓNDE SE ENCUENTRAN LAS DIFERENCIAS RETRIBUTIVAS: BRECHA RETRIBUTIVA

El análisis de la brecha salarial revela diferencias por segregación ocupacional, horas trabajadas y conceptos salariales, exigiendo igualdad retributiva.

2.1. ¿Dónde se encuentran las diferencias salariales?

Para saber si una empresa tiene brecha salarial hay que realizar un análisis detallado de la estructura salarial al completo. Rara vez encontraremos directamente una retribución distinta para mujeres y hombres que desempeñen la misma tarea —al menos sin cierta justificación (experiencia, antigüedad, etc.)—. El origen de las diferencias, o la denominada brecha retributiva, hemos de buscarlo en la segregación ocupacional dentro los distintos puestos, grupos, niveles o departamentos, la diferencia entre el tiempo trabajado entre mujeres y hombres (utilización de permisos, realización de horas extras, tipos de jornada, tipos de contrato, etc.) y, por último, en las diferencias en los conceptos salariales (complementos asignados a puestos masculinizados y feminizados). No obstante, para identificar los componentes de la desigualdad o brecha salarial —y por mandato legal— se debe analizar el sistema y la estructura retributiva, el peso que tiene el **salario base, los complementos salariales, las horas extraordinarias, las percepciones extrasalariales y los beneficios sociales** (Guía para la aplicación de la igualdad retributiva entre mujeres y hombres. Secretaría General del Consejo de Relaciones Laborales de Cataluña. Año 2021), por lo que merece la pena empezar definiendo los distintos conceptos que citaremos y analizaremos con perspectiva de género a lo largo de la obra y en los que, al fin y al cabo, deberemos incorporar la igualdad retributiva.

2.1.1. Salario base y complementos salariales o extrasalariales

El salario se compone, por un lado, del denominado «salario **base**» que retribuye el trabajo prestado por el trabajador en función al tiempo trabajado u obra y, de otra parte, de los «complementos **salariales**» que se añaden al «salario base» y retribuyen circunstancias o condiciones especiales del trabajador.

La estructura salarial puede establecerse mediante contrato de trabajo o negociación colectiva —de ahí la importancia de este aspecto para evitar de raíz discriminaciones—, pero siempre debe contener los conceptos señalados anteriormente.

Salario base

Por salario base se entiende (art. 26.3 del ET) la retribución fijada por unidad de tiempo o de obra y, en su caso, complementos salariales fijados en función de circunstancias relativas a las condiciones personales del trabajador, al trabajo realizado o a la situación y resultados de la empresa, que se calcularán conforme a los criterios que a tal efecto se pacten. Ello respetando, en todo momento, lo establecido en convenio colectivo y el valor del SMI para cada año.

Este salario se fijará, según la forma de retribución, por:

- **Unidad de tiempo**. Únicamente se atiende al tiempo trabajado, independientemente de su cantidad, salvo que en el contrato se pacte un mínimo a realizar. Se le denomina jornal (si el salario es diario) o sueldo (si es mensual).

- **Unidad de obra**. Solo se atiende a la cantidad o calidad de obra realizada, independientemente de su duración. Esta modalidad retributiva se conoce normalmente con el nombre de trabajo a destajo.

- **Forma mixta de retribución**. Es la remuneración más usual, al comprender ambos criterios. El trabajador percibe una cantidad fija garantizada por el tiempo de trabajo (unidad de tiempo) y comisiones u otro complemento variable en función del rendimiento obtenido (unidad de obra).

Complementos salariales

Por complementos salariales se entiende los conceptos que, añadidos al «salario base» retribuyen circunstancias o cualidades del trabajador, condiciones y circunstancias específicas de la actividad laboral o condiciones propias de la empresa o sector.

Según la enumeración del art. 26.3 del Estatuto de los Trabajadores, existen complementos salariales como:

De puesto de trabajo	Retribuyen las condiciones especiales el puesto de trabajo que se desarrolle: — Trabajos a turnos. — Nocturnidad. — Penosidad. — Peligrosidad. — Embarque. — Gratificaciones jefe de departamento, etc. Carecen de carácter fijo o consolidable, al encontrarse unidos al puesto de trabajo, es decir, se perderán al cambiar a un puesto de trabajo en que no se den estas características.
Personales	Remuneran circunstancias personales del trabajador que no se computan en el salario base: — Antigüedad. — Títulos. — Idiomas. — Otras circunstancias personales.
Participación de beneficios	Están en función a los resultados económicos empresariales.
Por cantidad o calidad del trabajo	Se establecen en función del rendimiento en el trabajo (primas, incentivos, etc.). Pueden ser fijos o variables.
Complementos en especie	Son retribuciones no dinerarias formadas por la utilización, consumo u obtención, para fines particulares de derechos, bienes o servicios. Este tipo de retribuciones no podrán exceder el 30 por 100 del salario total.
Antigüedad	El complemento de antigüedad está disciplinado por lo que establezcan los convenios colectivos o acuerdos alcanzados. El artículo 25 del Estatuto de los Trabajadores regula la promoción económica, y su número 1 prescribe que: «El trabajador, en función del trabajo desarrollado, podrá tener derecho a una promoción económica en los términos fijados en convenio colectivo o contrato individual». Por tanto, en esas fuentes de derechos y obligaciones es donde debe encontrarse el régimen aplicable, sin que exista una regla general que obligue al abono de tal complemento o a contabilizar todo el tiempo de previa actividad laboral desempeñada por la persona trabajadora. (STS n.º 351/2024, de 23 de febrero del 2024, ECLI:ES:TS:2024:1649).

Pagas extraordinarias

El trabajador tiene derecho a dos gratificaciones extraordinarias al año, una de ellas con ocasión de las fiestas de navidad y la otra en el mes que se fije por convenio colectivo o por acuerdo entre el empresario y los representantes legales de los trabajadores. Igualmente, se fijará por convenio colectivo la cuantía de tales gratificaciones. Las pagas o gratificaciones extraordinarias vienen reconocidas en el art. 31 del Estatuto de los Trabajadores.

Retribución variable

La retribución variable es aquella parte de la retribución total que está directamente ligada con alguna variable medible y, por tanto, depende de resultados obtenidos.

Los sistemas de retribución variable más empleados por las empresas españolas en la actualidad son:

Primas	Es la retribución concedida a muy corto plazo en entornos industriales o de producción, generalmente vinculada a la producción realizada, aunque en la actualidad se utilizan incluyendo otras variables que las puramente productivas como son variables de calidad, costos, al tiempo que se incluye la variable no por individuo sino por grupo de trabajo.
Incentivos (comisiones o bonus)	Entendemos por incentivos a la retribución variable a corto plazo concedida en entornos comerciales y basada en las cifras de ventas conseguidas. Estos incentivos, por los cambios en la distribución de los últimos años como son: mayor concentración de la distribución, incidencia del marketing, búsqueda de rentabilidad, etc., han hecho que hayan evolucionado a variables ligados a objetivos no solo de ventas sino también de intereses de compañía.

Hay que tener en cuenta, además, que, como ha apuntado la sala IV en la STS, rec. 3813/2004, de 26 de enero de 2006, ECLI:ES:TS:2006:2047, la regulación de los incentivos de vencimiento anual puede ser distinta de una empresa a otra o, dentro de la misma empresa, de un centro a otro y de un año a otro, tanto en el modo de cálculo como en las condiciones y plazos de devengo. Ello es consecuencia de la atribución que realiza el apdo. 2 del art. 26 del ET, a «la negociación colectiva o, en su defecto, [al] contrato individual» de la determinación de «la estructura del salario» y de los «complementos salariales» «que se calcularán conforme a los criterios que a tal efecto se pacten».

Así las cosas, el régimen jurídico de este complemento salarial suele remitir a las disposiciones convencionales o a las cláusulas contractuales que lo hayan establecido. |

Las percepciones extrasalariales

Otro aspecto al que nos referiremos en múltiples ocasiones son las percepciones no salariales o extrasalariales. No tendrán la consideración de salario las cantidades percibidas por el trabajador en concepto de indemnizaciones o suplidos por los gastos realizados como consecuencia de su actividad laboral, las prestaciones e indemnizaciones de la Seguridad Social y las indemnizaciones correspondientes a traslados, suspensiones o despidos (art. 26 del Estatuto de los Trabajadores).

Las cantidades percibidas por el trabajador en los siguientes conceptos no se encuentran integrados dentro del concepto de salario:

- **Indemnizaciones o suplidos por los gastos realizados como consecuencia de su actividad laboral:**
  - Quebranto de moneda.
  - Desgaste de herramientas.
  - Prendas de trabajo.
  - Dietas por gastos de manutención y estancia, así como los gastos de locomoción.
- **Prestaciones e indemnizaciones de la Seguridad Social,** así como las mejoras y las percepciones entregadas directamente por las empresas a los trabajadores o asimilados y las aportaciones efectuadas por aquellas (arts. 238-240 de la LGSS), siempre que el beneficio obtenido por el interesado suponga un complemento de la percepción que le otorga el sistema de la Seguridad Social en su modalidad contributiva.
- **Las indemnizaciones por fallecimiento y las correspondientes a traslados, suspensiones y despidos.**

Horas extraordinarias

Tienen la consideración de horas extraordinarias aquellas horas de trabajo que se realicen sobre la duración máxima de la jornada ordinaria de trabajo fijada legal o convencionalmente. La realización de horas extraordinarias tiene, en todo caso, su fundamento en un pacto previo (como indica el punto 4 del art. 35 del Estatuto de los Trabajadores al especificar «la prestación de trabajo en horas extraordinarias será voluntaria»). Este pacto podrá establecerse a través de convenio colectivo, contrato individual de trabajo o ser objeto de un acuerdo específico entre empresario y trabajador (apdo. 1 del art. 35 del ET).

Este concepto, al menos en lo que a esta obra se refiere, se podrían considerar un complemento del puesto de trabajo, ya suponen una mayor retribución asociada a la realización de una mayor cantidad de trabajo.

Una situación que se repite en registros y auditorías retributivas es la de detectar una importante brecha salarial asociado a la retribución por horas extraordinarias u otros complementos salariales como el de nocturnidad, turnidad o trabajo de fin de semana o festivos.

Beneficios sociales

Los beneficios sociales —en dinero o en especie— que una empresa puede otorgar a un trabajador son una serie de ventajas adicionales a la remuneración económica que buscan mejorar el bienestar y la calidad de vida del empleado. Estos beneficios pueden variar ampliamente dependiendo de la empresa y del sector, pero algunos ejemplos comunes incluyen:

- Comida en la oficina: provisión de desayunos, aperitivos y bebidas gratuitas.
- Ayuda al transporte.
- Ayuda para gastos de guardería.
- Clases de idiomas: ofrecimiento de clases presenciales y acceso a plataformas de aprendizaje en línea.
- Presupuesto para formación y conferencias: asignación de fondos y días de permiso para actividades de formación o asistencia a conferencias.
- Líneas de teléfono móvil: abono de líneas de teléfono móvil para el trabajador y/o sus familiares.
- Aportaciones a planes de pensiones.
- Seguros médicos.
- Cuota de gimnasio: subsidio mensual para la asistencia a gimnasios.
- Desayuno y comida: provisión de desayunos gratuitos y menús de comida a precios reducidos.
- Etc.

En caso de que haya otros tipos de elementos compensatorios en las retribuciones como los beneficios sociales, debemos velar por que respondan a criterios objetivos, claramente definidos y no discriminatorios.

2.1.2. Doble escala salarial

Si bien la igualdad de retributiva no cabe en sentido absoluto, dado el margen a que por acuerdo privado o por decisión del empresario unilateral en el ejercicio de los poderes de organización de la empresa, pueda libremente disponer la retribución del trabajador imputando los mínimos legales o convencionales, **ninguna diferencia salarial podrá tener un significado discriminatorio por incidir en alguna de las causas prohibidas en la Constitución o ET.** (STS, rec. 308/2013, 21 de octubre de 2014, ECLI:ES:TS:2014:4822).

La jurisprudencia constitucional ha abordado la problemática de la denominada doble escala salarial en relación con el principio constitucional de igualdad (art. 14 de la CE), entre las más recientes, en su **STC n.º 112/2017, de 16 de octubre de 2017, ECLI:ES:TC:2017:112**, en la que se argumenta que:

> «Una de las cuestiones que puede causar la eventual vulneración del principio de igualdad dentro del ámbito de la negociación colectiva es la que tiene que ver con el desarrollo normativo de las retribuciones de los

trabajadores, que figuren en el convenio colectivo suscrito entre la entidad empresarial y los sindicatos representantes de aquéllos. Al respecto, este Tribunal ha declarado en su STC 119/2002, de 20 de mayo, FJ 6 que "el sistema normal de fijación del salario y, en general, del contenido de la relación laboral, corresponde a la autonomía de los trabajadores y empresarios mediante el ejercicio del derecho a la negociación colectiva que proclama el art. 37.1 CE. Mas, un Estado social y democrático de Derecho, que propugna entre los valores superiores de su ordenamiento jurídico la justicia y la igualdad (art. 1.1 CE), y en el que se encomienda a todos los Poderes públicos el promover las condiciones para que la igualdad del individuo y de los grupos en que se integra sean reales y efectivas (art. 9.2 CE), ha de complementar aquel sistema de determinación del salario asegurando los valores de justicia e igualdad que den efectividad al también mandato constitucional contenido en el art. 35.1 CE". Además, continúa diciendo la precitada Sentencia que 'el principio de igualdad implica la eliminación en el conjunto de los factores y condiciones retributivos, para un mismo trabajo o para un trabajo al que se le atribuye igual valor, de cualquier discriminación basada en las circunstancias personales o sociales, que mencionadas concretamente unas ... y aludidas otras en la genérica fórmula con la que se cierra el art. 14, son susceptibles de generar situaciones de discriminación».

Así pues, **cuando, fruto de la negociación colectiva, quede recogido en el convenio correspondiente un diferente tratamiento salarial para los trabajadores de su** ámbito de aplicación, **tal circunstancia puede generar una desigualdad de trato entre aquéllos, que resulte peyorativa para unos respecto de otros.** Estaremos en presencia, entonces, de lo que se conoce como «doble escala salarial», cuya introducción puede reportar un trato diferenciado y desigual, si no atiende a una justificación objetiva y razonable, y si la diferencia retributiva no es proporcional al tipo de actividad laboral desempeñada por unos o por otros dentro del ámbito de cobertura del convenio. (STS n.º 740/2019, de 29 de octubre. ECLI:ES:TS:2019:3564).

JURISPRUDENCIA

STS n.º 224/2019, de 18 de marzo. ECLI:ES:TS:2019:1406

Para el TS, no basta con argumentar que la nueva estructura salarial implantada en su momento por la empresa es igual para todos sus trabajadores —aunque respetando para los ya pertenecientes a la empresa en ese momento las percepciones de la regulación anterior—, sino que pudiendo ser ello, en sí mismo, **discriminatorio en cuanto suponga mantener sin causa una inferioridad retributiva** en ese punto para los nuevos empleados, se ha de justificar debidamente que es jurídicamente posible hacerlo así y el régimen de contrapartidas que anulen ese efecto desigual, lo que, según la Sala, no consta demostrado, atentando y afectando ello al principio y derecho de igualdad declarado en el art 14 de la Constitución Española, lo que, comporta la desestimación del recurso y la confirmación de la sentencia recurrida.

Matiza la Sala que, dado que el procedimiento podía haber sido plantado vía impugnación de convenio colectivo, conflicto colectivo o, tutela de derechos fundamentales –a la igualdad–, al haber planteado el trabajador una demanda de reclamación de cantidad con limitación al último año de existencia de la relación laboral, la Sentencia ha de tener una eficacia circunscrita al caso particular enjuiciado pero no erga omnes.

Doble escala salarial y antigüedad

Uno de los supuestos más problemáticos de doble escala salarial es el que se refiere al establecimiento de un diferente sistema de cómputo de la antigüedad en función del momento de ingreso en la empresa.

El TC ya dijo en su STC n.º 27/2004, de 4 de marzo que, en aras del art. 14 de la CE, el régimen salarial que se fije en convenio colectivo no debe tratar desigualmente a todos los trabajadores a los que se les debe aplicar. Así, indicó que:

> «(...) la distinta fecha de ingreso en la empresa, por sí sola, no puede justificar un modo diferente de valoración de la antigüedad en el convenio de un grupo de trabajadores respecto del otro, puesto que su lógica descansa en un trato peyorativo a quien accede más tarde al empleo, haciendo de peor condición artificiosamente a quienes ya lo son por las dificultades existentes en la incorporación al mercado de trabajo y por la menor capacidad de negociación con la que cuentan en el momento de la contratación, con lo que la diversidad de las condiciones laborales que de ello se deriva enmascara una infravaloración de su condición y de su trabajo" (STC 27/2004, de 4 de marzo, FJ 6). Por otra parte, continúa diciendo la precitada STC 27/2004, en su mismo FJ 6, que "tras la desregulación que llevó a cabo la Ley 11/1994, de 19 de mayo, del que hasta entonces era un derecho a la promoción económica de carácter necesario, que ha pasado a ser dispositivo para las partes negociadoras, pueden incluso respetarse tan sólo los derechos ya causados bajo el convenio anterior o en curso de adquisición en el tramo temporal correspondiente por los antiguos trabajadores art. 25.2 del vigente texto refundido del estatuto de los trabajadores, aprobado por Real Decreto Legislativo 2/2015, de 23 de octubre). Sin embargo nada excusa la necesidad de que en el nuevo convenio, y a partir de su entrada en vigor, se fije una estructura salarial que trate por igual a todos los trabajadores a los que ha de aplicarse (sin perjuicio de que se respeten las percepciones consolidadas); pues lo que es reprochable desde la perspectiva del derecho a la igualdad es que se establezca una valoración de la antigüedad para el futuro de modo distinto para dos colectivos de trabajadores, y que se haga exclusivamente en función de la fecha de su ingreso en la empresa". A lo expuesto han de agregarse otras dos consideraciones: "De una parte, para que la diferencia salarial fundada en el concepto de antigüedad pueda ser conforme al principio de igualdad es necesario que, en el seno del convenio, se introduzca algún tipo de compromiso empresarial que conlleve una 'contraprestación a los afectados que pueda hacer potencialmente compatible la medida con el art. 14 CE"; y, de otro lado, que "con base en pautas de compensación o reequilibrio, determinen el establecimiento de la diferencia de modo transitorio, asegurando su desaparición progresiva».

La doctrina jurisprudencial sobre la discriminación por doble escala salarial en base a la antigüedad, la resume la STS, rec. 3071/2018, de 1 de octubre de 2019, ECLI:ES:TS:2019:3284, diciendo:

> «La jurisprudencia de esta Sala sobre la doble escala salarial, se sintetiza, entre otras, en las SSTS/IV 17-06-2010 (rco 148/2009), 18-06-2010 (rco 152/2009), 14-02-2017 (rco 43/2016), 09-03-2017 (rco 135/2016) y 28-11-

2018 (rco 193/2015), en esta última se razona que: "deberemos atenernos a la uniforme doctrina de esta sala que ha venido a vetar la posibilidad de que el convenio colectivo establezca diferencias retributivas entre los trabajadores por la sola y única circunstancia de su fecha de ingreso en la empresa, declarando por este motivo la nulidad de las dobles escalas salariales que puedan establecerse en función exclusiva de esa particularidad, cuando no tienen una justificación objetiva y razonable que salve esa diferencia de trato que en otro caso resultaría contraria al principio de igualdad que consagra el art. 14 CE».

RESOLUCIONES RELEVANTES

STC n.º 27/2004, de 4 de marzo, ECLI:ES:TC:2004:27

«(...) la distinta fecha de ingreso en la empresa, por sí sola, no puede justificar un modo diferente de valoración de la antigüedad en el convenio de un grupo de trabajadores respecto del otro, puesto que su lógica descansa en un trato peyorativo a quien accede más tarde al empleo, haciendo de peor condición artificiosamente a quienes ya lo son por las dificultades existentes en la incorporación al mercado de trabajo y por la menor capacidad de negociación con la que cuentan en el momento de la contratación, con lo que la diversidad de las condiciones laborales que de ello se deriva enmascara una infravaloración de su condición y de su trabajo».

«(...) tras la desregulación que llevó a cabo la Ley 11/1994, de 19 de mayo, del que hasta entonces era un derecho a la promoción económica de carácter necesario, que ha pasado a ser dispositivo para las partes negociadoras, pueden incluso respetarse tan sólo los derechos ya causados bajo el convenio anterior o en curso de adquisición en el tramo temporal correspondiente por los antiguos trabajadores (art. 25.2 del vigente texto refundido del estatuto de los trabajadores, aprobado por Real Decreto Legislativo 2/2015, de 23 de octubre). Sin embargo nada excusa la necesidad de que en el nuevo convenio, y a partir de su entrada en vigor, se fije una estructura salarial que trate por igual a todos los trabajadores a los que ha de aplicarse (sin perjuicio de que se respeten las percepciones consolidadas); pues lo que es reprochable desde la perspectiva del derecho a la igualdad es que se establezca una valoración de la antigüedad para el futuro de modo distinto para dos colectivos de trabajadores, y que se haga exclusivamente en función de la fecha de su ingreso en la empresa».

JURISPRUDENCIA

STS n.º 1006/2021, de 13 de octubre de 2021, ECLI:ES:TS:2021:3697

El TS declara la existencia de una doble escala salarial que supone un tratamiento desigual de los trabajadores, en razón de su fecha de ingreso en la empresa, carente de una justificación objetiva y razonable.

«(...) no puede incurrir el Convenio Colectivo en el establecimiento de diferencias en el trato de los trabajadores, "a menos que tales diferencias sean razonables, objetivas, equitativas y proporcionadas, estando el convenio colectivo facultado para establecer determinadas diferencias en función de las particulares circunstancias concurrentes en cada caso, sin que cuando se trata de la retribución del trabajo quepan las generalizaciones, de manera que el principio general a tener en cuenta es el de igual retribución a trabajo de igual valor, como ordena el art. 28 del ET, y en principio está desprovista de toda fundamentación razonable la inclusión en el convenio colectivo de diferencias salariales en atención únicamente a la fecha de la contratación"; no concurriendo en el presente caso los presupuestos para que la diferencia salarial de trato fundada en el concepto de antigüedad pueda ser conforme al principio de igualdad».

STS n.º 224/2019, de 18 de marzo de 2019, ECLI:ES:TS:2019:1406 y STS n.º 169/2019, de 5 de marzo de 2019, ECLI:ES:TS:2019:1359

Se califica de doble escala salarial el mantenimiento de derechos adquiridos para trabajadores en activo a una determinada fecha de un complemento de antigüedad que sirve para incrementar otros derechos (complemento de incapacidad temporal, aportación a planes de pensiones, etc.) diciendo:

«En consecuencia, de toda la jurisprudencia (constitucional y ordinaria) transcrita se deduce que no basta con argumentar que la nueva estructura salarial implementada en su momento por la empresa es igual para todos sus trabajadores aunque respetando para los ya en la empresa en ese momento las percepciones de la regulación anterior, sino que pudiendo ser ello, en sí mismo, discriminatorio en cuanto suponga mantener sin causa una inferioridad retributiva en ese punto para los nuevos no cerrada (es decir, no conservar de manera estática el complemento de antigüedad, como derecho adquirido de los trabajadores ingresados antes de 1995, sino atribuirle un carácter dinámico y sometido a posteriores actualizaciones de futuro, que tiene como consecuencia el establecimiento de una cuantía distinta para dos colectivos de trabajadores por el incremento de los complementos de pago precitados de prestaciones de seguridad social, plan de pensiones, paga cash flow), se ha de justificar debidamente que es jurídicamente posible hacerlo así y el régimen de contrapartidas que anulen ese efecto desigual, lo que, según ya se ha dicho, no consta demostrado, atentando y afectando ello al principio y derecho de igualdad declarado en el art 14 de la Constitución Española».

STS n.º 1131/2020, de 18 de diciembre de 2020, ECLI:ES:TS:2020:4468

Repasando la doctrina en materia de igualdad de trato y convenio colectivo con doble escala salarial, para el TS, un nuevo convenio colectivo, sobre mantenimiento de la «compensación festivos suprimidos» para quienes lo han disfrutado hasta el 31 de diciembre de 2015 sin extenderlo para el resto de los trabajadores no constituye una doble escala salarial.

STS, rec. 193/2015, de 11 de julio de 2016, ECLI:ES:TS:2016:4004; STS n.º 137/2021, de 2 de febrero, ECLI:ES:TS:2021:453; y STS, rec. 308/2013, 21 de octubre de 2014, ECLI:ES:TS:2014:4822

«(...) el ámbito de las relaciones privadas en el que el convenio colectivo se incardina, los derechos fundamentales, y entre ellos el de igualdad, han de aplicarse matizadamente, haciéndolos compatibles con otros valores que tienen su origen en el principio de la autonomía de la voluntad con independencia de que el Convenio Colectivo, como fuente reguladora de la relación laboral, según el art. 3 del E.T, tiene que someterse y ajustarse a los dictados de la Constitución, de la Ley y de los reglamentos, respetando en todo caso los principios y los derechos constitucionales", para el TS, el Convenio Colectivo no puede incurrir en el establecimiento de diferencias en el trato de los trabajadores, "a menos que tales diferencias sean razonables, objetivas, equitativas y proporcionadas, estando el convenio colectivo facultado para establecer determinadas diferencias en función de las particulares circunstancias concurrentes en cada caso, sin que cuando se trata de la retribución del trabajo quepan las generalizaciones, de manera que el principio general a tener en cuenta es el de igual retribución a trabajo de igual valor, como ordena el art. 28 del ET, y en principio está desprovista de toda fundamentación razonable la inclusión en el convenio colectivo de diferencias salariales en atención únicamente a la fecha de la contratación».

Doble escala salarial y trabajo de igual valor

La doble escala salarial es contraria al principio de igualdad y a la obligación empresarial de pagar la misma retribución por trabajos de igual valor, salvo que existan justificaciones objetivas, razonables, equitativas y proporcionadas.

Conforme a la jurisprudencia social y la constitucional respecto al principio de igualdad (arts. 14 de la CE y 17 del ET) y a la obligación empresarial de «pagar por la prestación de un trabajo de igual valor la misma retribución, satisfecha directa o indirectamente, y cualquiera que sea la naturaleza de la misma, salarial o extrasalarial» (art. 28 del ET). Algunos fallos de interés son (STS n.º 484/2019, de 24 de junio de 2019, ECLI:ES:TS:2019:2463):

– STS, rec. 46/2010, de 11 de octubre 2011, ECLI:ES:TS:2010:5104: con relación a un acuerdo que desarrolla un convenio colectivo, se justifican las diferencias retributivas en base a que la diferencia obedece a la reestructuración de la plantilla y la introducción de un nuevo sistema de clasificación profesional, cuyas normas de adaptación solo pueden afectar a los trabajadores antiguos.

– STS, rec. 153/2009, de 11 de noviembre de 2010, ECLI:ES:TS:2010:6528: con relación a un acuerdo que no tenía naturaleza estatutaria, se concluye que «En la sentencia recurrida el precepto es anulado por considerarlo una doble escala salarial carente de justificación objetiva y razonable. De tal cláusula pactada se desprende que los trabajadores contratados después de la entrada en vigor del IV Acuerdo percibirán una retribución inferior a la ordinaria durante los primeros tres años» y que «Todo el peso de la razonabilidad de la diferencia retributiva se pone en la distinta formación que se supone a los trabajadores de nuevo ingreso. Sin embargo, no hay ni en el texto del convenio, ni en las alegaciones y prueba de las partes, elementos que permitan conocer cómo se realiza tal formación ni cual pueda ser el alcance de las obligaciones formativas que las empresas hayan de asumir y, sobre todo, no se ofrecen elementos para valorar la proporcionalidad entre la labor formativa –o la incidencia de una presumida falta de formación– y la rebaja de un 40% del salario».

– STS, rec. 135/2016, de 9 de marzo de 2017, ECLI:ES:TS:2017:1122: recuerda la doctrina jurisprudencial, señalando que «Respecto de la justificación de la diferencia retributiva, hemos aceptado que pueda estar constituida por la garantía de los derechos adquiridos para los trabajadores que, de acuerdo con el régimen convencional aplicable con anterioridad, tuvieran reconocidos o en curso de reconocimiento los correspondientes conceptos. Sin embargo, esa garantía de los derechos adquiridos no se concibe de forma dinámica, como mantenimiento de un régimen jurídico que puede determinar la aplicación en el tiempo de cantidades variables o actualizadas, sino de forma estática; lo que implica que tiene que limitarse a conservar los derechos ya reconocidos a los trabajadores en el momento en que se produce el cambio normativo, sin que se establezcan "dos regímenes de antigüedad diferentes y abiertos al futuro"».

– STS, rec. 140/2009, de 10 noviembre 2010, ECLI:ES:TS:2010:7631: cabría admitir que a quienes ingresaron antes se les reconozca «un complemento único y no compensable por la cantidad hasta entonces cobrada y que, a partir de ese día, cobrasen igual plus de antigüedad que los de nuevo ingreso, pero lo que no es aceptable es que, a partir de determinada fecha, unos generen un plus de antigüedad por cuantía muy superior al que generan otros trabajando el mismo número de años». Y añade que «es rechazable una cláusula de diferenciación que no se limita a conservar una determinada cuantía retributiva ya percibida, sino que instaura, sin que -se insiste- conste justificación, un cuadro doble de complemento de antigüedad con elementos de cálculo dinámicos en cada uno de sus componentes, destinados por tanto a perpetuar diferencias retributivas por el mero hecho de la fecha de ingreso en la empresa»; concluyendo, respecto al supuesto enjuiciado, que «(...) la cláusula del art. 16 del convenio no se limita a mantener una diferencia retributiva entre uno y otro colectivo que pudiera pretender compensar aquel compromiso de estabilidad en el empleo, abaratando el coste salarial de los nuevos contratados, sino que ahonda, indefinidamente y con proyección de futuro, en la brecha salarial por la vía de reconocer a uno de dichos colectivos un sistema que va a ir incrementando la condición retributiva en cuestión».

- STS, rec. 1468/2018, de 5 de marzo de 2019, ECLI:ES:TS:2019:989: afirma la existencia de doble escala salarial dado que no se trataba de un complemento con una cuantía estable y consolidada, sino que el complemento que solo percibe un grupo de trabajadores se va revalorizando anualmente e incluso incrementando en caso de ascensos de nivel, y con repercusión no únicamente en la cuantía salarial, sino también a efectos de prestaciones y mejoras de la acción protectora de la seguridad social pactadas en los convenios colectivos, sin que por parte de la empleadora se aporten ni siquiera indicios para intentar una justificación objetiva y razonable de la diferencia de trato de unos u otros trabajadores en atención a la fecha de ingreso en la empresa. Afirmando, con cita de la jurisprudencia social, que «(...) esa garantía de los derechos adquiridos no se concibe de forma dinámica, como mantenimiento de un régimen jurídico que puede determinar la aplicación en el tiempo de cantidades variables o actualizadas, sino que de forma estática, que tiene que limitarse a conservar los derechos ya reconocidos a los trabajadores en el momento en que se produce el cambio normativo, sin que se establezcan "dos regímenes de antigüedad diferentes y abiertos al futuro" [y que] (...) no puede incurrir el Convenio Colectivo en el establecimiento de diferencias en el trato de los trabajadores, "a menos que tales diferencias sean razonables, objetivas, equitativas y proporcionadas, estando el convenio colectivo facultado para establecer determinadas diferencias en función de las particulares circunstancias concurrentes en cada caso, sin que cuando se trata de la retribución del trabajo quepan las generalizaciones, de manera que el principio general a tener en cuenta es el de igual retribución a trabajo de igual valor, como ordena el art. 28 del ET, y en principio está desprovista de toda fundamentación razonable la inclusión en el convenio colectivo de diferencias salariales en atención únicamente a la fecha de la contratación"». Concluyendo que «En consecuencia, partiendo tanto de la jurisprudencia constitucional expuesta, que exige "De una parte, para que la diferencia salarial fundada en el concepto de antigüedad pueda ser conforme al principio de igualdad es necesario que, en el seno del convenio, se introduzca algún tipo de compromiso empresarial que conlleve una 'contraprestación a los afectados que pueda hacer potencialmente compatible la medida con el art. 14 CE'; y, de otro lado, que 'con base en pautas de compensación o reequilibrio, determinen el establecimiento de la diferencia de modo transitorio, asegurando su desaparición progresiva'", como de la jurisprudencia referida de esta Sala de casación que señala "no puede incurrir el Convenio Colectivo en el establecimiento de diferencias en el trato de los trabajadores, a menos que tales diferencias sean razonables, objetivas, equitativas y proporcionadas, estando el convenio colectivo facultado para establecer determinadas diferencias en función de las particulares circunstancias concurrentes en cada caso, sin que cuando se trata de la retribución del trabajo quepan las generalizaciones, de manera que el principio general a tener en cuenta es el de igual retribución a trabajo de igual valor, como ordena el art. 28 del ET, y en principio está desprovista de toda fundamentación razonable la inclusión en el convenio colectivo de diferencias salariales en atención únicamente a la fecha de la contratación"; no concurriendo en el presente caso los presupuestos para que la diferencia salarial de trato fundada en el concepto de antigüedad pueda ser conforme al principio de igualdad, procede (...) desestimar el recurso de casación unificadora interpuesto por la empresa (...)».

CUESTIÓN

En relación a la existencia de una doble escala salarial en la empresa, ¿cómo puede actuar un plan de igualdad?

Puede fijar criterios como:

– Establecer el sistema retributivo en función de la valoración de puestos de trabajo no sexista.

– Suprimir los niveles salariales basados en la edad.

– Eliminar las dobles escalas salariales y salarios de entrada que tengan carácter permanente.

– Revisar las condiciones para la percepción de complementos, prestaciones y ayudas sociales a fin de detectar y suprimir aquellas desigualdades motivadas por la modalidad contractual o fecha de entrada en la empresa.

– Revisar las denominaciones del puesto de trabajo y grupos profesionales, así como las descripciones de funciones y tareas a fin de evitar un determinismo sexual en las mismas.

– Incrementar la transparencia en los sistemas retributivos y la participación de la RLT en la realización de los mismos.

2.1.3. La negociación colectiva y el sistema de clasificación profesional

La clasificación profesional y la movilidad funcional regulan las condiciones laborales, garantizando igualdad y estableciendo criterios de retribución. Analizamos estos aspectos antes de profundizar en la valoración de puestos de trabajo.

Sistema de clasificación profesional

En el ámbito de la clasificación profesional y promoción en el trabajo (artículos 22 a 25 del ET), la Ley establece un marco legal mínimo o unos principios de ordenación que, aun siendo muy genéricos, han de ser respetados en el diseño que se haga de cada sistema de clasificación profesional, y así, el sistema ha de estructurarse —como instrumento clasificatorio esencial— sobre la base del grupo profesional, y este a la hora de ser definido ha de responder a criterios y sistemas que, basados en un análisis correlacional entre sesgos de género, puestos de trabajo, criterios de encuadramiento y retribuciones, tengan como objeto garantizar la ausencia de discriminación, tanto directa como indirecta, entre mujeres y hombres. (SJS - Valladolid n.º 65/2024, de 19 de febrero del 2024, ECLI:ES:JSO:2024:749).

Todo sector productivo o empresa requiere un sistema de clasificación profesional para determinar el contenido funcional de la prestación de trabajo, regular la movilidad funcional, establecer los niveles retributivos y las demás condiciones de trabajo. La elaboración de los sistemas de clasificación profesional pertenece a la **negociación colectiva estatutaria** o, en su defecto, al **acuerdo entre la empresa y los representantes de los trabajadores**, por medio de grupos profesionales. A tal efecto, las mesas negociadoras de los convenios colectivos deberán asegurarse de que los factores y condiciones concurrentes en cada uno de los grupos y niveles profesionales respetan los criterios de adecuación, totalidad y objetividad, y el principio de igual retribución para puestos de igual valor (artículo 9 del Real Decreto 902/2020, de 13 de octubre).

La relación de colaboración internormativa entre ley y convenio se ha articulado sobre la base del principio de complementariedad, lo que, en suma, supone la remisión en bloque de esta materia a la norma convencional. Es destacable que el llamamiento a la negociación colectiva, aun dirigido de forma preferente al convenio colectivo estatutario —de empresa o sector—, contempla la eventual participación, de forma subsidiaria, del acuerdo de empresa, que puede regular esta materia cuando el convenio aplicable no lo haya hecho.

Movilidad funcional

La **movilidad funcional** es la facultad del empresario de encomendar unilateralmente al trabajador, sin su previo consentimiento, la realización de tareas diferentes a las que corresponden al grupo profesional que tiene reconocido o al puesto de trabajo que ocupa, con el objeto de adaptar el contenido de la prestación a las necesidades organizativas de la empresa.

La **movilidad interna**, como expresión del *ius variandi ordinario* de la empresa, se refiere a la que se produce dentro del mismo grupo profesional, y no tiene más límites que los inherentes al propio grupo profesional y al respeto de los derechos fundamentales del trabajador.

La **movilidad externa** se produce para la realización de funciones que no corresponden al grupo profesional y supone el ejercicio por el empresario del llamado *ius variandi extraordinario*, debe asentarse sobre la concurrencia de razones técnicas u organizativas que las justifiquen y tiene duración limitada al tiempo imprescindible para su atención, pudiendo ser descendente, cuando se destina a un trabajador a tareas correspondientes a un grupo profesional de menor rango o nivel que el de origen, operando la garantía de la retribución de origen, o ascendente, cuando un trabajador ha de realizar funciones superiores a las del grupo profesional en el que está encuadrado, supuesto en el que el trabajador tiene derecho desde el primer día de su desempeño a la diferencia salarial entre el salario del grupo profesional que ostenta y el que corresponde a las funciones efectivamente realizadas (apdos. 2 y 3 del art. 39 del ET).

En el ámbito de la **movilidad funcional externa** ascendente, el derecho a las diferencias retributivas por realización de tareas de grupo superior solo procede si las mismas entran de lleno en dicho grupo superior y exceden del propio.

Negociación colectiva y sistema de clasificación profesional

Según la RAE, la clasificación profesional se define como «categoría o grupo profesional en que se distribuyen los puestos dc trabajo que puedan desempeñar los distintos trabajadores», fijados mediante negociación colectiva o acuerdos empresa-representación legal de los trabajadores.

El sistema de clasificación profesional de un convenio colectivo se establece, fundamentalmente, atendiendo a los criterios que el artículo 22 del Estatuto de los Trabajadores fija para la existencia del grupo profesional, es decir, **la clasificación profesional se efectuará atendiendo fundamentalmente a los criterios que se fijan para la existencia del grupo profesional, es decir, aptitudes profesionales, titulaciones y contenido general de la prestación, pudiendo incluir distintas tareas, funciones, especialidades profesionales o responsabilidades asignadas al trabajador.**

Los arts. 39-41 del Estatuto de los Trabajadores reconocen al empresario, en virtud del poder de dirección y de las necesidades de la empresa, la posibilidad de realizar modificaciones de las condiciones de trabajo inicialmente pactadas (la denominada movilidad funcional), entendiéndose dentro de este poder la capacidad de asignar diferentes tareas o funciones a una persona trabajadora, independientemente de las funciones para las que hubiese sido contratado inicialmente. En paralelo se reconoce a la persona trabajadora la posibilidad de reclamar una correcta clasificación profesional en determinados supuestos (art. 39.2 del ET y art. 137 de la LRJS).

La clasificación profesional se realizará en grupos profesionales, por interpretación y aplicación de los criterios generales objetivos, y la formación requerida que la norma colectiva debería indicar para cada uno de ellos. En la práctica, el grupo profesional se escoge por medio de un **acuerdo entre la persona trabajadora y su empleador, el cual se expresa en el contrato de trabajo.** Todas las personas trabajadoras serán adscritas a un determinado grupo profesional, que definirá su posición en el esquema organizativo de la empresa y el salario base mínimo o máximo por su trabajo.

El art. 22 del ET define el **grupo profesional** como la agrupación unitaria de las aptitudes profesionales, titulaciones y contenido general de la prestación laboral, donde se podrán englobar distintas tareas, funciones, especialidades profesionales o responsabilidades asignadas a las personas trabajadoras. La definición de los grupos profesionales se ajustará a criterios y sistemas que, basados en un análisis correlacional entre sesgos de género, puestos de trabajo, criterios de encuadramiento y retribuciones, tengan como objeto garantizar la ausencia de discriminación, tanto directa como indirecta, entre mujeres y hombres. Estos criterios y sistemas, en todo caso, cumplirán con lo previsto en el art. 28 del ET (concepto que desarrollaremos ampliamente a la hora de analizar la valoración de puestos de trabajo).

Por acuerdo entre el trabajador y el empresario se asignará al trabajador un grupo profesional y se establecerá como contenido de la prestación laboral objeto del contrato de trabajo la realización de todas las funciones correspondientes al grupo profesional asignado o solamente de alguna de ellas. Atendiendo a la definición del concepto de clasificación profesional, y más concretamente a la agrupación de especialidades, actividades o tareas de los distintos ámbitos operativos especializados que existan en la empresa, con pertenencia a aptitudes profesionales y campos funcionales afines, se configurará el ámbito dentro del cual es posible la movilidad funcional del trabajador.

Titulaciones académicas o profesionales y sistema de clasificación profesional

Es doctrina jurisprudencial consolidada que para tener derecho a retribuciones superiores, es necesario no solo que el ejercicio de dichas funciones superiores exceda de modo evidente a las que son atribuidas a su grupo profesional, sino que es preciso que entren de lleno en las asignadas al grupo superior, es decir, que para poder apreciar que efectivamente se están llevando a cabo las funciones propias de un grupo superior y que procede el derecho a percibir las retribuciones correspondientes al mismo, es necesaria la perfecta acreditación de que efectivamente se están desempeñando fundamentalmente estas funciones y no parte de las mismas (STS, rec. 2615/2003, de 18 de septiembre de 2004, ECLI:ES:TS:2004:5785 y STS, rec. 1846/2014, de 10 de febrero de 2016, ECLI:ES:TS:2016:731). No obsta al derecho de resarcimiento económico el que el trabajador además de tales funciones superiores realice otras que se correspondan con las del propio grupo. La única razón por la que se pueden denegar estas diferencias retributivas se fundamenta en el hecho de que el trabajador carezca de la titulación para desempeñarlas de conformidad con la legislación estatal imperativa que pudiera ser aplicable (STS, rec. 4318/2002, de 23 de mayo de 2003, ECLI:ES:TS:2003:3519). No obstante, la falta de la titulación exigida en el convenio colectivo para el desempeño de funciones de categoría superior no impide la percepción de las diferencias retributivas correspondientes por la realización de las funciones efectivamente desarrolladas, si tal titulación no viene exigida por una norma legal (STS, rec. 3193/2014, de 9 de marzo de 2016, ECLI:ES:TS:2016:1811), más aún cuando la superior titulación pueda obtenerse con posterioridad al momento de la contratación (STS, rec. 1471/2013, de 29 de abril de 2014, ECLI:ES:TS:2014:2319).

El citado art. 39 del ET contempla una movilidad funcional ordinaria o *ius variandi ordinario*, cuyo contenido no está predeterminado por el legislador, sino que pertenece a la autonomía colectiva e individual, determinando en tal sentido el art. 39.1 del ET: «1. La movilidad funcional en la empresa se efectuará de acuerdo a las titulaciones académicas o profesionales precisas para ejercer la prestación laboral y con respeto a la dignidad del trabajador»; es decir, el empresario para proceder a dicha movilidad funcional ordinaria no tiene que alegar causas ni existen criterios dimensionales de afectación, ocupacionales o temporales, ni existe una regulación procedimental expresa, ni consultas con los representantes de los trabajadores o con los trabajadores afectados ni, en fin, existe más control judicial sobre la justificación o no de la medida más que el dado por los límites —grupo profesional y títulos académicos y profesionales— o por los derechos fundamentales del trabajador. (SAN n.º 8/2016, de 22 de enero de 2016, ECLI:ES:AN:2016:48).

La doctrina judicial ha precisado los límites de la movilidad funcional dentro del grupo, entendiendo que en los supuestos de movilidad ordinaria (art. 39.1 del ET) bastará acreditar que la movilidad dentro del grupo profesional se ajusta a las titulaciones profesionales y garantiza la dignidad del trabajador.

¿Qué factores influyen en la clasificación profesional de las personas trabajadoras?

La clasificación se realizará en divisiones funcionales y grupos profesionales por interpretación y aplicación de criterios generales objetivos y por las tareas y funciones básicas más representativas que desarrollen los trabajadores.

Los factores que influyen en la clasificación profesional de las personas trabajadoras incluidas en el ámbito de un convenio y que, por lo tanto, indican la integración de cada una de estas a un determinado grupo profesional, deben seguir los criterios determinados por el reiterado artículo 22 del Estatuto de los Trabajadores. De forma no exhaustiva —siempre debemos atender a lo que determine cada convenio—, podrían definirse del siguiente modo:

- Conocimientos: factor para cuya valoración se deberá tener en cuenta, además de la formación básica necesaria para poder cumplir correctamente el cometido, el grado de conocimiento o experiencia adquiridos, así como la dificultad en la adquisición de dichos conocimientos o experiencias.

- Iniciativa: factor para cuya valoración se deberá tener en cuenta el mayor o menor grado de dependencia a directrices o normas para la ejecución de la función.

- Autonomía: factor para cuya valoración se deberá tener en cuenta la mayor o menor dependencia jerárquica en el desempeño de la función que se desarrolle.

- Responsabilidad: factor para cuya valoración se deberá tener en cuenta tanto el grado de autonomía de acción del titular de la función, como el grado de influencia sobre los resultados e importancia de las consecuencias de la gestión.

- Mando: factor para cuya valoración se deberá tener en cuenta:
  - El grado de supervisión y ordenación de tareas.
  - La capacidad de interrelación.
  - Naturaleza del colectivo.
  - Número de personas sobre las que ejerce el mando.
  - Complejidad: Factor cuya valoración estará en función del mayor o menor número, así como del mayor o menor grado de integración del resto de los factores en las tareas o puesto encomendado.

En base a esos criterios generales, u otros aspectos marcados por convenio, las definiciones de los distintos grupos profesionales determinaran, por ejemplo, el grado de responsabilidad en base a la formación, medios o conocimientos equivalentes o necesarios, las tareas y funciones básicas más representativas, etc. Teniendo en cuenta el principio de igualdad retributiva por trabajo de igual valor (art. 28 del Estatuto de los Trabajadores), la valoración de puestos de trabajo debe garantizar un sistema de clasificación profesional neutro y libre de sesgos de género.

Ejemplo de asignación de categoría profesional siguiendo un sistema de valoración fijado por convenio colectivo

A modo de ejemplo vamos a analizar una valoración de un puesto de trabajo para un puesto de nivel VI según el sistema de valoración del convenio colectivo estatal de la industria metalgráfica y de fabricación de envases metálicos (código n.º 99003445011982).

Se trata de una trabajadora de una empresa metalgráfica con la categoría profesional reconocida de Nivel VI a la que se le confieren un total de 208 puntos, según detalle y desglose siguiente:

- Factor A: Conocimientos
- Subfactor A.1: Formación básica.
- Grado 2: 29 puntos.
- Subfactor A.2: Conocimiento de idiomas.
- Sub-factor A.3.a: Experiencia.
- Grado 2: 5 puntos.
- Subfactor A.3.b: Aprendizaje: 27 puntos
- Grado 3: 39 puntos.
- Factor B: Iniciativa
- Grado 2: 30 puntos.
- Factor C: Autonomía.
- Grado 1: 10 puntos.
- Factor D: Responsabilidades

- Subfactor D.1.a: Responsabilidad sobre datos confidenciales.
- Grado 1: 5 puntos.
- Subfactor D.1.b: Responsabilidad sobre el equipo de trabajo.
- Grado 2: 10 puntos.
- Subfactor D.2.a: Responsabilidad sobre errores.
- Grado 2: 10 puntos.
- Subfactor D.2.b: Responsabilidad sobre manipulación de materiales/ proceso de trabajo.
- Grado 2: 10 puntos.
- Subfactor D 3.a: Responsabilidad sobre contacto con otros.
- Grado: 1: 5 puntos.
- Subfactor D 3.b: Responsabilidad sobre la seguridad de otros.
- Grado 1: 5 puntos.
- Factor E: mando
- Grado 1: 8 puntos.
- Factor F: complejidad
- Subfactor F.1. Dificultad del trabajo.
- Grado 2: 9 puntos.
- Subfactor F.2: Condiciones de trabajo.
- Grado 1: 6 puntos.
- **TOTAL PUNTOS** 208

Sin embargo, pueden surgir dudas sobre si las funciones que realiza son propias de una categoría superior, concretamente del Nivel V, debido a la autonomía y responsabilidad con la que desempeña su trabajo. En este caso la trabajadora se encarga de la supervisión y mantenimiento de maquinaria compleja, realiza diagnósticos y reparaciones sin necesidad de supervisión, y coordina a un equipo de operarios en su turno. Además, ha implementado mejoras en los procesos de mantenimiento que han resultado en una mayor eficiencia y reducción de costos para la empresa.

La trabajadora mantiene que ocupa el puesto de mantenimiento de rodillos, desarrollando las siguientes funciones:

- Rectificar cuchillas retiradas de barnizadora por desgaste y preparación para uso posterior.
- Rectificar rodillos retirados de máquina. Vigilar la desaparición de todas las marcas.
- Cortar rodillos según el manual de instrucciones de responsables de producción (documento escrito en el que constan las pautas a seguir en el corte según el cliente en cuestión). Para el desarrollo de tales labores no se requiere supervisión alguna.

- Anotación en cuadro del uso a dar a cada uno de los rodillos cortados.
- Apertura de los paquetes que indican responsables de producción.
- Es la única que realiza estas funciones. Presta servicios en turno partido (el resto a turnos de mañana, tarde y noche) y abastece a todos los turnos.

Dado su nivel de formación, que tiene trabajadores a su cargo y que es la única que realiza las tareas descritas, no está de acuerdo y decide interponer una denuncia ante la inspección de trabajo para que se le reconozca la categoría profesional de Nivel V y se le abonen las diferencias salariales correspondientes desde el 1 de enero de 2022 hasta la fecha de la demanda.

¿Qué factores ha valorado la empresa para asignar la categoría profesional?

Los criterios de clasificación profesional se recogen en el convenio colectivo estatal de la industria metalgráfica y de fabricación de envases metálicos (código n.º 99003445011982). Dentro del Grupo III (operarios) en el que se incardina la trabajadora se definen los niveles en liza de la forma que sigue (art. 10):

Nivel 5:

Criterios generales: se incluyen en este Nivel las personas que, realizan trabajos técnicos, administrativos u operativos, cualificados dentro de su especialidad, que exigen habilidad y conocimientos profesionales adquiridos por una intensa y acreditada práctica, por medio de un aprendizaje metódico. Estas tareas se ejecutan bajo dependencia de mandos o de profesionales de más cualificación dentro del esquema de cada empresa, normalmente con alto grado de supervisión, pero con ciertos conocimientos profesionales, con un período intermedio de adaptación, pudiendo tener personal a su cargo.

Formación: equiparable a ciclo formativo de grado medio (CFGM) o conocimientos equivalentes reconocidos por la empresa y/o con formación en el puesto de trabajo o conocimientos adquiridos en el desempeño de la profesión.

Tareas: en este Nivel se incluyen, a título enunciativo, aquellas actividades que, por analogía, son asimilables a las siguientes:

1. Tareas técnicas consistentes en contribuir al desarrollo de un proyecto que redacta un técnico superior, aplicando la normalización, realizando el cálculo de detalle, a partir de datos facilitados por un técnico superior.

2. Tareas de elaboración y actualización de la documentación técnica, seguimiento de los procedimientos de mantenimiento preventivo y correctivo, análisis de aspectos técnico-productivos para la mejora continua, a partir de la información facilitada por un técnico superior.

3. Tareas de delineación de proyectos, levantamiento de planos de conjunto y detalle, partiendo de información recibida y realizando los tanteos necesarios a la vez que proporcionando las soluciones requeridas.

4. Tareas que consisten en la preparación, puesta a punto y operativa en máquinas, procesos y líneas de producción de litografía de hasta dos colores, offset, serigrafía, huecograbado, flexografía, tipografía y estampación en general, pudiendo tener personal a su cargo.

5. Tareas en cabezas de barnizado, cuando se tenga la responsabilidad de barnizar o esmaltar sobre hojalata, aluminio u otros materiales y para efectuar la reserva, así como amplios conocimientos sobre el proceso de barnizado que permitan el control de dicho proceso.

6. Tareas consistentes en controlar la calidad del proceso de producción y del producto asegurando documentalmente la trazabilidad, integrando la información y elaborando certificados de calidad concertada en su caso, pudiendo tener personal a su cargo.

7. Tareas que consisten en el mantenimiento preventivo o correctivo de sistemas robotizados que implican amplios conocimientos integrados de electrónica, hidráulica y lógica neumática, conllevando la responsabilidad de pronta intervención dentro del proceso productivo, actuando normalmente bajo la supervisión de un operario de nivel superior.

8. Tareas de administración de ventas y de comercialización de productos que no requieran de una especialización técnica distinta de la propia demostración, comunicación de precios y condiciones de crédito y entrega, tramitación de pedidos, etc.

9. Tareas de administración de compras y aprovisionamiento, bajo la supervisión de personas incluidas en el nivel superior.

10. Tareas de contabilización, facturación y coordinación administrativa en general, bajo la supervisión de personas incluidas en el nivel superior.

11. Tareas de fotógrafo retocador, montador-insolador, maquinistas, etc. con capacitación suficiente para preparar y operar con una máquina de producción, con amplios conocimientos en el manejo de ordenadores, programas de tratamiento de imágenes, vectoriales, de diseño gráfico, pruebas de ensayo con procesos químicos o manuales y pruebas en prensa manual con procedimientos offset.

12. Tareas de cierta complejidad de mantenimiento y reparación, así como de preparación de operaciones en máquinas convencionales que conlleven el autocontrol del producto elaborado.

13. Tareas consistentes en la contabilización de los materiales del almacén general o de cada uno de los almacenes generales, que dan servicio a toda la fábrica, siendo encargado de despachar los pedidos en los mismos, de recibir las mercancías y gestionar su distribución en las distintas dependencias de los almacenes, y registrar en los libros el movimiento de material que haya habido durante la jornada, redactando y remitiendo a las oficinas las relaciones correspondientes.

14. Tareas de conducción de camiones de carga superior a 3.500 kg, actualmente requiriendo el carné de conducir de clase C.

15. Tareas consistentes en la coordinación de personal del nivel inferior.

Nivel 6:

Criterios generales: se incluyen en este Nivel aquellas personas que, realizan trabajos dentro de su especialidad, que exigen de una habilidad y conocimiento profesional, adquirido por su experiencia, por medio de un aprendizaje metódico. Personas que, con iniciativa y con subordinación a personas de otros niveles superiores, efectúan operaciones administrativas, operativas o de apoyo especializado. Personas que realizan funciones que suponen la integración y coordinación de tareas homogéneas, pudiendo tener personal a su cargo.

Formación: equiparable, ciclo formativo de grado medio (CFGM) o conocimientos equivalentes reconocidos por la empresa y/o con formación en el puesto de trabajo o conocimientos adquiridos en el desempeño de la profesión por medio de un aprendizaje.

Tareas: en este Nivel se incluyen, a título enunciativo, aquellas actividades que, por analogía, son asimilables a las siguientes:

1. Tareas de conducción de turismos o furgonetas, con capacidad de carga de hasta 3.500 kg, actualmente requiriendo el carné de conducir de clase B.

2. Tareas consistentes en la organización de materiales del almacén general o de cada uno de los almacenes generales, que dan servicio a toda la fábrica, preparando y despachando los pedidos en los mismos, recibiendo las mercancías, distribuyéndolas en las distintas dependencias de los almacenes, y registrando el movimiento de material durante la jornada.

3. Tareas de administración general, en cualquier departamento de la empresa, bajo supervisión de una persona de nivel superior.

4. Conducción de carretillas de 7 o más toneladas y conducción de máquinas suspendidas en vacío, de elevación, carga, arrastre, etc. (grúas puente, grúas de pórtico, etc.).

5. Tareas de asistencia especializada a mecánicos, electricistas, electrónicos, litógrafos, offset, serigrafía, cabeza de barnizado... etc. así como las realizadas durante el periodo de formación o aprendizaje, que requieran supervisión de un profesional de nivel superior.

6. Tareas de control de la calidad de producción realizando inspecciones y clasificaciones con los correspondientes aparatos, decidiendo sobre el rechazo basándose en normas fijadas, reflejando por cualquier medio los resultados de su inspección.

Del propio modo y para definir la pertenencia a un grupo o nivel, se describen en su art. 8 los siguientes factores:

A. Conocimientos.

Factor para cuya valoración deberá tenerse en cuenta, además de la formación básica necesaria para poder cumplir correctamente el cometido, el grado de conocimiento y experiencia adquiridos, así como la dificultad en la adquisición de dichos conocimientos o experiencias.

Este factor puede dividirse en dos subfactores:

a) Formación.

Este subfactor, considera el nivel inicial mínimo de conocimientos teóricos que debe poseer una persona de capacidad media, para llegar a desempeñar, satisfactoriamente, las funciones del puesto de trabajo después de un periodo de adaptación. Este subfactor, también deberá considerar las exigencias de conocimientos específicos y complementarios.

b) Experiencia.

Este subfactor, determina el periodo de tiempo requerido, para que una persona de capacidad media, y poseyendo la formación especificada anteriormente, adquiera la habilidad y práctica necesarias para desempeñar el puesto, obteniendo un rendimiento suficiente en cantidad y calidad.

B. Iniciativa.

Este factor valora la capacidad requerida al ocupante de un puesto de trabajo para obrar con mayor o menor independencia al tomar determinaciones, planear, analizar o escoger entre varias alternativas, considerando el mayor o menor grado de dependencia a las directrices o normas para la ejecución de sus funciones.

C. Autonomía.

Este factor mide el mayor o menor grado de dependencia jerárquica a la que está sujeto el ocupante de un puesto de trabajo en el desempeño de sus funciones, así como el grado de supervisión a que estén sometidas las tareas.

D. Responsabilidad.

Factor para cuya valoración deberá tenerse en cuenta tanto el grado de responsabilidad de acción del titular de la función, (respecto a los útiles o máquinas que utiliza para realizar sus tareas, respecto al producto que obtiene del desarrollo de su actividad, respecto a la seguridad de los que están en su entorno de trabajo, respecto a los datos que utiliza en el desempeño de sus tareas, respecto a los errores que pudieran derivarse del desempeño de sus tareas, respecto a las relaciones que oficialmente y en representación de la empresa ha de asumir), como el grado de influencia sobre los resultados e importancia de las consecuencias de la gestión.

E. Mando.

Este factor medirá la capacidad de coordinar, instruir y dirigir el trabajo de otros.

Para su valoración deberá tenerse en cuenta:

- El grado de supervisión y ordenación de tareas.
- La capacidad de interrelación.

– Naturaleza del colectivo a su cargo.

– Número de personas sobre las que se ejerce el mando.

F. Complejidad.

Factor cuya valoración estará en función de la mayor o menor dificultad de las tareas a realizar, así como del mayor o menor grado de integración del resto de los factores en la tarea o puesto encomendado. Así como del espacio y las condiciones en las que debe desarrollar las tareas del puesto encomendado.

Para su valoración deberá tenerse en cuenta:

a) Dificultad en el trabajo: este subfactor mide la capacidad requerida al ocupante de un Puesto de Trabajo para atender correlativa o simultáneamente un mayor o menor número de tareas, integradas entre sí en mayor o menor grado, sin pérdida de eficacia, o para ser eficaz en un determinado número de estaciones de trabajo de la unidad productiva.

b) Habilidades especiales: este subfactor determina las habilidades que se requieren para determinados trabajos, como pueden ser carga física, destreza manual, etc. y su frecuencia durante la jornada laboral.

c) Condiciones ambientales y de trabajo: valora las condiciones de penosidad y/o de peligrosidad estructurales de un puesto de trabajo. Es decir, lo que de ellas permanece después de aplicadas todas las medidas correctoras reglamentarias para eliminarlas y que, por tanto, pueden considerarse inherentes al puesto.

¿El nivel de formación o tener trabajadores a su cargo son factores determinantes para discriminar la asignación de uno u otro nivel?

Como factores determinantes para discriminar la asignación de uno u otro nivel no resultan en este caso relevantes ni el nivel de formación del actor ni el tener trabajadores a su cargo, puesto que en ambos casos la norma convencional contempla como posibilidad esta última cuestión en ambos casos y equipara el ciclo formativo de grado medio que también resulta coincidente en ambos, aquellos conocimientos técnicos adquiridos en el desempeño de la profesión.

En la misma medida concurre en ambos niveles una subordinación a mandos superiores y supervisión que para el pretendido nivel V, se califica de normalmente alto.

El nivel de conocimiento (formación y experiencia), autonomía y mando no aparecen así claramente definitorios para incardinar las funciones de reserva de rodillos del actor en uno u otro.

El análisis de las tareas que a título enunciativo se consignan en relación al nivel reclamado (V) descartan sin embargo que la iniciativa y responsabilidad de la trabajadora en el desempeño de su puesto de trabajo alcancen el grado necesario para ser incardinado en nivel superior al que ostenta (VI).

Así, y en orden a realizar sus tareas [reserva (corte) de rodillos], debe seguir las instrucciones contenidas en plano que se le facilita, sin que tenga que hacer otra tarea que interpretar el mismo, siendo que respecto a tareas parejas que se reseñan propias de ese nivel se añade una aportación por su parte a ese documento técnico que va más allá de una mera traslación material de esas instrucciones en la ejecución material del corte. Concretamente y como propias del nivel V se reseñan:

- Tareas técnicas consistentes en contribuir al desarrollo de un proyecto que redacta un técnico superior, aplicando la normalización, realizando el cálculo de detalle, a partir de datos facilitados por un técnico superior (1).

- Tareas de elaboración y actualización de la documentación técnica, seguimiento de los procedimientos de mantenimiento preventivo y correctivo, análisis de aspectos técnico-productivos para la mejora continua, a partir de la información facilitada por un técnico superior (2).

- Tareas de delineación de proyectos, levantamiento de planos de conjunto y detalle, partiendo de información recibida y realizando los tanteos necesarios a la vez que proporcionando las soluciones requeridas (3).

¿Ser la única que realiza ese puesto en la empresa supone un grado de responsabilidad mayor?

De la ejecución individual (ser la única que realiza ese puesto en la empresa) no cabe inferir el grado de responsabilidad que se pretende, puesto que son otros los que comprueban la correcta ejecución de su trabajo y los devuelven para su arreglo. En este sentido y dentro del nivel V exige un autocontrol del producto elaborado (12. Tareas de cierta complejidad de mantenimiento y reparación, así como de preparación de operaciones en máquinas convencionales que conlleven el autocontrol del producto elaborado).

2.2. Brecha retributiva

La Unión Europea —Eurostat— ha definido la brecha salarial como «(...) la diferencia existente entre los salarios percibidos por los trabajadores de ambos sexos, calculada sobre la base de la diferencia media entre los ingresos brutos por hora de todos los trabajadores».

Para conocer e implantar medidas correctoras en este aspecto, hemos de analizar múltiples variables como tipos de contrato, jornada, ocupación, nivel de estudios, antigüedad, edad, utilización de medidas como reducción de jornada, excedencia o permisos no retribuidos, etc., que influyen de forma directa en las diferencias retributivas que pueden aparecer entre las personas trabajadoras.

2.2.1 ¿Qué es la brecha retributiva?

La brecha retributiva es una manifestación de la desigualdad de género en el ámbito laboral, y tanto la normativa como la jurisprudencia española han establecido mecanismos para identificar, corregir y prevenir estas desigualdades, garantizando la transparencia y la equidad en las retribuciones.

El concepto ha sido el centro de un examen exhaustivo por parte de distintos autores doctrinales, resoluciones y toda clase de normativa. Y en un sentido amplio, **alude a las diferencias retributivas que** únicamente **se fundamentan en el sexo**. No solo han de producirse dichas diferencias, sino que las mismas, han de carecer de justificación objetiva y razonable. Y en los distintos ejes en los que se aprecia dicha discriminación, es la promoción profesional uno de los más analizados. (SJS Gijón n.º 103/2020, de 14 de abril de 2020, ECLI:ES:JSO:2020:1992).

El art. 5 de la LOI, indica:

> «El principio de igualdad de trato y de oportunidades entre mujeres y hombres, aplicable en el ámbito del empleo privado y en el del empleo público, se garantizará, en los términos previstos en la normativa aplicable, en el acceso al empleo, incluso al trabajo por cuenta propia, en la formación profesional, en la promoción profesional, en las condiciones de trabajo, incluidas las retributivas y las de despido, y en la afiliación y participación en las organizaciones sindicales y empresariales, o en cualquier organización cuyos miembros ejerzan una profesión concreta, incluidas las prestaciones concedidas por las mismas».

El preámbulo del **RD 902/2020 de 13 de octubre de igualdad retributiva entre mujeres y hombres** recuerda:

> «La obligación que tienen los poderes públicos de garantizar la efectividad del principio de igual retribución por trabajos, no solo iguales, sino de igual valor, resulta actualmente indiscutible. Desde que el Convenio número 100 de la OIT de 1951 lo configuró de forma expresa o desde que también lo hiciera la Directiva 75/117/CEE del Consejo, de 10 de febrero de 1975[vigente Directiva 2006/54/CE], relativa a la aproximación de las legislaciones de los Estados miembros que se refieren a la aplicación del principio de igualdad de retribución entre los trabajadores masculinos y femeninos, la igualdad retributiva por trabajos de igual valor constituye uno de los elementos esenciales del principio de igualdad real y efectiva entre mujeres y hombres».

2.2.2. ¿Qué elementos explican la existencia de las diferencias salariales?

Como es sabido, en un alto grado, los convenios colectivos regulan las percepciones salariales y extrasalariales de las personas trabajadoras sin distinción entre hombres y mujeres. No obstante, los datos indican que existen diferencias salariales asociadas a varios factores que deberemos conocer y tratar como posibles variables para el cálculo y medición de la brecha retributiva en nuestra empresa.

Diferente valoración de las competencias laborales y funciones desempeñadas

Las diferencias en los puestos, categorías o grupos profesionales ocupados por mujeres frente a los ocupados por hombres es un factor importante que debe seguir. Es evidente la relación existente entre la posición en la organización y la retribución, por lo que el **análisis de las distintas categorías, grupos o departamentos** proporcionará información relevante sobre la existencia de segregación entre mujeres y hombres en los distintos tipos de categorías y departamentos, y por lo tanto sobre posibles diferencias salariales entre puestos masculinizados y feminizados.

Como analizaremos:

– El apdo. 1 del artículo 28 del Estatuto de los Trabajadores establece que un trabajo tendrá igual valor que otro cuando la naturaleza de las funciones o tareas efectivamente encomendadas, las condiciones educativas, profesionales o de formación exigidas para su ejercicio, sean equivalentes.

– La clasificación profesional de las personas trabajadoras ha de realizarse en base a los criterios del art. 22 del ET, pero a la vez, será necesario comprobar que dichos criterios no resultan discriminatorios, ni directa ni indirectamente. Resultará fundamental examinar las descripciones de los puestos para asegurar que las mismas no son restrictivas en el caso de puestos feminizados.

> **CUESTIÓN**
>
> **¿Cómo se denuncia la existencia de una discriminación salarial?**
>
> Por una doble vía:
>
> a) Administrativa, tras denuncia ante la Inspección de Trabajo y Seguridad Social.
>
> b) Judicial, a través del procedimiento de tutela de derechos fundamentales.

El tiempo de trabajo y la utilización de medidas de conciliación y empleo a tiempo parcial en las mujeres

En este aspecto las estadísticas son nítidas.

A tenor de las estadísticas públicas del Instituto Nacional de Estadísticas (INE), entidad encargada de elaborar las estadísticas oficiales del Estado español (www.ine.es), las mujeres españolas siguen ocupándose de forma desproporcionada en relación a sus compañeros varones, de los cuidados de hijas hijos y otros familiares dependientes, lo que incide directamente sobre sus posibilidades de trabajar, colocándolas en una posición estadísticamente más inactivas, en relación a sus compañeros varones. Según el estudio «Mujeres y hombres en España 2022», la tasa de empleo en España en 2021 de los hombres de 25 a 49 años sin hijos menores de 12 años fue de 83,6 %, y con hijos en ese de grupo de edad fue más alta (89,7), con un hijo el valor de la tasa ascendió al 90,0 %, con dos 90,1 %, el valor más alto, y con 3 hijos o más fue del 84,2 %. (STSJ de las Is. de Canarias n.º 1022/2023, de 13 de julio del 2023, ES:TSJICAN:2023:2009).

En el caso de las mujeres, a medida que se incrementa el número de hijos menores de 12 años, disminuye la tasa de empleo. Para las mujeres de 25 a 49 años sin hijos de esa edad la tasa en 2021 fue de 74,7 % y de 69,7 % en el caso de tener hijos menores de 12 años (70,9 % las que tienen un hijo, 70,0 % en el caso de dos hijos y de 53,4 % el de las mujeres con tres o más hijos).

El 86,9 % de los hombres interrumpieron su carrera laboral en un período de seis meses como máximo. En el caso de las mujeres los periodos de interrupción estuvieron más repartidos: un 49,9 % lo interrumpieron seis meses, un 20,9 % entre seis meses y un año, un 9,4 % entre un año y dos y un 17,7 % más de dos años (frente al 2,8 % de los hombres).

Según se recoge en el estudio realizado por EUROSTAT en colaboración con los Institutos Nacionales de Estadísticas de los Estados miembros de la UE: «La vida de las mujeres y hombres en Europa, un retrato estadístico: Edición 2020», disponible en la página web del INE (estudios especiales) se concluye que en relación a las pautas de empleo: «a más hijos, la tasa de empleo de los hombres es superior a la de las mujeres (74% en comparación con el 63% en la UE en 2019). Sin embargo, es interesante observar que la diferencia en las tasas de empleo entre mujeres y hombres aumenta con el número de hijos. En la UE en 2019, la tasa de empleo de las mujeres sin hijos era del 67%mientras que la de los hombres era del 75%. En mujeres con un hijo las tasas de empleo se incrementaron y fueron del 72% y del 87% para los hombres. En las mujeres con dos hijos la tasa se mantuvo casi igual, en el 73%, mientras que la de los hombres aumentó al 91%. Para aquellas personas con tres o más hijos, la tasa de empleo disminuyó hasta el 58% para las mujeres, en comparación con el 85% de los hombres. Esta pauta se observa en la gran mayoría de los Estados miembros».

En este mismo estudio se refleja el mayor porcentaje de mujeres desempleadas en relación a los hombres. En 2019 la tasa de paro era del 7 % para las mujeres y del 6,40 % para los hombres, siendo los datos de España del 16 % para las mujeres y del 12,50 % para los hombres.

Finalmente, destacamos que el detallado estudio internacional promovido por OXFAM INTERMÓN en enero 2020 titulado «El trabajo de cuidados y la crisis global de desigualdad» en el que entre otras muchas conclusiones se afirma que actualmente no hay ningún lugar del mundo en el que los hombres cuidan más que las mujeres.

Por tanto, partimos de un contexto social en el que una mitad de la población (mayoritariamente femenina) asumen el trabajo invisible de los cuidados que carece de reconocimiento social, económico y contributivo, más allá de escasos periodos franqueados legalmente. Por ello los cuidados tienen una afectación negativa en la carrera de cotizaciones, en el acceso al empleo y en la formación profesional de quien se atreve a cuidar, mayoritariamente mujeres, pero también un porcentaje menor de hombres, según las estadísticas.

A efectos de la brecha retributiva, lo habitual es encontrar los cálculos ligados a devengos brutos anuales o salarios hora. Las diferencias en la jornada trabajada —completa o parcial— o en la duración del contrato, el porcentaje de contratos a jornada completa, la realización de horas extras, el grado de temporalidad, la concentración de jornadas reducidas o parciales en personas trabajadoras de un género determinado, etc., mostrarán con perspectiva de género las diferencias en la materia.

Sobre este punto, por tanto, resultarán de interés cálculos como el de horas extra realizadas, las diferencias en las retribuciones percibidas en función de la duración de la jornada o incidencia de jornadas parciales.

Conceptos salariales o retributivos: existencia de desigualdad directa en el lugar de trabajo, entendida como la percepción de un salario inferior por parte de las mujeres, en relación a los hombres, ejerciendo el mismo trabajo

La discriminación salarial por razón de sexo es una de las formas más conocidas de desigualdad retributiva. El Real Decreto 902/2020, de 13 de octubre, establece medidas específicas para hacer efectivo el derecho a la igualdad de trato y no discriminación entre mujeres y hombres en materia retributiva, desarrollando mecanismos necesarios para identificar la existencia de brechas retributivas injustificadas o discriminatoria.

Como decíamos a modo introductorio, en los convenios colectivos —o en el análisis del salario base y los distintos complementos salariales o extrasalariales dentro del diagnóstico previo al plan de igualdad— sería extraño encontrar la existencia de un salario base distinto para mujeres y hombres que desempeñan los mismos puestos de trabajo, pero sí podría darse dentro del tratado concepto de «trabajos **equivalentes o de igual valor**».

Será fundamental prestar la atención suficiente al devengo de complementos de cualquier tipo, que pueden llegar, no lo olvidemos, a suponer un gran porcentaje en el salario final. Sería imposible citar o analizar el amplio elenco de complementos salariales/extrasalariales reflejados en los distintos convenios, por lo que, a modo de ejemplo recomendamos tratar minuciosamente algunos en los que la diferencia de género suele ser palpable:

- **Complementos destinados a premiar el tiempo de dedicación**: dada la mayor de dedicación de las mujeres de las tareas de cuidados, y sus consecuencias sobre la solicitud de excedencias o permisos, han de analizarse conceptos como: antigüedad, asistencia, asiduidad, horarios especiales (en base a la imposibilidad de realizar determinados horarios incompatibles con la conciliación: trabajos en festivos, nocturnos, horas extraordinarias, etc.).

- **Complementos destinados a compensar la toxicidad, penosidad o peligrosidad**: toda vez que este tipo de complementos se asocian a la utilización o manipulación de sustancias que pueden suponer un riesgo excepcional para la salud, actividades que suponen un constante esfuerzo, o, la existencia de un riesgo adicional debido a la inseguridad de su desempeño, estos complementos van asociados a actividades y categorías profesionales integradas tradicionalmente por hombres. (STS, rec. 3865/1999, 11 de abril de 2000, ECLI:ES:TS:2000:3038).

Tipo de contrato (fijo o temporal)

Las diferencias retributivas entre trabajadores con contratos fijos y temporales también han sido objeto de análisis.

En la STS, rec. 3170/2019, de 6 de octubre de 2022, ECLI:ES:TS:2022:3661 y la STS, rec. 4371/2018, de 7 de febrero de 2022, ECLI:ES:TS:2022:609, respecto de un litigio sobre retribución desigual de los trabajadores fijos y temporales; se mantuvo que las diferencias retributivas entre el personal fijo y el personal temporal no son compatibles con el art. 14 de la CE, de manera que, un tratamiento «que configure a los trabajadores temporales como colectivo en una posición de segundo orden en relación con los trabajadores con contratos de duración indefinida, a los que a veces se singulariza calificándolos como "trabajadores fijos" o "trabajadores de plantilla", en denominaciones tan imprecisas técnicamente como potencialmente discriminatorias si con ellas se quiere identificar una especie de estatuto de "trabajador pleno" de la empresa, por oposición a un estatuto más limitado o incompleto de trabajador temporal, son claramente discriminatorias» (STC n.º 104/2004, de 28 de junio y STS n.º 918/2022, de 15 de noviembre de 2022, ECLI:ES:TS:2022:4187).

Los factores citados se encuentran, en cierto modo, reflejados en el art. 3 de la LOI cuando establece que el principio de igualdad de trato entre mujeres y hombres supone la ausencia de toda discriminación, directa o indirecta, por razón de sexo y, especialmente, las derivadas de la maternidad, la asunción de obligaciones familiares y el estado civil.

CUESTIONES

1. ¿Qué suponen el Real Decreto 902/2020 y el Real Decreto 901/2020 en relación a la brecha retributiva?

A pesar de que la igualdad retributiva ya estaba presente en nuestro ordenamiento jurídico [arts. 14 y 35 de la Constitución Española; 5, 14.2, 46, 51 y 63 de la LOI y 28, 22 y 12 del Estatuto de los Trabajadores], el Real Decreto-ley 6/2019, de 1 de marzo, establecía: «el Gobierno, en el plazo de seis meses, deberá dictar cuantas disposiciones sean necesarias para la aplicación y el desarrollo del presente real decreto-ley en las materias que sean de su competencia». Así pues, el Real Decreto 902/2020, sobre igualdad retributiva y el Real Decreto 901/2020, sobre los planes de igualdad, desarrollan las herramientas y mecanismos para luchar contra la brecha retributiva como son el registro retributivo o salarial, las auditorías salariales, el sistema de valoración de puestos de trabajo y el derecho de información de las personas trabajadoras.

2. ¿Qué papel pueden tener los planes de igualdad en una empresa para corregir la brecha retributiva?

Los diagnósticos previos a los PI van a proporcionar datos fundamentales para hacer un análisis preciso del sistema de remuneraciones de la empresa.

Mediante la introducción de las siguientes medidas en el plan de igualdad sería posible corregir la brecha retributiva:

– Definición de una estructura salarial clara y trasparente, que permite controlar los elementos arbitrarios que producen discriminación.

– Incorporar como medidas de discriminación positiva incrementos adicionales para eliminar las discriminaciones detectadas.

– Realizar periódicamente análisis estadísticos sobre las retribuciones medias por categoría profesional de hombres y mujeres en la empresa.

Para el cálculo de la brecha salarial, por tanto, hemos de atender tanto al sistema retributivo como a las cuestiones que se ponderen a la hora de establecer los salarios.

Variables a tener en cuenta para un análisis de la brecha salarial	
Categorías profesionales (clasificación profesional).	Puestos desempeñados. Grupos y niveles profesionales. Unidades o departamentos. Tipos de contratos.
Tiempo trabajado.	Tipos de jornada (completa, parcial). La duración del contrato (temporal, indefinido, etc.). La utilización de permisos retribuidos y no retribuidos. Las horas extraordinarias realizadas.
Conceptos salariales.	Salario base. Todos los complementos. Salario en especie.

3. ¿Qué herramientas utilizaremos para detectar la brecha retributiva?

Con carácter general, las herramientas de transparencia retributiva analizadas en la obra permitirán detectar la brecha. Para ello el diagnóstico previo al plan de igualdad, el registro retributivo y la auditoría retributiva (que obliga a la VPT) serán las herramientas que la empresa (y la inspección de trabajo) utilicen para localizar la brecha retributiva. De todos los documentos, el plan de igualdad y la auditoría retributiva deberán intentar solucionar los problemas detectados (brechas retributivas en este caso) mientras que en el registro retributivo deberá constar la justificación de las diferencias superiores al 25 % en empresas que cuentan con más de 50 trabajadores.

2.2.3. Cómo realizar un análisis de la brecha retributiva en la empresa

El cálculo de la brecha retributiva en una empresa requiere un análisis detallado y sistemático de las retribuciones, utilizando herramientas específicas y considerando diversas variables que pueden influir en las diferencias salariales entre hombres y mujeres. Conviene empezar este apartado con una afirmación que debemos tener siempre en cuenta a la hora de interpretar los datos y aplicar medidas correctoras: «la **brecha salarial puede existir, aunque mujeres y hombres cobren igual por el mismo trabajo**».

Recopilación de datos y su normalización

Datos retributivos: se deben recopilar los datos de las retribuciones medias y medianas en valor absoluto, desglosados por sexo, categorías, grupos profesionales, niveles, puestos de trabajo iguales o de igual valor, o cualquier otro sistema de clasificación aplicable en la empresa. A pesar de que este aspecto lo desarrollamos en el registro retributivo hemos de tener en cuenta:

– Para la comparación salarial se utilizan las **retribuciones anuales brutas** según las diferentes características de las personas trabajadoras sacados del sumatorio del salario base y complementos salariales y no salariales y salario en especie.

> **A TENER EN CUENTA**. Las empresas, como trataremos a lo largo de la obra, deben mantener un registro retributivo que incluya los importes efectivos por sexo, categorías, grupos profesionales, niveles, puestos de trabajo iguales o de igual valor. Este registro debe ser anualizado y normalizado para permitir comparaciones válidas.

– **Datos de la persona trabajadora**: edad (en base a la fecha de nacimiento), **antigüedad** (desde la fecha de incorporación a la empresa dividiendo la información en grupos, hijos (dividiendo la información también en grupos), **nivel de estudios** (sin estudios, graduado escolar, ESO, FP I/CF, grado medio, licenciatura, diplomatura, etc.), **tipo de contrato** (según claves del SPEE).

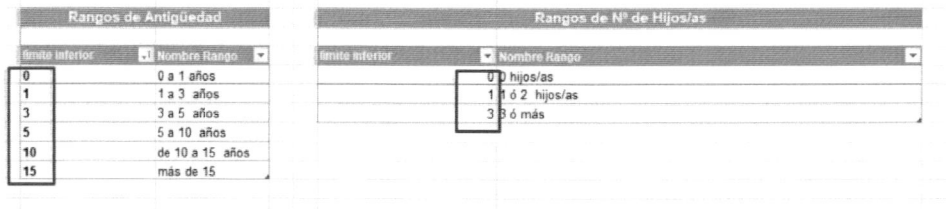

Fuente: Herramienta Registro Retributivo. MITES.

– **Normalización de las cantidades**: puesto que se trata de comparar retribuciones, debemos tomar la retribución normalizada, determinada del modo que correctamente describe la herramienta de autodiagnóstico de brecha salarial «oficial» y sobre lo que profundizaremos a lo largo de la obra:

Retribución normalizada = Retribución / Horas trabajadas x Horas del periodo

En este caso:

– **Retribución**. Se indican aquí diferentes conceptos de retribución (salario base y/o complementos), dependiendo de cada análisis.

– **Horas del periodo**. Número de horas máximas, para el periodo de referencia considerado, correspondientes a jornada completa (si es un contrato a tiempo parcial, se indica aquí el número de horas que corresponderían a Jornada completa). Si se escoge como Periodo de referencia un año, se toma el número de horas por convenio aplicable, para cada persona trabajadora.

– **Horas trabajadas**. Horas efectivamente trabajadas por cada persona en el periodo de referencia. Este dato puede ser algo complejo ya que la herramienta diferencia entre horas efectivas o, si este dato no se cubre, calculará el dato automáticamente según se explica en la página 10 de su guía de uso utilizando factores de correlación para normalizar situaciones como la prestación de servicios a tiempo parcial, reducciones de jornada, fecha de contratación distinta a la del inicio del periodo analizado o días de baja.

A TENER EN CUENTA. La normalización de cantidades la analizaremos a la hora de tratar el registro y la auditoría retributiva.

CUESTIONES

1. ¿Cómo se aplica el factor corrector de fecha de contratación para el cálculo de las horas efectivamente trabajadas?

Periodo de referencia para el análisis de la brecha retributiva: 01/01/2024-01/12/2024 = 365 días.

Fecha de contratación de la persona trabajadora: 01/06/2024 = 182 días.

Fórmula según la herramienta del Instituto de la Mujer: [Fin del periodo - Máximo (fecha de contratación, inicio del periodo + 1)] - Periodo.

Factor corrector de fecha de contratación en este caso: 365 días - 182 + 1/365 = 0,50 %.

La herramienta por tanto adicionará 182 días [365 días x 0,50 %] ficticios a la relación laboral para normalizar los cálculos.

2. ¿Cómo se aplica el factor corrector de días de baja para el cálculo de las horas efectivamente trabajadas?

Periodo de referencia para el análisis de la brecha retributiva: 01/01/2024-01/12/2024 = 365 días.

Días de baja laboral en el periodo de referencia: 183 días.

Fórmula según la herramienta del Instituto de la Mujer: (Periodo de referencia - Días de baja laboral) / Periodo.

Factor corrector de días de baja: (365- 183) / 365 = 0,50 %.

La herramienta por tanto adicionará 182 días [365 días x 0,50 %] ficticios a la relación laboral para normalizar los cálculos.

Factores de análisis y un sistema de indicadores

Lo primero será identificar y seleccionar, a partir del análisis documental, indicadores y factores causantes de la brecha retributiva. Este elemento carece de base normativa o metodológica unificada y suele ser omitido en muchas ocasiones pasando directamente de la recopilación de datos al cálculo de la brecha.

Para poder entender los distintos tipos de información desgranada por sexo que se solicita a la empresa en un análisis retributivo debemos tener presente que no solo existe una brecha retributiva asociada al salario, sino que los distintos indicadores que se piden (también por la herramienta oficial) tienen como finalidad lograr una visualización global y transparente del origen de las desigualdades existentes.

Los **factores que inciden en la aparición de la brecha** son los que describíamos a la hora de tratar los elementos que explican las diferencias salariales: inferior valoración del trabajo realizado por las mujeres, segregación en el mercado laboral, las mujeres se hacen cargo de las responsabilidades familiares en mayor grado o la existencia de una discriminación directa. Es decir, una serie de elementos que se dan con carácter general y que implican una brecha retributiva no palpable inicialmente.

Los **indicadores que nos permitirán la medición de la brecha salarial**. A pesar de que los indicadores dependerán de los factores de desigualdad y discriminación detectados en el análisis de datos, podemos destacar algunas posibilidades que permitirán al técnico localizar la brecha:

a) **Indicadores generales de la brecha salarial.** Tomando como referencia las distintas partidas retributivas normalizadas y anualizadas veremos la brecha salarial según los componentes del salario. Los indicadores más utilizados habitualmente en este caso son los ingresos medios brutos anuales, mensuales o por hora de mujeres y hombres separados en salario base, horas extras, complementos salariales y extrasalariales, incentivos, pagas extras, etc.

b) **Indicadores parciales de los factores de desigualdad.** Estos datos nos permitirán visualizar la influencia de las características individuales de las personas trabajadoras (edad, educación, estado civil, experiencia laboral, etc.), las características del empleo (tipo de contrato, jornada laboral, antigüedad, etc.) y la incidencia de características de la propia empresa (tamaño de la empresa, sector de actividad, políticas internas de igualdad, etc.).

Una correcta toma de datos nos permitirá establecer, por ejemplo, indicadores como:

– N.º real de días trabajados desgranado por sexo (lo que suele evidenciar un mayor trabajo a tiempo parcial de las mujeres).

– Porcentaje de mujeres desgranado por categorías o puestos (donde también se suele evidenciar mayor número de mujeres en los puestos o categorías de menor remuneración).

– Tramos de edad (viendo la posible brecha salarial según tramos de edad que se hayan establecido para el análisis).

– Nivel educativo (viendo la posible brecha salarial según el nivel educativo).

- Antigüedad (viendo la posible brecha salarial según tramos de antigüedad que se hayan establecido para el análisis), etc.

c) **Indicadores de las políticas implementadas para promover la igualdad y reducir la brecha salarial**. Con una orientación, a nuestro modo de entender, hacia la evaluación, debemos buscar indicadores que permitan saber si las medidas para promover la igualdad han afectado a la brecha salarial.

Detectado un caso de desigualdad, si hemos actuado sobre el mismo, debemos poder ver una corrección de la desigualdad.

CUESTIÓN

¿El estado civil, situación familiar o n.º de hijos son indicadores de interés a la hora de valorar la brecha retributiva?

Sí. Indicadores de ese tipo nos permitirán detectar las diferencias o existencia de brecha retributiva en caso de persona sola, matrimonio sin hijos/as, pareja no casada sin hijos/as, matrimonio con hijos/as, pareja no casada con hijos/as, hogares monoparentales, etc. El n.º de hijos, o la existencia de personas dependientes del trabajador, también es de utilidad para encontrar brechas salariales según el n.º de hijos/as u otra persona dependiente a cargo.

DATOS PARA CONOCER LA EXISTENCIA DE BRECHA RETRIBUTIVA

DATOS DE LA PERSONA	DATOS DE LA CONTRATACIÓN	DATOS SOBRE EL PUESTO DE TRABAJO	RETRIBUCIÓN
Sexo.	Fecha de contratación/antigüedad.	Nombre del puesto de trabajo.	Salario base.
Fecha de nacimiento.	Horas anuales de trabajo según convenio.	Departamento en el puesto actual.	Complementos salariales.
Nivel de estudio.	Porcentaje de la jornada según contrato.	Fecha desde la que ocupa el puesto actual.	Complementos no salariales.
Situación familiar (modelo 145 EAT).	Número de horas trabajadas en el período de referencia (1 año).		Días con baja laboral.
Número de hijos (modelo 145 EAT).	Si existe reducción de la jornada y motivo (guarda legal <12 años, discapacitado o cuidado familiaR, ETC.).		Retribuciones dinerarias (modelo 190 IRPF).
Nacionalidad.	% de reducción de la jornada laboral.		Retribuciones en especie.
Aspiraciones salariales de la persona previas a su contratación.	Días de reducción de la jornada laboral.		Planes de pensiones.
Experiencia anterior.	Horas anuales de formación.		Dietas y gastos de viajes.
Formación de entrada.	Salario anual inicial (desde que ingresó en la organización).		Retribuciones variables.
			Retribución por horas extra y número de horas extra realizadas.
			Incentivos.

Cálculo de la brecha retributiva: ausencia de una metodología única

Ninguno de los reglamentos sobre igualdad se pronuncia sobre el cálculo de la brecha retributiva. Como hemos analizado, la normativa define unos criterios más o menos claros con relación al registro y auditorías retributivas, pero no aportar ningún indicador sobre la brecha retributiva.

Se recomienda la utilización de la herramienta de autodiagnóstico de brecha salarial de género puesta a disposición de forma gratuita para todas las empresas, con independencia de su tamaño o sector de actividad, por parte del ministerio de trabajo.

|| Fórmula básica para el cálculo

Hasta que la normativa regule una metodología de cálculo de esa brecha que termine con la dificultad para homogeneizar datos y hacer agrupaciones comparables consideramos válido entender la brecha salarial como **la distancia en las retribuciones medias que reciben hombres y mujeres**. Su cálculo, por tanto, puede estandarizarse según la siguiente fórmula:

Brecha retributiva = [(Retribución de hombres – Retribución de mujeres) / Retribución de hombres] X 100

La utilización de esta fórmula nos proporcionará la brecha salarial promedio de toda la organización por distinta forma de agrupación Para ello **necesitaremos**:

– Una información retributiva clara sobre las percepciones salariales de todas las personas trabajadoras (salario base, los complementos salariales y percepciones extrasalariales) y sus situaciones contractuales desgranados por género. Esto nos permitirá calcular el concepto «Retribución de hombres» y «Retribución de mujeres». El registro retributivo debe contemplar la desagregación por sexo de los promedios y de las medianas de todos y cada uno de los conceptos retributivos que afecten a las empresas.

– Un periodo de referencia sobre la determinación de los importes retributivos efectivos.

– Tener los datos agrupados de forma que nos permitan hacer agrupaciones para buscar la brecha. Si una organización desea contar con un sistema retributivo equitativo y acorde con la normativa se impone la necesidad de adoptar un sistema de valoración de puestos de trabajo (VPT) que mida el valor de cada puesto de trabajo y permita asignarle una retribución (Herramienta «IR!»), no obstante, siempre recomendando una agrupación de puestos de igual o similar valor que comparar, sería posible hacer comparativas según sector de actividad de la empresa, según tipo de jornada, según el tipo de contrato, la edad, la nacionalidad, por comunidad autónoma o lugar de prestación de servicios, etc.

|| Brecha salarial ajustada y no ajustada

El cálculo de la brecha salarial emplea dos métodos principales diferenciados entre sí por los controles que aplicamos en uno y otro.

La **brecha salarial no ajustada** es aquella que mide la diferencia porcentual bruta entre el salario de hombres y de mujeres, sin tener en cuenta sus características socioeconómicas (nivel educativo, años de experiencia, etc.) o del puesto de trabajo (sector de actividad, etc.). Este indicador es el utilizado por Eurostat y el Instituto Nacional de Estadística (INE).

La **brecha salarial ajustada**, por su parte, mide la diferencia en las retribuciones de mujeres y hombres controlando las características individuales y estableciendo las comparaciones entre mujeres y hombres que comparten características. Las posibles variables a tener en cuenta (indicadores previamente seleccionados) para cálculo serían la clasificación profesional (o la posición en la estructura organizativa y retributiva, definida por el puesto, departamento, etc.), el tiempo trabajado (tanto la duración del contrato como el tipo de jornada —completa o parcial—) y los conceptos retributivos (el salario base y los distintos complementos). Este cálculo permite mostrar las diferencias de remuneración por un mismo trabajo o trabajos de igual valor.

Pese a la dificultad, en el intento de cumplir con el principio de «igual valor» sería fundamental controlar tantas diferencias entre hombres y mujeres relevantes a la hora de determinar el salario como fuera posible (edad, nivel educativo y experiencia, tamaño de la empresa, tipo de contrato, tipo de jornada, sector de actividad, etc.), por lo que **la brecha de género ajustada es la medida más fiable a la hora de medir si hombres y mujeres reciben una remuneración similar por tareas similares.**

> **A TENER EN CUENTA**. Mientras el cálculo de la brecha salarial no ajustada nos da una medida general de desigualdad laboral, el cálculo de la brecha salarial ajustada nos dará la cifra más aproximada de la diferencia de salario entre hombre y mujer por el mismo trabajo.

|| Salario por hora como base para calcular la brecha salarial

Las variables del entorno laboral —como hemos visto— inciden de forma importante sobre el salario femenino y masculino, por lo que, para comparar de manera efectiva las retribuciones, hemos de tener en cuenta el tipo de jornada recurriendo al **salario por hora**, lo que resultará sumamente efectivo **en el caso de los trabajadores a tiempo parcial.**

La medición de la brecha de género se realizará en la mayoría de los casos sobre el **salario por hora**, corrigiendo así por la mayor incidencia de la jornada parcial y de la temporalidad sobre las mujeres.

Según la definición de la Oficina Europea de Estadística (Eurostat), la brecha de género es la diferencia entre el salario bruto por hora de los hombres y el de las mujeres, expresado como porcentaje del salario bruto por hora de los hombres.

El salario por hora se estima como el salario anual dividido entre las horas pactadas en el año de referencia.

CUESTIONES

1. El cálculo de la brecha salarial, ¿se realiza sobre cantidades brutas o netas?

El cálculo se realiza a partir de los sueldos netos, es decir, antes de deducir el impuesto sobre la renta y las cotizaciones a la seguridad social.

2. ¿Por qué la duración del contrato influye en la brecha retributiva?

Según los datos estadísticos aportados por distintas instituciones, la mayoría de los contratos temporales son con mujeres, y estas permanecen con este tipo de contrato más tiempo. Normalmente la contratación temporal, limita el acceso a los procesos de promoción u otros pluses con los que sí cuentan el personal con contratos estables.

3. ¿Cuál es la diferencia entre la brecha salarial y la discriminación salarial?

Mientras la brecha salarial es una medida general de desigualdad en los ingresos entre hombres y mujeres, la discriminación salarial se refiere específicamente a diferencias salariales injustificadas basadas en el sexo.

Brecha salarial	– Se refiere a la diferencia existente entre los salarios medios de hombres y mujeres.
	– Se calcula sobre la base de la diferencia media entre los ingresos brutos por hora de todos los trabajadores.
	– Puede ser influenciada por múltiples factores como tipos de contrato, jornada, ocupación, nivel de estudios, antigüedad, edad, y utilización de medidas como reducción de jornada, excedencia o permisos no retribuidos, etc.
	– Puede existir incluso si hombres y mujeres reciben el mismo salario por el mismo trabajo, debido a factores estructurales y sociales que afectan de manera diferente a hombres y mujeres en el mercado laboral.
Discriminación salarial	– Hace referencia a la parte de la diferencia salarial que no puede ser explicada por factores objetivos y que se debe únicamente al sexo de los trabajadores.
	– Ocurre cuando dos trabajadores que desempeñan el mismo trabajo reciben sueldos diferentes sin una justificación objetiva y razonable.

4. ¿Qué tipos de brecha existen?

Podemos hablar de brechas según:

- **Conceptos remunerativos** como sueldo base, retribuciones variables anuales, complementos de puesto de trabajo o retribuciones en especie.
- **Características personales** de la plantilla según parámetros como sexo, edad o nivel de estudios.
- La **estructura del empleo** en base a parámetros como categoría profesional, tipo de jornada, o tipo de contrato.
- En base a las características del **sector productivo**.
- Etc.

Interpretación de los resultados

Habiendo normalizado los datos retributivos, la fórmula básica para el cálculo citada permite interpretar los datos de la siguiente forma:

> 0 %. Significa que las mujeres cobran menos que los hombres. Se expresaría como «las mujeres cobran un x % menos que los hombres», donde la retribución de los hombres es tomada como referencia.

A modo de ej.:

Retribución de los hombres: 1.500

Retribución de las mujeres: 1.350

Brecha retributiva= [(1500 – 1350) / 1.500] X 100 = 10 %

Esto significa que a la luz de los datos analizados las mujeres cobran un 10 % menos que los hombres.

= 0 %. Significa que las mujeres cobran igual que los hombres.

A modo de ej.:

Retribución de los hombres: 1.500

Retribución de las mujeres: 1.500

Brecha retributiva= [(1500 – 1.500) / 1.500] X 100 = 0 %

Esto significa que a la luz de los datos analizados no existe brecha retributiva.

< 0 %. Significa que las mujeres cobran más que los hombres.

A modo de ej.:

Retribución de los hombres: 1.500

Retribución de las mujeres: 1.850

Brecha retributiva= [(1500 – 1.850) / 1.500] X 100 = - 23,34 %

Esto significa que a la luz de los datos analizados las mujeres cobran un 23,34 % más que los hombres.

Justificación de diferencias salariales que originan la brecha salarial

Las empresas con cincuenta o más trabajadores están obligadas a justificar cualquier diferencia retributiva por motivos no relacionados con el sexo cuando la diferencia sea del 25 % o más. Esta justificación debe reflejarse por escrito y explicar las diferencias porcentuales en los salarios entre mujeres y hombres que sean iguales o superiores al 25 %.

La justificación de la brecha salarial suele encontrarse en factores como la antigüedad, la formación y la responsabilidad dentro del mismo puesto:

- **Antigüedad**: la antigüedad puede justificar diferencias salariales debido a los pluses de antigüedad que elevan el salario de los trabajadores con más tiempo en la empresa. Sin embargo, la jurisprudencia establece que estas diferencias deben ser razonables, objetivas, equitativas y proporcionadas. No se puede justificar una diferencia salarial únicamente en función de la fecha de ingreso en la empresa, ya que esto podría constituir una doble escala salarial, lo cual es contrario al principio de igualdad de trato y no discriminación.

- **Formación**: la formación adicional, como el conocimiento de idiomas o la especialización en ciertas áreas, puede justificar un salario más elevado. Esta justificación debe ser objetiva y estar basada en la necesidad de dichas habilidades para el desempeño del puesto de trabajo. La normativa permite agrupar a los trabajadores por categorías profesionales, niveles o puestos de trabajo de igual valor para realizar comparaciones salariales justas.

- **Responsabilidad dentro del mismo puesto**: tener personas a cargo o coordinar equipos puede requerir un salario más elevado debido a las mayores responsabilidades. Esta diferencia debe estar claramente justificada y documentada en el registro retributivo de la empresa, asegurando que no se basa en el sexo de los trabajadores.

Además, es importante consultar a la representación legal de los trabajadores con antelación para la elaboración y modificación del registro retributivo, garantizando la transparencia y el cumplimiento de la normativa.

En resumen, las diferencias salariales deben estar justificadas por factores objetivos y razonables, como la antigüedad, la formación y la responsabilidad, y deben ser documentadas adecuadamente para evitar la discriminación por razón de sexo.

A TENER EN CUENTA. Este aspecto lo desarrollaremos dentro de las claves para realizar la auditoría retributiva en la empresa. También puede resultar de interés repasar lo adelantado al tratar pronunciamientos judiciales de interés sobre la brecha retributiva para entender algunas de las diferencias en las retribuciones que se consideran ajustadas a derecho.

CUESTIÓN

La comparación de las medias y las medianas de un registro retributivo muestra una brecha salarial del 6 %, ¿es necesario justificarla?

El art. 6 b) del Real Decreto 902/2020, de 13 de octubre y el art. 28.3 del ET indican que cuando en una empresa con al menos cincuenta trabajadores el promedio de las retribuciones de los trabajadores de un sexo sea superior a los del otro en un 25 % o más habrá que realizar una justificación de que dicha diferencia responde a motivos no relacionados con el sexo de las personas trabajadoras. En el caso analizado la brecha de las retribuciones equiparadas es del 6 % por lo que no supera al límite que se refleja en la normativa.

2.3. Claves para el volcado de datos en las herramientas de autodiagnóstico de brecha salarial

Para una cuantificación de una posible discriminación salarial ha de recurrirse a un cálculo analizando las condiciones de gran parte del personal diferenciada por sexos y parámetros de todo tipo desagregados y actualizados que no siempre están disponibles, por lo que, al menos en una primera fase como propuesta metodológica, se recomienda utilizar las «Herramientas **de autodiagnóstico de brecha salarial y Sistema de Valoración de Puestos de Trabajo (SVPT)**» proporcionadas por el Instituto de las Mujeres.

Esta herramienta, en formato de libro Microsoft Excel, permite a la organización:

- Realizar un análisis comparativo de los salarios de mujeres y hombres.
- Identificar los orígenes de las diferencias salariales, si éstas existen.
- Plantear posibles acciones correctoras que puedan conducir a la igualdad salarial.

Dada la existencia de una guía oficial solo haremos referencia a algunos datos generales que pueden ser de interés.

Menú de inicio

Permite el acceso a las diferentes hojas de inserción de datos, adaptación de variables y resultado del análisis.

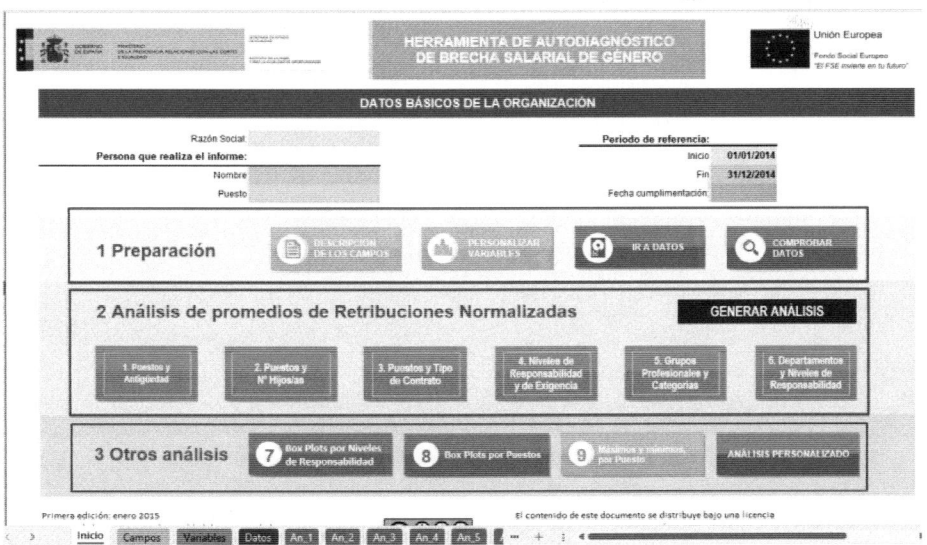

Fuente: Herramienta Registro Retributivo. MITES.

La herramienta se organiza en varias hojas de Excel, cada una con una función específica:

- Hoja «Inicio»: introducción de datos básicos como la razón social, la persona que realiza el informe y el periodo de referencia.

- Hoja «Campos»: detalle de los campos solicitados para cada empleado, incluyendo descripciones y formatos.

- Hoja «Variables»: configuración de listas y rangos para los diferentes campos.

- Hoja «Datos»: introducción de la información detallada de cada empleado.

- Hojas de Análisis: análisis bivariables y gráficos que permiten visualizar las diferencias salariales

Adaptación de la información obtenida de la empresa

La herramienta se nutre de la información de la propia empresa que consta en la **pestaña** «Campos» donde encontramos variables básicas como sexo, fecha nacimiento, nivel de estudios, fecha de contratación, antigüedad, clave de contrato, horas y % de jornada, etc. o avanzada responsabilidad (nivel), exigencia (nivel), rango antigüedad, Salario Base + Complem NORMALIZADO, Salario base anual NORMALIZADO, Completos Sal. Total NORMALIZADO, retribuciones dinerarias (190) NORMALIZADO, retribuciones Especie - Valoración (190) NORMALIZADO, etc.

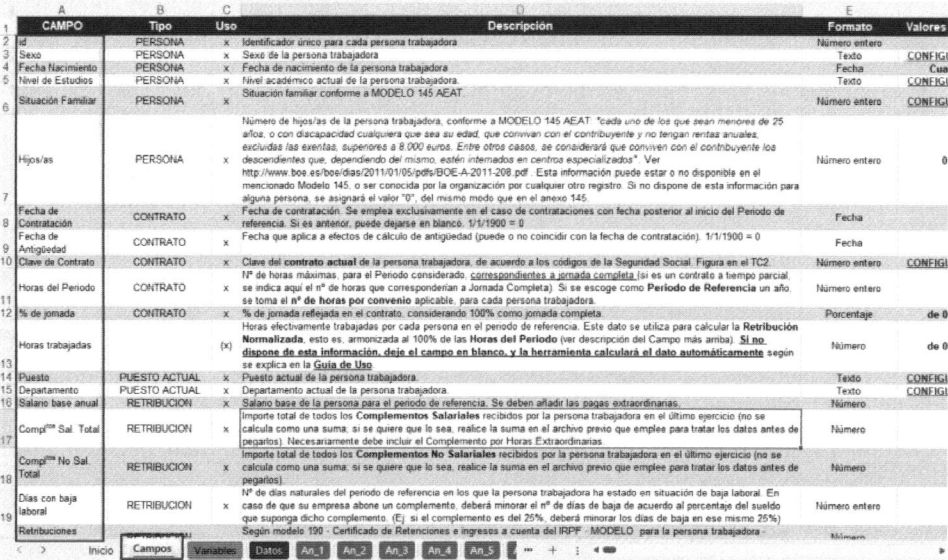

Fuente: Herramienta Registro Retributivo. MITES.

A TENER EN CUENTA. Es posible que su programa de nóminas cuente con una funcionalidad específica para esta materia mejorando el análisis con más indicadores retributivos.

La **hoja** «Variables» permite a la organización configurar previamente qué valores pueden existir en determinados campos, de modo que coincidan oportunamente con su realidad. Tenga en cuenta que donde se proporcionan valores, es sólo a modo de ejemplo. Debe necesariamente modificarlos para que resulten acordes a las categorías empleadas por su organización, ya que en caso contrario se marcarán como errores en la hoja Datos cuando realice la Comprobación de errores. En concreto, pueden configurarse:

- Tablas (para todas ellas se proporcionan algunos valores de ejemplo, que cada organización puede modificar). La herramienta comprueba que los datos proporcionados se corresponden con los valores previamente definidos. Pueden añadirse o eliminarse filas según corresponda.
- Sexo.
- Nivel de estudios.
- Situación familiar.
- Clave de contrato.
- Puesto.
- Departamento.
- Categoría profesional.
- Grupo profesional.
- Responsabilidad (Nivel).
- Exigencia (Nivel).
- Motivo reducción de jornada.

Las Tablas disponen de dos columnas:

- **Valor**: se trata de los posibles valores para un campo, y suele tratarse de nombres cortos. Esto hace que las tablas, y sobre todo los gráficos, resulten más fáciles de leer. Por ejemplo, en la Tabla Departamentos, para el Departamento de Marketing y Ventas puede indicarse Marketing.
- **Descripción**: es la descripción detallada de cada valor. Para el ejemplo anterior, se puede incluir el nombre completo del departamento: Marketing y Ventas.
- **Orden**: Hay dos tablas (Puesto y Responsabilidad (Nivel)) que disponen de una columna inicial denominada Orden. Indique en ella los números para obtener los valores en el orden que usted indique en las hojas de BoxPlots.

Rangos (se proporcionan una configuración a modo de ejemplo, que cada organización puede modificar). Para cada Rango, es necesario indicar su límite inferior:

- Rangos de antigüedad.
- Rangos de n.º de hijos/as.

Leyenda de complementos salariales. La hoja Datos ofrece la posibilidad de incluir hasta 6 diferentes complementos salariales y 4 no salariales, de modo que pueda realizar los análisis con tanto detalle como desee. En esta tabla podrá asignar una descripción a cada código (Cod).

La hoja «Datos»

En esta hoja, cada organización debe incorporar los datos desglosados de su plantilla, con arreglo a lo ya descrito en la hoja «Campos», desde el «Campo Id» hasta el «Campo Formación de entrada». El resto de los campos, situados en sucesivas columnas a la derecha de este último, son calculados de modo automático por la herramienta, a partir de los datos de las columnas previas y también de los valores detallados en la hoja Variables. Cada una de las celdas cuenta con su correspondiente sistema de validación, que no impide pegar sobre ella los datos, pero sí indica cuándo éstos no se corresponden con lo que esté establecido (por formato de valor y/o de acuerdo a la hoja «Variables»).

CUESTIÓN

Una empresa cuenta con una plantilla de 8 personas trabajadoras, 4 mujeres y 4 hombres, y en el 2024 los hombres han tenido un salario anual medio de 33.125 euros, mientras que el salario anual medio de las mujeres ha sido de 26.125 euros.

De los datos del registro retributivo se desprende el siguiente cuadro informativo:

Comercial	Mujer	32.000 euros/año
Promotora	Mujer	32.000 euros/año
Auxiliar de Oficios	Mujer	22.500 euros/año
Community Manager	Mujer	18.000 euros/año
Supervisor de Cuentas	Hombre	40.000 euros/año
Jefe de Administración	Hombre	38.000 euros/año
Auxiliar de Oficios	Hombre	22.500 euros/año
Comercial	Hombre	32.000 euros/año

¿Existe brecha retributiva? ¿Estaría justificada?

Brecha retributiva en la empresa = [(Retribución de hombres ? Retribución de mujeres) / Retribución de hombres] X 100

Brecha retributiva= [(33.125 ? 26.125) / 33.125] X 100 = 23,20 %

En esta empresa, los hombres han cobrado un 23,20 % más que las mujeres; esta desigualdad, sin embargo, está causada por los puestos de trabajo que ocupan todas las personas de la empresa, ya que si comparamos el salario de los teleoperadores/as o de los/las auxiliares de oficios no encontramos diferencias.

2.4. Buenas prácticas para la eliminación y corrección de la brecha retributiva

La aplicación de herramientas de transparencia retributiva como el registro retributivo y la auditoría retributiva o el diagnóstico previo al plan de igualdad permitirán detectar la brecha retributiva en la empresa. No obstante, cuando la misma no pueda justificarse, debe ser corregida por mandato legal.

En la actualidad existen guías que podemos tomar como referencia para conocer las medidas frente a la brecha retributiva que se están implementando por distintas empresas. En este punto resulta especialmente didacta la guía «Medidas que aplican las empresas de la Red de empresas con distintivo "Igualdad en la Empresa" para eliminar la brecha salarial de género. Red de empresas con distintivo "Igualdad en la Empresa" (Red DIE)».

Este documento muestra en porcentajes las medidas implementadas en pymes y grandes empresas frente a las desigualdades salariales:

Medidas implementadas en grandes empresas (más de 250 trabajadoras/es)

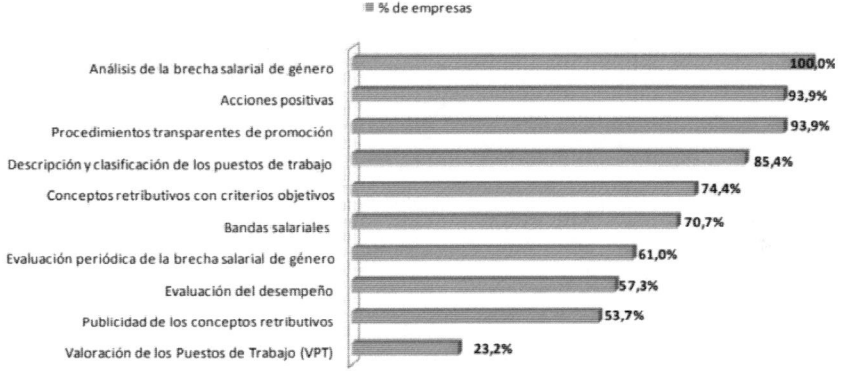

Medidas implementadas en pymes (menos de 250 trabajadoras/es)

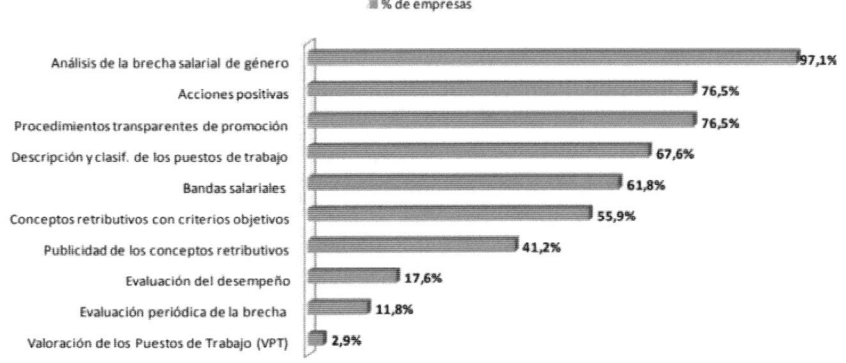

Como vemos, la medida más implementada es un análisis o diagnóstico de la brecha salarial de género, seguida por medidas referidas a la promoción profesional, como los criterios transparentes de promoción y las acciones positivas para la promoción de mujeres.

A las medidas anteriores les siguen otras como las medidas relativas a los puestos de trabajo (descripción y clasificación y bandas salariales según grupos profesionales) y las relativas a las retribuciones (conceptos retributivos —fijo y variable— siguiendo criterios objetivos y publicidad de los mismos).

Mas abajo en el ranking encontramos las evaluaciones del desempeño, la evaluación periódica de la brecha salarial de género y la Valoración de los Puestos de Trabajo. Analizamos algunas cuyo conocimiento que pueden resultar de interés:

Detección, análisis y evaluación de la brecha salarial: autodiagnóstico

A pesar de tratarse de una medida obvia —y tras una obligación legal— la primera medida recomendable será un análisis de la plantilla desagregado por sexo con los datos relativos a la retribución del personal según edad y categoría profesional.

El informe con los datos obtenidos servirá para establecer mejoras en base a las retribuciones fijas y variables desagregadas por sexos en relación a los diferentes niveles retributivos. También será posible realizar un seguimiento y evaluación continuada de los datos analizado.

Para el autodiagnóstico en esta materia podría utilizarse la Herramienta de autodiagnóstico de brecha salarial de género elaborada por el Instituto de la Mujer y para la Igualdad de Oportunidades.

Se trata, en todo caso, de implantar algún sistema de seguimiento de la estructura retributiva con el objetivo de detectar cualquier discriminación por razón de sexo.

Valoración de puestos de trabajo

Uno de los aspectos más de moda en la materia que estamos analizando es la aplicación de un sistema de clasificación profesional basado en la **VPT** siguiendo el principio de trabajos de igual valor.

Con carácter general, la valoración de cada puesto de trabajo se realiza a través de un sistema que analiza aspectos concretos necesarios en cada caso: formación y experiencia, carga mental, carga física del trabajo, dimensión social, tipo de información empleada, supervisión, contexto del puesto, responsabilidad, actividades administrativas, confidencialidad, idiomas, conocimientos técnico o informáticas, etc.

Se trata de implantar para cada puesto una descripción objetiva de las principales magnitudes, responsabilidades, y exigencias requeridas.

Es posible que el procedimiento para la valoración de puestos de trabajo venga especificado por convenio colectivo. No obstante, una práctica recomendable es la publicación, en la Intranet por ejemplo, de la política de clasificación profesional implantada en la empresa.

CUESTIÓN

A modo de ejemplo planteamos el supuesto en el que una la VPT detecta una categoría o grupo profesional en la están adscritas un gran número de mujeres con un sueldo inferior al correspondiente a otras categorías en las que se desempeñaban trabajos de igual valor. ¿Cómo podría actuar para eliminar la brecha retributiva asociada a esa categoría profesional?

Se observa que el menor salario en esta categoría se fundamentaba en el hecho de una menor dureza física para las funciones derivadas del puesto.

En base a ello, la empresa toma la decisión de eliminar esa categoría profesional incorporando a las personas que trabajan en ese puesto a la categoría superior, con el consecuente aumento de sueldo.

Para volver a evitar esta situación la empresa de nuestro ejemplo implanta un análisis y una revisión anual de la clasificación profesional de la compañía bajo el principio de «a igual trabajo, igual categoría profesional».

Bandas salariales según grupos profesionales

Cuando se habla de franjas o abanicos salariales en torno a la retribución, al menos de inicio, y ante la falta de concreción normativa del concepto, pensamos en una cantidad mínima que, si se cumplen los incentivos o variables predeterminados se incrementará, pero este concepto también se trata a la hora de definir la estructuración salarial de las organizaciones arrojando datos de interés sobre la media entre el salarió más alto y el más bajo para un grupo profesional. («¿Qué es y cómo se calcula el abanico salarial? *Revista Iberley*. Año 2024»).

Las tablas salariales de los convenios colectivos indica las retribuciones mensuales por grupos o categorías, si el convenio no lo especificase, sería una buena práctica regular los distintos puestos dentro de cada categoría especificando el salario base y los complementos salariales siguiendo la reiterada premisa de «a igual trabajo, igual categoría profesional».

Mediante este sistema se pretende fomentar la negociación de acuerdos internos para ajustar al máximo por categorías profesionales los diferentes conceptos retributivos (salario base, complementos por niveles, puestos o responsabilidad, etc.).

Evaluación del desempeño

Asegurando el cumplimiento del principio de igualdad y no discriminación directa o indirecta se implanta una valoración de puestos sin sesgos de género mediante elementos como el desempeño alcanzado, las necesidades formativas o la calidad del servicio ofrecida, habilidades individuales, conocimientos, etc.

Estos tipos de sistemas, sobre todo, sirven para la promoción de la plantilla y para detectar necesidades formativas.

Establecer criterios retributivos objetivos y transparentes

Por lo general las retribuciones se componen de una parte fija y otra variable. La parte fija vendrá, por lo general, regulada en convenio, pero la parte variable suele incidir en la aparición de la brecha de género. Para controlar con perspectiva de género las partes variables del salario encontramos propuestas como:

– Ligar la compensación variable a la consecución de objetivos cuantitativos y cualitativos medibles.

– Abonar los bonus o variables sin penalizar las ausencias por el ejercicio de la corresponsabilidad (realización de jornada reducida por cuidado de menor o de familiar a cargo o por haber disfrutado del periodo de maternidad/paternidad y/o de cuidado del lactante) o periodos de incapacidad temporal.

– Revisar anualmente los distintos indicadores de desigualdades en la retribución.

– Ampliar a toda la plantilla el sistema de retribución variable.

Esta medida pretende establecer un sistema de retribución variable medible, no discriminatorio y basado en criterios homogéneos.

Establecer procedimientos de promoción transparentes

La elaboración de un procedimiento de promoción objetivo y transparente que incluye la perspectiva de género se asocia a medidas como:

– Implantar un proceso de promoción «ciego» o sin indicación del sexo.

– Plan de promoción interna para toda la plantilla en el cual se definen los criterios, basados en la responsabilidad, el rendimiento y las capacidades individuales.

– Identificación de barreras para la promoción de las mujeres en la empresa e implementar medidas correctoras.

– Publicación de vacantes.

– Establecer medidas concretas para las promociones específicos de personas trabajadoras a tiempo parcial o jornada reducida.

– Garantizar la posibilidad de promoción sin penalizar el ejercicio de la corresponsabilidad (realización de jornada reducida por cuidado de menor o de familiar a cargo o por haber disfrutado del periodo de maternidad/paternidad y/o de cuidado del lactante).

Este aspecto se basa en la aplicación de criterios objetivos en el desarrollo y la promoción profesional, basados en la transparencia, el resultado, el mérito y la objetividad de la evaluación del desempeño.

Acciones positivas

Las acciones positivas son medidas específicas en favor de las mujeres para corregir situaciones patentes de desigualdad de hecho respecto de los hombres. Tales medidas, que serán aplicables en tanto subsistan dichas situaciones, habrán de ser razonables y proporcionadas en relación con el objetivo perseguido en cada caso (art. 11 de la LOI).

Como posibles medidas vemos:

- Crear infraestructuras de apoyo al empleo y promoción de las mujeres (por ejemplo, programas de mentorización).
- Establece una presencia equilibrada en puestos directivos.
- Preferencia del sexo menos representado en las contrataciones.
- Fijar un porcentaje de promociones profesionales de mujeres mínimo.

Medidas dentro del plan de igualdad

Dentro del plan de igualdad —y siempre en función del diagnóstico en cada caso— deben establecerse medidas concretas en caso de detectar algún tipo de desigualdad retributiva asociada al sistema de selección y contratación, promociones internas, formación, sistema de clasificación profesional de la empresa, etc. Es decir, las acciones para eliminar la brecha retributiva han de integrase en todos los campos del plan de igualdad (Implantación de un plan de igualdad. Paso a Paso. Colex. Año 2024). A modo de **ejemplo**:

Área	Buenas prácticas contra la brecha salarial
Proceso de selección y contratación	Aplicar políticas no sexistas en todos los procesos de selección de personal.
Clasificación profesional	Aplicación de un sistema de clasificación profesional sin diferencias de género y la realización de una valoración periódica de puestos de trabajo (VPT).
Formación	Introducir en la política de empresa la formación profesional de trabajadoras y trabajadores atendiendo a las necesidades de conciliación y promoción fomentando la misma en las categorías o grupos donde suponga una futura progresión o carrera profesional.
Promoción profesional	Sistema de promoción profesional con criterios técnicos y objetivos basados en méritos que no sean excluyentes por sexo.
Condiciones de trabajo	Auditoría salarial entre mujeres y hombres, estableciendo medidas como trabajo por turnos, jornadas adaptadas a necesidades personales o familiares, flexibilización horaria, etc.
Conciliación de la vida personal, familiar y laboral	Fomentar el ejercicio corresponsable de los derechos de la vida personal, familiar y laboral y la ausencia de penalizaciones de ningún tipo por su utilización.
Infrarrepresentación femenina	Establecer medidas contra la infrarrepresentación femenina en puestos de mayor remuneración, responsabilidad o técnicos.

Retribuciones	Auditoría salarial entre mujeres y hombres e implantar medidas que garanticen el principio de mismo trabajo, misma remuneración. Crear un manual de política retributiva en donde se homologue la aportación del valor de cada puesto de trabajo con la retribución del mismo fijando las cantidades que percibirán todas las personas trabajadoras en función de su categoría, grupo profesional, o puesto de trabajo.

Los planes de igualdad permitirán a la organización implantar medidas como:

– Realizar por parte de RRHH un seguimiento específico de las promociones de personas con tiempo parcial, jornada reducida para evitar que este tipo de jornadas sea un condicionante que perjudique la promoción de las mujeres.

– Adoptar la medida de acción positiva de que, a igualdad de méritos, capacidad e idoneidad para el concreto puesto de trabajo ofertado, tendrán preferencia en el ascenso a puestos, categorías o grupos profesionales las personas del sexo menos representado.

– En lo que se refiere a la contratación para puestos de alta cualificación, favorecer la incorporación de mujeres mientras dure el desequilibrio de la plantilla en esa categoría, área o departamento.

– Establecer una clara y transparente vinculación entre el desempeño de la prestación de servicios de los trabajadores y trabajadoras y su retribución (en cualquiera de sus elementos), sin que se produzca discriminación alguna por razón de sexo.

– En el análisis de la descripción de puestos desempeñados por mujeres estudiar y comparar la equidad en la política retributiva de dichos puestos con otros iguales desempeñados por hombres.

– Reconocer los tramos salariales por encima del convenio y elaborar un protocolo para que se pueda acceder a ellos a partir de criterios objetivos, transparentes y equitativos.

Como **ejemplo** vamos a reflejar objetivos junto con las posibles medidas a implementar (correspondiendo otros parámetros como el calendario o ámbito temporal, la determinación de las personas responsables, el presupuesto o recursos, los destinatarios, los indicadores asociados, el responsable de la implantación o la fecha de puesta en marcha, de las medidas a la decisión tomada en cada caso). (Implantación de un plan de igualdad. Paso a Paso. Colex. Año 2024).

- Área: retribuciones.

– **Objetivo**: garantizar y promover la igualdad retributiva.

– **Acción 1**: poner en marcha las medidas correctoras que se deriven de los resultados del estudio de brecha salarial, previa valoración por la comisión de igualdad y su traslado a la representación legal de la plantilla.

      » **Indicadores**: características de las actuaciones puestas en marcha para garantizar la igualdad retributiva. Puesta en marcha de una batería de indicadores específicos para el seguimiento de la brecha salarial a partir de los resultados del estudio.

  – **Acción 2**: realizar un estudio en profundidad sobre los distintos complementos salariales establecidos en la empresa desde la perspectiva de género.

      » **Indicadores**: documento del estudio.

  – **Acción 3**: la comisión de igualdad realiza análisis estadísticos sobre las retribuciones medias de hombres y mujeres con el fin de analizar y proponer medidas correctoras de las posibles desigualdades.

      » **Indicadores**: documento del estudio.

2.5. Equiparación salarial

La equiparación salarial es una herramienta crucial para reducir la brecha retributiva, asegurando que todos los trabajadores reciban una remuneración justa y equitativa por trabajos de igual valor. Ante el vacío normativo específico de este concepto podemos distinguir **dos vertientes**, una meramente **informativa**, que nos mostrará de forma clara las diferencias de género en la remuneración de una categoría o grupo profesional al compararlas en igualdad de condiciones, y otra **aplicativa**, mediante la que se corregirán las medidas necesarias para subsanar (equiparar) las desviaciones encontradas.

Siguiendo el fin didáctico de nuestra obra vamos a hablar entonces por un lado del **cálculo de equiparación salarial de forma ficticia** y, por otro, de un **plan de acción para la equiparación salarial** en caso de detectar brechas retributivas asociadas al género (obligatorio en nuestra auditoría retributiva).

Cálculo de equiparación salarial

En el **procedimiento de equiparación salarial** se trata de aplicar un cálculo ficticio para poder comparar los salarios como si todas las personas trabajadoras tuvieran jornadas completas (normalizar) y hubieran trabajado todo el año (anualizar). Esto que parece simple choca con la realidad de las organizaciones donde encontraremos distintos tipos de jornada, suspensiones de contrato, antigüedad, complementos salariales, etc. Para la equiparación, por tanto, nos veremos obligados a **estandarizar las distintas situaciones** para poder comprar y a tener en cuenta la **existencia de algunos conceptos retributivos que no estén sujetos a ajuste** porque se abonan íntegramente a todas las personas trabajadoras.

Este proceso permite, por ejemplo, justificar las diferencias salariales por motivos no relacionados con el sexo de las personas trabajadoras en el registro retributivo (art. 28.3 del ET).

Cuando se comparan salarios equiparados, y no queda justificada una parte de la brecha detectada por la rotación de personal o la contratación parcial en la empresa, donde se detecte la existencia de brecha salarial han de corregirse las desviaciones que correspondan. En este segundo proceso entraría en juego el **plan de acción para la equiparación y homologación salarial** mediante el que la empresa corrige las desviaciones existentes.

Una metodología sencilla para la equiparación salarial sería:

1. Identificación de puestos y valoración del trabajo	Realizar un análisis detallado de los puestos de trabajo dentro de la organización. Evaluar y clasificar los puestos según su valor, considerando factores como la responsabilidad, la complejidad, las habilidades requeridas y las condiciones laborales.
2. Registro retributivo	Implementar un registro retributivo que desglosa las retribuciones de los empleados por sexo, categorías, grupos profesionales, niveles y puestos.
3. Análisis de importes efectivos y equiparados	Diferenciar entre importes efectivos e importes equiparados. En este punto podemos distinguir entre importes efectivos y equiparados: Importes efectivos: son las retribuciones realmente percibidas por los trabajadores durante el periodo de referencia, sin realizar ningún ajuste para equipararlos. El registro retributivo debe recoger toda la información fidedigna acerca de las retribuciones efectivamente percibidas Importes equiparados: se ajustan para tener en cuenta las diferencias en la jornada laboral o la duración del contrato, normalizando las cantidades a una jornada completa y anualizando los importes para hacer comparaciones válidas.
4. Detección de desigualdades	Analizar los datos para identificar posibles desigualdades salariales entre trabajadores que realizan trabajos de igual valor. Para ello será útil recurrir a herramientas estadísticas y comparativas para detectar brechas salariales. Una manera sencilla puede ser el cálculo de los días de trabajo efectivo por persona trabajadora [(Días trabajados x Porcentaje (%) de jornada) - Días de suspensión contrato] y, con ese dato, calcular el salario equiparado en función del salario efectivo registrado en el registro de salarios [Salario efectivo x (días del año/días de trabajo efectivo)].
5. Plan de acción para la equiparación salarial	Desarrollar un plan de acción para corregir las desigualdades detectadas. Este plan debe incluir medidas específicas y plazos para su implementación. Involucrar a los representantes de los trabajadores en la elaboración y seguimiento del plan.

6. Implementación de medidas correctivas	Ajustar las retribuciones de los trabajadores afectados para asegurar la igualdad salarial.
	Revisar y, si es necesario, modificar las políticas salariales y los sistemas de clasificación de puestos para prevenir futuras desigualdades.
7. Seguimiento y evaluación	Establecer un sistema de seguimiento y evaluación continua para asegurar que las medidas implementadas sean efectivas y se mantenga la igualdad salarial.
	Realizar auditorías retributivas periódicas para verificar el cumplimiento de los objetivos de equiparación salarial.
8. Resolución de conflictos	En caso de disputas o reclamaciones, seguir los procedimientos legales y administrativos establecidos

CUESTIÓN

Supongamos que un trabajador percibe un salario anual de 30.000 euros, mientras que una trabajadora, realizando funciones similares, percibe 27.000 euros anuales. Para lograr la equiparación salarial, se establece un plan de incremento salarial gradual durante tres años (2022, 2023 y 2024). ¿Qué supondrá la equiparación salarial al final del proceso?

Al final del periodo de tres años, ambos trabajadores perciben el mismo salario anual de 30,000 euros, logrando así la equiparación salarial.

Año 2022:

- Trabajador: 30.000 euros.
- Trabajadora: 27.000 euros.
- Incremento para trabajadora: 1.000 euros.
- Nuevo salario de la trabajadora: 28.000 euros.

Año 2023:

- Trabajador: 30.000 euros.
- Trabajadora: 28.000 euros.
- Incremento para trabajadora: 1.000 euros.
- Nuevo salario de la trabajadora: 29.000 euros.

Año 2024:

- Trabajador: 30.000 euros.
- Trabajadora: 29.000 euros.
- Incremento para trabajadora: 1.000 euros.
- Nuevo salario de la trabajadora: 30.000 euros.

Plan de acción para la equiparación salarial

La norma no establece directamente como corregir desviaciones detectadas desde la perspectiva de género. Es evidente que si existe una discriminación salarial directa o indirecta debe cesar, pero cuando la diferencia retributiva viene de aspectos no discriminatorios directa o indirectamente que la justifican la modificación del sistema de remuneración no siempre es sencilla.

Como desarrollaremos al abordar este aspecto dentro de la auditoría retributiva, implementar una política de equiparación salarial implica llevar a cabo diversas acciones que aseguren la igualdad de remuneración:

– **Realizar auditorías salariales periódicas**: las auditorías salariales son esenciales para identificar y corregir posibles desigualdades retributivas. Estas auditorías deben evaluar si existen discrepancias en salarios, complementos salariales, extrasalariales, incentivos y beneficios sociales, asegurando que respondan a criterios objetivos y neutros, garantizando así el principio de igualdad retributiva.

– **Crear bandas salariales basadas en criterios objetivos**: es fundamental establecer bandas salariales que se basen en criterios objetivos como la naturaleza del trabajo, las condiciones de formación y las condiciones laborales. Esto ayuda a asegurar que los trabajadores que realizan trabajos de igual valor reciban una remuneración equitativa.

– **Establecer procesos de evaluación de desempeño justos**: los procesos de evaluación de desempeño deben ser justos y transparentes, basados en criterios objetivos y medibles. Esto garantiza que las evaluaciones no estén influenciadas por sesgos y que las decisiones salariales se tomen de manera equitativa.

– **Garantizar transparencia en el proceso de asignación de salarios**: la transparencia retributiva es clave para identificar y corregir discriminaciones salariales. Las empresas deben proporcionar información suficiente y significativa sobre el valor y la cuantía de las retribuciones, permitiendo deducir e identificar posibles discriminaciones, tanto directas como indirectas.

– **Formar a los responsables en materia de igualdad y no discriminación**: es crucial que los responsables de la asignación de salarios y de la gestión de recursos humanos reciban formación en materia de igualdad y no discriminación. Esto les permitirá tomar decisiones informadas y justas, contribuyendo a la eliminación de cualquier forma de discriminación en el ámbito laboral

2.6. Cómo se justifican las diferencias retributivas: visión de los tribunales

Con carácter general los tribunales hacen referencia a la doctrina constitucional y a la protección contra la discriminación indirecta, considerando que la simple diferencia de trato en las percepciones salariales puede evidenciar una discriminación si afecta a un grupo mayoritariamente compuesto por mujeres sin justificación suficiente. Por ello resulta de interés analizar algunos **pronunciamientos judiciales** sobre la brecha retributiva que nos permiten hacernos una idea de la posible justificación —o no— de las diferencias salariales detectadas en la organización:

STSJ de Cantabria n.º 42/2023, de 2 de febrero, ECLI:ES:TSJ-CANT:2023:118. Analizando la justificación de las ausencias y su impacto de género sobre los pluses de asistencia y puntualidad, el TSJ entiende que «(...) la interpretación que efectúa la empresa respecto a la no consideración de los días de permiso retribuido como ausencias justificadas a efectos del devengo del plus de asistencia conlleva una discriminación por razón de género (...)», por cuanto disminuir la retribución en los permisos vinculados a la maternidad, a la paternidad y a la enfermedad supondría un régimen salarial discriminatorio tanto por razón de género como de enfermedad (arts. 2 y 9 de la Ley 15/2022, de 12 de julio).

SJS - Madrid n.º 108/2022, de 31 de marzo, ECLI:ES:JSO:2022:44. Se establece la existencia de discriminación salarial por razón de sexo, «(...) declarando la nulidad de tal comportamiento empresarial por discriminatorio y contrario al principio de igualdad; condenando a la empresa demandada a reconocer el derecho de la demandante a percibir un salario anual en la misma cuantía que su compañero de trabajo varón. Condenando a la demandada a estar y pasar por dicha declaración, así como a abonar a la actora la indemnización de 13.000 euros por el concepto de los daños morales sufridos por tal comportamiento empresarial».

STSJ de Madrid n.º 1012/2022, de 16 de noviembre, ECLI:ES:TSJM:2022:13807. En el supuesto analizado la demandante no ha tenido ninguna actualización o revisión salarial desde 2009 y percibe una retribución inferior a la percibida por su compañero de trabajo varón. Del mismo modo, dejó de percibir una gratificación anual en el año 2015 desde que pasó a situación de reducción de jornada por guarda legal. «Y aun cuando la demandada afirma que no existe vinculación entre la reducción de jornada por guarda legal y el hecho de que dejara de percibir la gratificación extraordinaria, la coincidencia temporal constituye un claro indicio en relación a la posible conexión entre la finalización del abono del complemento extraordinario y la reducción de jornada».

La sala de lo social tasa la indemnización de daños y perjuicios en 13.000 euros, «(...) suma próxima a las diferencias retributivas de dos años completos, ponderando que la demandante solicitó la revisión salarial en febrero de 2021. Y ello es así máxime si se tiene en cuenta que de acuerdo con los criterios jurisprudenciales expuestos resulta razonable fijar la cuantía de los daños a abonar a la demandante en dicha suma, que coincidiría con la cifra media de la cuantía de la multa fijada en el art. 40.1 c) de la Ley de Infracciones y Sanciones del Orden Social para la infracción muy grave en su grado mínimo».

STSJ de Canarias, rec. 867/2021, de 27 de julio, ECLI:ES:TSJI-CAN:2021:936. Retribución diferente en trabajos de igual valor: «peón» y «peón polivalente» dándose una feminización de la categoría inferior y masculinización de la superior, siendo trabajos sustancialmente iguales (barrido y recogida de trastos). Se anula la categoría peor retribuida en una empresa municipal de limpieza, ocupada en su mayoría por mujeres, para equiparar sus retribuciones a los de la categoría superior, copada en un 90 % por hombres, tras constatar que se trataba de «trabajos de igual valor retribuidos de forma diferente con impacto adverso desproporcionado en un colectivo de personas trabajadoras mayoritariamente femenino».

SAN n.º 54/2023 de 24 de abril, ECLI:ES:AN:2023:2023. La empresa decide abonar a toda la plantilla una paga excepcional de 1.000 euros para agradecer su compromiso y dedicación en unas circunstancias de especial dificultad (crisis COVID-19 y falta de componentes para la producción). Un sindicato solicita vía conflicto colectivo que dicha paga se abone íntegra a los trabajadores a tiempo parcial y a los que tienen reducción de jornada. La pretensión se desestima pues se considera de aplicación al caso el principio de *pro-rata temporis* y también se desestima porque el colectivo afectado por la pretensión presenta una composición equilibrada entre sexos por lo que la decisión no es constitutiva de discriminación indirecta.

STS n.º 589/2019, de 16 de julio, ECLI: ES:TS:2019:2778. La suspensión del contrato por maternidad o paternidad ha de computarse como horas trabajadas para el devengo de complementos. Se considera discriminatoria la regulación de un complemento salarial para cuyo devengo era necesario trabajar un mínimo de horas sin excepcionar las ausencias relacionadas con la maternidad.

STS, rec. 2328/2013, de 14 de mayo de 2014, ECLI:ES:TS:2014:1908. La sentencia aborda un caso en el que las trabajadoras del departamento de pisos (mayoritariamente mujeres) percibían un «plus voluntario» significativamente inferior al de los departamentos de cocina y bares (mayoritariamente hombres), a pesar de estar todas en el mismo nivel salarial IV. No se aprecia justificación objetiva y razonable de esa disparidad en el plus por lo que se considera una discriminación indirecta por razón de sexo.

STSJ de Extremadura n.º 221/2020, de 23 de junio, ECLI: ES:TSJEXT:2020:515. Se declara la existencia de brecha salarial entre limpiadores y limpiadoras en hospitales dado que un determinado plus salarial se abona a los trabajadores varones y no a las trabajadoras que efectuaban el mismo trabajo. Se establecen tres tipos de compensación distintos para cada una de las empresas que participan en la cadena de subrogación de las demandantes (2.746, 25.000 y 6.251 euros).

SAN n.º 69/2019, de 24 de mayo, ECLI:ES:AN:2019:2079. Analizando la retribución correspondiente a días de ausencia por uso de los permisos retribuidos del art 28 II convenio colectivo del *contact center*. La Sala de lo Social entiende que el carácter retribuido de los mismos impone que se abonen todos los conceptos salariales que se hubieren devengado de haber existido una efectiva prestación de servicios. Además de lo anterior, y en todos aquellos supuestos en los que la ausencia obedezca a motivos vinculados con la conciliación de la vida laboral con la personal y familiar, la práctica empresarial resulta contraria al principio de igualdad de trato y de oportunidades entre mujeres y hombres. Por otro lado, siendo notorio que la mayor parte de las personas que hacen uso de estos permisos son mujeres con cargas familiares, la práctica que se impugna constituye una discriminación indirecta por razón de sexo, toda vez que excluir determinados conceptos salariales en el abono de los permisos vinculados con la conciliación familiar discrimina a la mujer.

STS n.º 815/2019, de 3 de diciembre, ECLI:ES:TS:2019:4284. Mediante la negociación colectiva o, en su defecto, el contrato individual, se determinará la estructura del salario, que deberá comprender el salario base, como retribución fijada por unidad de tiempo o de obra y, en su caso, complementos salariales fijados en función de circunstancias relativas a las condiciones personales del trabajador, al trabajo realizado o a la situación y resultados de la empresa, que se calcularán conforme a los criterios que a tal efecto se pacten (art. 26.3 de la ET).

Analizando la expresión «ausencias del puesto de trabajo, cualquiera que sea su causa» en relación con el cálculo de la remuneración correspondiente a los días de permiso o licencia por fallecimiento y lactancia, la Sala de lo Social determina que la citada expresión no puede tener un alcance tan amplio como «para excluir del sistema de incentivos a las trabajadoras y trabajadores que se encuentre en situaciones especialmente protegidas vinculadas al ejercicio de cualquier derecho fundamental».

La sentencia, que cuenta con voto particular discrepante, presta interés al analizar el alcance de la limitación colectiva sobre complementos salariales que puedan vulnerar el principio de igualdad entre mujeres y hombres en el ámbito laboral —pese a la existencia de justificación en contrario—.

SAN n.º 198/2018, de 18 de diciembre, ECLI:ES:AN:2018:4697. La AN analiza un supuesto en el que la normativa interna que regula la retribución variable equipara el descanso por paternidad a una situación de incapacidad temporal, mientras que, en virtud de acuerdo conciliatorio alcanzado en 2016, recalcula objetivos y condiciones de devengo para quienes disfrutan del descanso por maternidad, lactancia acumulada, riesgo durante el embarazo o la lactancia, e incapacidad temporal derivada de maternidad.

Reconociendo que en el citado acuerdo alcanzado entre empresa y representantes no se hace referencia a la paternidad, entiende que, por encima del mismo, ha de imperar en todo caso el principio de igualdad y no discriminación por razón de sexo. En consecuencia, declara que la actual redacción del reglamento interno, en lo relativo al devengo del objetivos durante los permisos de paternidad vulnera el principio de igualdad previsto en el artículo 14 de la Constitución Española y en la Ley Orgánica 3/2007, de 22 de marzo, condenando a la entidad bancaria a incluir dentro del sistema de retribución variable al colectivo de trabajadores que disfruten del permiso de paternidad desde el primer día de su disfrute, reconociendo su derecho a percibir esta retribución variable en base al cumplimiento obtenido según el sistema ordinario de retribución vigente, proporcionalmente al tiempo efectivamente trabajado, y ajustando el objetivo trimestral analizado.

STSJ de Extremadura, rec. 322/2020, de 28 de octubre, ECLI:ES:TSJEXT:2020:864. En un caso de subrogación empresarial, a pesar de que con anterioridad a la misma los trabajadores varones ya percibían un plus por las mismas funciones que no se abonaba a las mujeres, el TSJ entiende la existencia de discriminación y la subrogación en todos los derechos y obligaciones derivados del art. 44 del ET entre la empresa cedente y cesionaria.

STS n.º 283/2015, de 10 de enero de 2017, ECLI:ES:TS:2017:84 y STS, rec. 103/2014, 27 de mayo, ECLI:ES:TS:2015:2628. Analizando un caso en el que tras la reincorporación a la actividad laboral durante la baja maternal y por riesgo durante el embarazo se produce una pérdida de incentivos, el TS fijar una serie de pautas a tener en cuenta para el análisis de la salvaguarda del derecho a la no discriminación en los casos donde trabajador/a se halle de baja por cualquier situación relacionados con la maternidad o paternidad:

«a) Tanto desde el punto de vista del marco normativo constitucional interno como del Derecho de la Unión Europea, la igualdad de mujeres y hombres constituye un derecho fundamental de rango constitutivo (arts. 2 y 3.3 del Tratado de la Unión -TUE-, arts. 8, 153 y 157 del Tratado de Funcionamiento de la Unión –TFUE–, y arts. 21 y 23 de la Carta de Derechos Fundamentales de la Unión Europea –CDFUE–), del que, con carácter de derecho derivado, se ocupa, entre otras, la Directiva 2006/54, relativa a la aplicación del principio de igualdad de oportunidades e igualdad de trato entre hombres y mujeres en asuntos de empleo y ocupación.

El art. 16 Directiva 2006/54, establece que los Estados garantizarán que, al término del permiso de paternidad, los trabajadores -hombres y mujeres- tendrán derecho a reintegrarse a su puesto de trabajo o a uno equivalente, en condiciones que no les resulten menos favorables, y a beneficiarse de cualquier mejora en las condiciones de trabajo a las que hubieran podido tener derecho durante su ausencia –este precepto reproduce, para la paternidad, la misma garantía que el art. 15 refiere a la maternidad, respecto de la que la STJUE de 6 de marzo de 2014 (Asunto Napoli, C-595/12)–.

b) En el ámbito nacional, el art. 14 de la Constitución Española, plasma el derecho a la igualdad y a la no discriminación por razón de sexo, que desarrolla específicamente la Ley Orgánica 3/2007, de 22 de marzo, para la igualdad efectiva de mujeres y hombres. El art. 8 de esta última indica que "constituye discriminación directa por razón de sexo todo trato desfavorable a las mujeres relacionado con el embarazo o la maternidad".

Respecto del contrato de trabajo, el art. 17.1 del Estatuto de los Trabajadores, precisa que "se entenderán nulos y sin efecto los preceptos reglamentarios, las cláusulas de los convenios colectivos, los pactos individuales y las decisiones unilaterales del empresario que den lugar en el empleo, así como en materia de retribuciones, jornada y demás condiciones de trabajo, a situaciones de discriminación directa o indirecta (...) por razón de sexo (...)".

c) Con este marco europeo y nacional, el Tribunal Supremo argumenta "las medidas de protección del ejercicio de los deberes parentales se configuran como instrumentos de corresponsabilidad familiar que actúan de mecanismos activos de igualdad de mujeres y hombres", pues "la consecución de la igualdad efectiva, tal y como persigue la LOIMH y se plasmaba ya en la Exposición de Motivos de la Ley 39/1999, pasa, no solo por el reconocimiento de derechos de maternidad en sentido estricto, sino por la eficaz implantación de instrumentos de equiparación en el ámbito de la vida familiar, como reequilibrio de la desigualdad histórica".

De este modo, afirma el Tribunal Supremo "la lucha contra la discriminación por razón de sexo no se agota en la protección de la maternidad propiamente dicha, sino que debe alcanzar también a aquellas figuras que sirven a la corresponsabilidad y reparto de cargas familiares, sin las que no es posible hablar de una igualdad de derechos entre hombres y mujeres"».

3.
REGISTRO RETRIBUTIVO

El registro salarial o retributivo es la medida de transparencia retributiva por la que las empresas resultan obligadas a realizar un registro o auditoría de los salarios medios, complementos salariales y percepciones extrasalariales de la plantilla diferenciados por género.

La obligación de realizar un registro retributivo **existe desde el 8 marzo de 2019** (fecha de entrada en vigor de la modificación realizada sobre el apdo. 2 del art. 28 del ET, por el Real Decreto-ley 6/2019, de 1 de marzo). No obstante, **su regulación en los términos descritos a continuación resultará exigible desde el 14 de abril de 2021** (fecha de entrada en vigor del Real Decreto 902/2020, de 13 de octubre).

El **objeto** de la medida es claro: «garantizar la transparencia en la configuración de las percepciones, de manera fiel y actualizada, y un adecuado acceso a la información retributiva de las empresas, al margen de su tamaño, mediante la elaboración documentada de los datos promediados y desglosados».

3.1. Normas sobre el registro retributivo

Junto al citado art. 28 del ET, el Reglamento para la igualdad retributiva entre mujeres y hombres, concreta su regulación en sus arts. 5 y 6:

Art. 5 del Real Decreto 902/2020, de 13 de octubre. Normas generales sobre el registro retributivo.

«1. De conformidad con lo establecido en el artículo 28.2 del Estatuto de los Trabajadores, todas las empresas deben tener un registro retributivo de toda su plantilla, incluido el personal directivo y los altos cargos. Este registro tiene por objeto garantizar la transparencia en la configuración de las percepciones, de manera fiel y actualizada, y un adecuado acceso a la información retributiva de las empresas, al margen de su tamaño, mediante la elaboración documentada de los datos promediados y desglosados.

2. El registro retributivo deberá incluir los valores medios de los salarios, los complementos salariales y las percepciones extrasalariales de la plantilla desagregados por sexo y distribuidos conforme a lo establecido en el artículo 28.2 del Estatuto de los Trabajadores.

A tales efectos, deberán establecerse en el registro retributivo de cada empresa, convenientemente desglosadas por sexo, la media aritmética y la mediana de lo realmente percibido por cada uno de estos conceptos en cada grupo profesional, categoría profesional, nivel, puesto o cualquier otro sistema de clasificación aplicable. A su vez, esta información deberá estar desagregada en atención a la naturaleza de la retribución, incluyendo salario base, cada uno de los complementos y cada una de las percepciones extrasalariales, especificando de modo diferenciado cada percepción.

3. Cuando se solicite el acceso al registro por parte de la persona trabajadora por inexistencia de representación legal, la información que se facilitará por parte de la empresa no serán los datos promediados respecto a las cuantías efectivas de las retribuciones que constan en el registro, sino que la información a facilitar se limitará a las diferencias porcentuales que existieran en las retribuciones promediadas de hombres y mujeres, que también deberán estar desagregadas en atención a la naturaleza de la retribución y el sistema de clasificación aplicable.

En las empresas que cuenten con representación legal de las personas trabajadoras, el acceso al registro se facilitará a las personas trabajadoras a través de la citada representación, teniendo derecho aquellas a conocer el contenido íntegro del mismo.

4. El periodo temporal de referencia será con carácter general el año natural, sin perjuicio de las modificaciones que fuesen necesarias en caso de alteración sustancial de cualquiera de los elementos que integran el registro, de forma que se garantice el cumplimiento de la finalidad prevista en el apartado 1.

5. El documento en el que conste el registro podrá tener el formato establecido en las páginas web oficiales del Ministerio de Trabajo y Economía Social y del Ministerio de Igualdad.

6. La representación legal de las personas trabajadoras deberá ser consultada, con una antelación de al menos diez días, con carácter previo a la elaboración del registro. Asimismo, y con la misma antelación, deberá ser consultada cuando el registro sea modificado de acuerdo con lo previsto en el apartado 4».

Art. 6 del Real Decreto 902/2020, de 13 de octubre. Registro retributivo de las empresas con auditoría retributiva.

«Las empresas que lleven a cabo auditorías retributivas en los términos establecidos en la sección siguiente de este capítulo tendrán un registro retributivo con las siguientes peculiaridades respecto del artículo 5.2:

a) El registro deberá reflejar, además, las medias aritméticas y las medianas de las agrupaciones de los trabajos de igual valor en la empresa, conforme a los resultados de la valoración de puestos de trabajo descrita en los artículos 4 y 8.1.a) aunque pertenezcan a diferentes apartados de la clasificación profesional, desglosados por sexo y desagregados conforme a lo establecido en el citado artículo 5.2.

b) El registro deberá incluir la justificación a que se refiere el artículo 28.3 del Estatuto de los Trabajadores, cuando la media aritmética o la mediana de las retribuciones totales en la empresa de las personas trabajadoras de un sexo sea superior a las del otro en, al menos, un veinticinco por ciento».

CUESTIONES

1. ¿Es necesario un único registro para toda la empresa o ha de realizarse para cada centro de trabajo?

La norma hace referencia a «plantilla», por lo que hemos de entender cumplida la obligación realizando un único registro para toda la empresa.

2. ¿Ha de estar incluido el personal puesto a disposición por las ETT en los registros retributivos de las empresas usuarias?

El sujeto obligado a llevar el registro retributivo es el empresario respecto a las personas trabajadoras con los que tenga un vínculo contractual. Esta consulta ha sido planteada a la Dirección General de Trabajo (SGON-882PGG), la cual ha respondido de forma no vinculante que son las ETT las obligadas a llevar el registro retributivo, tanto de su personal de estructura como de la persona trabajadora puesta a disposición de empresas usuarias.

3. ¿Deben constar en el registro retributivo a los becarios o becarias?

No. La norma hace referencia a «plantilla», por lo que debemos entender solo a las personas trabajadoras asalariadas.

3.2. Contenido del registro retributivo

El registro retributivo deberá incluir desagregados por sexo y distribuidos por grupos profesionales (según convenio colectivo), categorías profesionales (en función del grupo de cotización) o puestos de trabajo iguales o de igual valor los **valores medios** de:

- Salarios.
- Complementos salariales.
- Percepciones extrasalariales.

A tales efectos:

- Deberán establecerse en el registro retributivo de cada empresa, convenientemente desglosadas por sexo, la media aritmética y la mediana de lo realmente percibido por cada uno de estos conceptos en cada **grupo profesional, categoría profesional, nivel, puesto o cualquier otro sistema de clasificación aplicable**.

- La información deberá estar **desagregada en atención a la naturaleza de la retribución**, incluyendo salario base, cada uno de los complementos y cada una de las percepciones extrasalariales, especificando de modo diferenciado cada percepción.

Reglamentariamente se concretan una serie de **obligaciones paralelas**:

- **Para empresas con al menos 50 trabajadores**: cuando el promedio de las retribuciones a los trabajadores de un sexo sea superior a los del otro en un 25 % o más, tomando el conjunto de la masa salarial o la media de las percepciones satisfechas, el empresario deberá incluir en el Registro salarial una justificación de que dicha diferencia responde a motivos no relacionados con el sexo de las personas trabajadoras (art. 28.3 del ET).

- **Para empresas con auditoría retributiva.** Las empresas que elaboren un plan de igualdad deberán incluir en el mismo una auditoría retributiva [apdo. 2.e), art. 46 de la LOI], previa la negociación que requieren dichos planes de igualdad. En este caso, tendrán un registro retributivo con las siguientes peculiaridades respecto a lo citado anteriormente:

  » El registro deberá reflejar las medias aritméticas y las medianas de las agrupaciones de los trabajos de igual valor en la empresa [arts. 4 y 8.1.a) del RD 902/2020, de 13 de octubre], conforme a los resultados de la valoración de puestos de trabajo, desglosados por sexo y desagregados por cada uno de los conceptos retributivos.

  » El registro deberá incluir la justificación a que se refiere el apdo. 3 del artículo 28 del Estatuto de los Trabajadores. Es decir, si la media aritmética o la mediana de las retribuciones totales en la empresa de las personas trabajadoras de un sexo sea superior a las del otro en, al menos, un 25 por 100, el registro deberá incluir la justificación de que dicha diferencia responde a motivos no relacionados con el sexo de las personas trabajadoras.

- **Necesidad de consulta**: la representación legal de las personas trabajadoras deberá ser consultada, con una antelación de al menos diez días, con carácter previo a la elaboración del registro. Asimismo, y con la misma antelación, deberá ser consultada cuando el registro sea modificado ante una alteración sustancial de cualquiera de los elementos.

> **A TENER EN CUENTA**. Cuando se establezca un valor medio de los salarios, complementos salariales y pluses extrasalariales, se debe escoger una unidad de referencia temporal. Las empresas tienen libertad para establecer el salario medio por hora, diario, mensual o anual, en función de lo que considere más oportuno para su registro de salarios.

CUESTIÓN

¿Quién debe encargarse de realizar el registro retributivo?

La normativa se limita a especificar el deber empresarial de contar con un registro retributivo de toda su plantilla. No se especifica quién debe encargase de realizar el registro salarial, siendo recomendable que tenga conocimientos sobre recursos humanos o administración y formación especializada en igualdad, como puede ser el agente de igualdad de la empresa.

En el caso de las Empresas de Trabajo Temporal (ETT), el reciente criterio **DGT-SGOM-882PGG de 24 de abril de 2021** (no vinculante), concreta que la obligación de registro retributivo y auditoría retributiva sobre las personas trabajadoras puesta a disposición recae en la ETT dada su condición de empleadora:

«(...) la empresa de trabajo temporal debe llevar el registro retributivo de toda su plantilla, tanto de su personal de estructura como de su personal contratado para ser puesto a disposición de empresas usuarias».

JURISPRUDENCIA

SAN n.º 23/2023, de 23 de febrero del 2023, ECLI:ES:AN:2023:791

Las obligaciones en materia de registro retributivo deben cumplirse con independencia de que el trabajador resulte identificable. La AN entiende que el cumplimiento de la obligación no incumple la normativa nacional y europea en materia de protección de datos cuando por solo existir una persona en un puesto de trabajo determinado sea fácilmente para el receptor de los datos, identificar la retribución que percibe esa persona en concreto.

STS n.º 580/2021, de 26 de mayo de 2021, ECLI:ES:TS:2021:2211

Analizando la validez de una copia básica del contrato de trabajo que se entrega a los representantes de los trabajadores incorporando en cuanto al salario la expresión «según pacto», o consigna una determinada cantidad, que coincide con el salario mínimo de Convenio, pero no el salario real del trabajador, la Sala entiende que a pesar del art. 28 del ET exigiendo un registro retributivo, «ningún elemento permite sostener en el presente litigio que la parte demandada hubiera incumplido esa exigencia, ni la demanda formulada se proyecta en modo alguno sobre la misma». La empresa cumple en este caso con el apdo. 4 del art. 8 del ET.

3.3. Acceso al registro retributivo

Como elemento clave del principio de transparencia, se garantiza el adecuado acceso de las personas trabajadoras a la información contenida en el registro retributivo, a través de la representación legal en todo caso cuando esta exista, o de forma directa, en cuyo caso la información a facilitar se limitará a las diferencias porcentuales que existieran en las retribuciones promediadas de hombres y mujeres, que también deberán estar desagregadas en atención a la naturaleza de la retribución y el sistema de clasificación aplicable. Es decir, la norma configura **dos formas de entregar los datos** (art. 5.3 del Real Decreto 902/2020, de 13 de octubre):

- **Cuando se solicite por parte de la persona trabajadora ante inexistencia de representación legal**: la información a facilitar se limitará a las diferencias porcentuales que existieran en las retribuciones promediadas de hombres y mujeres, que también deberán estar desagregadas en atención a la naturaleza de la retribución y el sistema de clasificación aplicable.

- **Cuando se solicite por parte de la representación legal de las personas trabajadoras o Inspección de Trabajo**: tienen derecho a conocer el contenido íntegro del mismo. Se facilitarán los datos promediados respecto a las cuantías efectivas de las retribuciones que constan en el registro.

CUESTIÓN

¿Qué trabajadores tendrán acceso al registro retributivo?

Las personas trabajadoras teniendo derecho a conocer su contenido, pudiendo acceder al registro retributivo a través de los representantes legales de los trabajadores. En el caso de que no exista representación legal, la información que se facilitará se limitará a las diferencias porcentuales que existiesen en las retribuciones entre hombres y mujeres, desglosadas según la naturaleza de la retribución y clasificación.

3.4. Periodo temporal de validez

Es válido durante un **año natural**, siendo necesaria su modificación en caso de alteración sustancial de cualquiera de los elementos que lo integran (apdo. 4 del art. 5 del Real Decreto 902/2020, de 13 de octubre).

CUESTIÓN

¿Cuánto tiempo debe conservar la empresa los registros retributivos realizados?

El registro retributivo tendrá una validez de un año natural, salvo que se produzcan circunstancias o cambios que supongan una alteración sustancial de los datos incluidos, no obstante, la norma no estipula un plazo concreto para su conservación. Atendiendo a la posibilidad de su solicitud y/o sanción por parte de la ITSS, se recomienda mantenerlo durante los cuatro años establecidos en el apdo. 1.b) del art. 24 de la LGSS, es decir, por el mismo tiempo que el establecido para la prescripción de cualquier sanción por cuotas de la Seguridad Social y conceptos de recaudación conjunta.

3.5. Diferencias entre registro retributivo y auditoría retributiva

El **registro retributivo es obligatorio con independencia de la existencia de plan de igualdad**. Por el contrario, las empresas que elaboren un plan de igualdad deberán incluir en el mismo una auditoría retributiva [apdo. 2 e) del art. 46 de la LOI], previa la negociación que requieren dichos planes de igualdad, es decir, la auditoría solo es obligatoria para empresas de más de 50 trabajadores y debe formar parte del plan de igualdad.

La auditoría salarial va un paso más lejos al suponer:

– La necesidad de una valoración de los puestos de trabajo con la finalidad de detectar una posible brecha retributiva entre las personas trabajadoras.

– Supone un registro de las diferentes tareas, retribución y sistema de promoción.

– Se asocia a un plan de actuación en caso de que se detecten desigualdades retributivas entre los empleados.

3.6. Consecuencias de no realizar el registro retributivo

El Real Decreto-ley 6/2019, de 1 de marzo, desarrolló en su momento las sanciones previstas en la Ley de Infracciones y Sanciones del Orden social para aquellas empresas que falseen o no realicen dicha información retributiva.

Art. 7.13 de la LISOS

«13. No cumplir las obligaciones que en materia de planes y medidas de igualdad establecen la Ley Orgánica 3/2007, de 22 de marzo, para la igualdad efectiva de mujeres y hombres, el Estatuto de los Trabajadores [art. 28] o el convenio colectivo que sea de aplicación».

Estas infracciones supondrían una sanción de 751 a 7.500 euros.

Art. 8.12 de la LISOS

«12. Las decisiones unilaterales de la empresa que impliquen discriminaciones directas o indirectas desfavorables por razón de edad o discapacidad o favorables o adversas en materia de retribuciones, jornadas, formación, promoción y demás condiciones de trabajo, por circunstancias de sexo, origen, incluido el racial o étnico, estado civil, condición social, religión o convicciones, ideas políticas, orientación sexual, adhesión o no a sindicatos y a sus acuerdos, vínculos de parentesco con otros trabajadores en la empresa o lengua dentro del Estado español, así como las decisiones del empresario que supongan un trato desfavorable de los trabajadores como reacción ante una reclamación efectuada en la empresa o ante una acción administrativa o judicial destinada a exigir el cumplimiento del principio de igualdad de trato y no discriminación».

En este caso se aplicarán las sanciones que pudieran corresponder por concurrencia de discriminación, las cuales podrían alcanzar como falta muy grave hasta un total de 225.018 euros, con un mínimo de 7.501 euros.

En paralelo, el art. 10 del Real Decreto 902/2020, de 13 de octubre, bajo la rúbrica «Alcance de la tutela administrativa y judicial», ampliando lo anterior especifica:

- La información retributiva o su ausencia «podrá servir para llevar a cabo las acciones administrativas y judiciales, individuales y colectivas oportunas» oportunas según lo incluido Ley de Infracciones y Sanciones del Orden Social, incluyendo la aplicación de las sanciones que si concurriera discriminación.

- La justicia podrá abrir un procedimiento de oficio contra la empresa infractora cuando las actas de infracción o las comunicaciones de la Inspección de Trabajo y Seguridad Social consten una discriminación por razón de sexo y en las que se recojan las bases de los perjuicios estimados para el trabajador, para poder determinar la indemnización correspondiente.

- La justificación por parte de la empresa de la existencia de una diferencia retributiva por sexo «no podrá aplicarse para descartar la existencia de indicios de discriminación».

3.7. Protección de datos y registro retributivo: guía sobre protección de datos y relaciones laborales de la AEPD

Según las recientes recomendaciones de la AEPD en su documento: «la **protección de datos en relaciones laborales**», el registro retributivo no justifica el tratamiento de datos personales y la norma que lo regula no es una base jurídica para ello. Lo cual resulta lógico teniendo en cuenta que en el registro figuran datos disociados y no datos personales. La falta de concreción de datos personales supone por ende la no existencia de derecho a la información, ni el ejercicio de derechos de acceso, rectificación, oposición y supresión, pues solo contiene valores medios de las percepciones salariales y extrasalariales distribuidos por sexo.

CUESTIONES

1. Aunque la empresa no se encuentre obligada a tener un plan de igualdad, ¿debe contar con un registro salarial?

Sí. Todas las empresas deben llevar a cabo un registro salarial, con independencia del tamaño de esta, a diferencia de lo que ocurre con el Plan de Igualdad que se supedita al tamaño de la plantilla, obligación por convenio, etc.

2. ¿Cómo debe hacerse el registro retributivo si se exige auditoría retributiva?

Las empresas obligadas a realizar un plan de igualdad tendrán que incluir en este una auditoría retributiva para comprobar si se cumple el principio de igualdad entre hombres y mujeres en materia salarial (art. 7 del RD 902/2020). En estos casos, el registro retributivo tendrá que reflejar también (desglosados por sexo) las medias aritméticas y medianas de las agrupaciones de los trabajos de igual valor en la empresa, aunque pertenezcan a diferentes clasificaciones profesionales.

Siguiendo el apdo. 2 del art. 28 del ET, se añadirá una justificación cuando haya una diferencia entre la media aritmética o la mediana de las retribuciones totales en la empresa de los trabajadores de un 25 % o más respecto a hombres y mujeres.

JURISPRUDENCIA

STS n.° 1302/2024, de 21 de noviembre, ECLI:ES:TS:2024:5709

El TS dictamina que la normativa actual no exige que se proporcionen datos individuales, sino que lo relevante son los valores "medios" desagregados por sexo. El fallo sustenta que la legislación busca garantizar la igualdad retributiva sin comprometer la protección de datos personales individuales.

3.8. Claves para realizar el registro retributivo en las empresas: herramienta del registro retributivo «IR!»

Como hemos tratado, el registro retributivo debe cumplir una serie de requisitos o pasos:

– **Periodo temporal de referencia**: el periodo temporal de referencia será, con carácter general, el año natural, sin perjuicio de las modificaciones que fuesen necesarias en caso de alteración de cualquiera de los elementos que integran el registro.

CUESTIÓN

Si una persona trabajadora ya no presta servicios en la empresa, ¿el registro retributivo debe reflejar sus datos?

Debe quedar constancia de cualquier cantidad salarial o extrasalarial abonada durante el periodo que engloba el registro retributivo.

– **Recopilación de datos de todas las personas trabajadoras de la empresa (sin excepción) respetando la confidencialidad:**

» **Situación contractual de cada persona trabajadora**: sexo, fecha de contratación, fecha de fin de contrato, fecha de antigüedad, porcentaje de jornada, puesto que desempeña, salario base anual, complementos salariales anuales (desglosados por conceptos), complementos extrasalariales anules (desglosados por conceptos).

» **Otra información de la persona trabajadora**, la herramienta «IR!» permite incorporar otra información como: fecha de nacimiento, nivel de estudios, número de hijos, clave de contrato, convenio de aplicación.

> **A TENER EN CUENTA**. Las personas trabajadoras deben identificarse mediante un código que permita mantener la confidencialidad de sus datos personales.

– **Desglose por sexo**: el registro debe incluir los valores medios de los salarios, complementos salariales y percepciones extrasalariales de la plantilla, desagregados por sexo.

CUESTIÓN

¿El registro retributivo debe reflejar importes netos o brutos?

El registro retributivo debe reflejar los importes brutos. Se tomarán las cantidades retributivas previas a los descuentos de IRPF o cotizaciones sociales.

– **Distribución por grupos profesionales**: la información debe estar distribuida por grupos profesionales, categorías profesionales, niveles, puestos de trabajo o cualquier otro sistema de clasificación aplicable.

– **Medias aritméticas y medianas**: deben establecerse en el registro la media aritmética y la mediana de lo realmente percibido por cada uno de los conceptos retributivos en cada grupo profesional, categoría profesional, nivel o puesto.

CUESTIONES

1. ¿Qué representan las medianas?

El valor de la variable de posición central en el conjunto de datos analizados.

2. ¿Qué representan las medias aritméticas?

El valor promedio del conjunto de datos analizados.

- **Desglose por naturaleza de la retribución**: la información debe estar desagregada en atención a la naturaleza de la retribución, incluyendo salario base, cada uno de los complementos y cada una de las percepciones extrasalariales, especificando de modo diferenciado cada percepción.

- **Formato del documento**: el documento en el que conste el registro podrá tener el formato establecido en las páginas web oficiales del Ministerio de Trabajo y Economía Social y del Ministerio de Igualdad.

- **Consulta a la representación legal**: la representación legal de las personas trabajadoras deberá ser consultada con carácter previo a la elaboración del registro y en caso de alteración de cualquiera de los elementos que lo integran (art. 5.6 del Real Decreto 902/2020, de 13 de octubre).

- **Justificación de desigualdades salariales**: en empresas con al menos cincuenta trabajadores, si el promedio de las retribuciones de un sexo es superior al otro en un 25 % o más, el empresario deberá incluir en el registro una justificación de que dicha diferencia responde a motivos no relacionados con el sexo de las personas trabajadoras.

CUESTIONES

1. El modelo de registro retributivo utilizado por el Ministerio de Trabajo y el Instituto de las Mujeres, ¿es obligatorio?

No. No obstante, es una opción recomendable si el programa de nóminas con el que se cuenta no tiene esta función.

2. ¿Debo realizar el registro retributivo si solo tengo una persona trabajadora contratada? ¿y si son todas del mismo sexo?

Sí. En ambos casos resulta obligatorio.

3. ¿Qué sucede cuando en la empresa existan categorías o grupos profesionales con un reducido número de personas trabajadoras de distinto sexo?

Como ejemplo la AEPD aborda una posible incidencia, cuando solo existan una (o incluso dos) personas trabajadoras de distinto sexo en la empresa, lo que supondría que fuesen perfectamente identificables por mera deducción para todo el que pudiera acceder al registro. Cuando ello sucediera:

- El registro debería contar con las medidas de seguridad basadas en el análisis de riesgos conforme al RGPD.

- El empleador debería informar a las personas trabajadoras del tratamiento de datos personales y de su finalidad.

- Los representantes de las personas trabajadoras estarían obligados a respetar la confidencialidad acerca de esa información.

3.8.1. Formato del registro retributivo: nueva herramienta de igualdad retributiva «IR!»

Conforme a lo dispuesto en el artículo 5.5 del Real Decreto 902/2020, de 13 de octubre, el documento en el que conste el registro podrá tener el formato establecido en las páginas web oficiales del Ministerio de Trabajo y Economía Social y del Ministerio de Igualdad. A pesar de que la norma publicada en octubre de 2020 había previsto la publicación de un modelo oficial por parte del Ministerio de Trabajo y Economía Social y del Ministerio de Igualdad, no fue hasta la entrada en vigor del Reglamento de igualdad retributiva en abril de 2021 cuando fue presentada la **herramienta española para la igualdad retributiva («IR!»)**.

Como concreta su guía de utilización, la hoja de cálculo acordada entre organizaciones sindicales y patronales y elaborada de manera conjunta por el Ministerio de Trabajo y Economía Social y el Instituto de las Mujeres del Ministerio de Igualdad permite cubrir distintas tablas permitiendo ver la información desgranada en **retribuciones efectivas y retribuciones equiparadas**.

Es decir, «IR!» incorpora **dos tipos de información** que debemos considerar a la hora de realizar nuestro registro retributivo:

Importes efectivos (información obligatoria)

Para este cálculo, se consideran los importes efectivos correspondientes a las retribuciones satisfechas a cada persona, y para cada una de sus diferentes situaciones contractuales. El modelo pretende recoger toda la información fidedigna acerca de las retribuciones efectivamente percibidas en el periodo de referencia (un año natural) por las personas trabajadoras en la empresa, por lo que cada una de sus situaciones contractuales, y sus promedios y medianas se desglosan por sexo, categorías, grupos profesionales, niveles, puestos o cualquier otro sistema de clasificación que sea utilizado en la empresa.

En definitiva, los datos retributivos deben estar agrupados o distribuidos en función de cada grupo profesional, categoría profesional, nivel, puesto o cualquier otro sistema de clasificación aplicable en la empresa.

> **A TENER EN CUENTA**. Se consideran los importes efectivos correspondientes a las retribuciones satisfechas, sin realizar ningún cálculo para equipararlos.

Importes equiparados (información de carácter voluntario)

Para este cálculo solamente se considera de manera individual la última de las situaciones contractuales, en el caso de que fueran varias durante el periodo de referencia, y se procede a la equiparación según el concepto.

La herramienta (en este caso de forma voluntaria para las empresas dado que la normativa no lo contempla) permite comparar diferentes puestos en una situación contractual equiparable, con jornada completa y durante todo el año sin variables que hayan podido existir como la temporalidad o las reducciones de jornada.

> **A TENER EN CUENTA**. La normativa y la guía de la herramienta de igualdad retributiva «IR!» sólo considera obligatorio incluir los importes efectivos por sexo, categorías, grupos profesionales o por el medio de clasificación profesional que utilice tu empresa.

CUESTIONES

1. ¿Cómo deben introducirse los datos en la herramienta de igualdad retributiva?

Para su comparación será necesario introducir los datos anualizados y normalizados, es decir, como si todas las personas trabajadoras hubiesen prestado servicios durante todo el año y a jornada completa.

2. ¿Cómo realizaremos la equiparación de importes?

La herramienta pública utiliza **dos mecanismos** para permitir que las comparaciones realizadas resulten válidas teniendo en cuenta las diferencias de jornada o duración de la modalidad contractual:

- **Normalización a la misma jornada.** Las cantidades a considerar se ajustan a la jornada completa. Es decir, para conseguir que las comparaciones sean efectivas hemos de tener presente que la influencia de la jornada efectiva sobre la retribución incrementando proporcionalmente hasta la jornada completa las distintas retribuciones de las personas que, por contrato, y/o por reducción de jornada no está a tiempo completo (a modo de ejemplo, si una persona tiene un contrato del 50 % de jornada, su salario su salario a efectos de cálculo será el 100 %).

A modo de ej.:

– Persona trabajadora 1: cobra 1.800 euros por una jornada completa.

– Persona trabajadora 2: cobra 900 euros a media jornada.

» Los salarios normalizados nos permiten equiparar los salarios para compararlos según el porcentaje de jornada sin que exista una brecha salarial ficticia. En este caso, las trabajadoras cobran lo mismo: ya que si calculamos el salario a jornada completa de la persona trabajadora 2: 900 / 0,50 = 1.800 euros (lo mismo que a jornada completa).

- **Anualización.** Entendida como la utilización del año natural como referencia, de forma que los importes a analizar se aumentan proporcionalmente hasta el total del periodo de referencia (a modo de ejemplo, los datos de una persona trabajadora que ha prestado seis meses servicios en la empresa se computarán como si hubiera permanecido la totalidad del periodo de referencia en la situación contractual considerada).

A modo de ej.:

– Persona trabajadora 1: cobra 1.200 euros por 100 días de prestación de servicios al año.

– Persona trabajadora 2: cobra 4.380 euros por 365 días de prestación de servicios al año.

» Los salarios anualizados permiten equiparar los salarios para compararlos según el tiempo trabajado sin que exista una brecha salarial ficticia. En este caso, las trabajadoras cobran lo mismo: ya que si calculamos el salario por 365 días de la persona trabajadora 2: 1200 x 365/100 = 4.380 euros (lo mismo que el trabajador que ha prestado servicios todo el año).

3. ¿Deben normalizarse y totalizarse las retribuciones que se consignan en el registro retributivo en caso de incapacidad temporal?

El registro debe contener todas las retribuciones efectivamente satisfechas y percibidas en el periodo por lo que deberá contener las cantidades reales satisfechas. La prestación de IT, a pesar de que se abone en pago delegado, no supone un desembolso para la empresa por lo que no tendría que constar. No obstante, si el convenio colectivo establece un complemento de IT, esta cantidad sí se debería reflejar. A efectos de la comparación general sería posible normalizar y totalizar las retribuciones sin tener en cuenta la IT, pero el registro debe contener las cantidades reales abonadas por lo que se recomienda establecer un apartado en el que se visualicen las prestaciones por enfermedad a cargo de la empresa desgranadas por sexos y otro en el que conste el complemento de IT.

Recalcar:

- La herramienta incorpora un modelo **voluntario** de registro retributivo. Cada empresa podrá utilizar cualquier programa o modelo propio siempre que se muestre, convenientemente desglosadas por sexo, el promedio y la mediana de lo realmente percibido por cada uno de estos conceptos en cada grupo profesional, categoría profesional, nivel, puesto o cualquier otro sistema de clasificación aplicable.

- El periodo temporal de referencia será con carácter general el **año natural**, sin perjuicio de las modificaciones que fuesen necesarias en caso de alteración sustancial de cualquiera de los elementos que integran el registro, de forma que se garantice el cumplimiento de la finalidad de garantizar la transparencia (art. 5.4 del RD 902/2020, de 13 de octubre).

- Será necesario **distribuir los datos** por grupo profesional, categoría profesional, nivel, puestos de trabajo iguales o de igual valor, o cualquier otro sistema de clasificación aplicable.

- Como mínimo los **conceptos a registrar** son:

  » **Salario base.** Mínimo de retribución acordado en convenio o, en su defecto, en contrato de trabajo individual, tasado generalmente por meses, días u horas. Es decir, la retribución fijada por unidad de tiempo o de obra.

  » **Complementos salariales anuales.** Retribuciones que se adicionan al salario base por convenio colectivo o en contrato individual de trabajo (pluses, bonificaciones, complementos, premios, etc.). En este punto encontramos algunos ejemplos como:

    ◆ La antigüedad.

    ◆ Las pagas extraordinarias.

    ◆ La participación en beneficios.

    ◆ Los complementos del puesto de trabajo, tales como penosidad, toxicidad, peligrosidad, turnidad, nocturnidad, trabajo en días festivos, etc.

    ◆ Primas a la producción por calidad o cantidad de trabajo, etc.

- **Percepciones extrasalariales anuales.** Son cantidades percibidas que no tienen la consideración de salario sino compensatorio de los gastos causados por el trabajo. A modo de ejemplo: indemnizaciones o suplementos por gastos ocasionados con motivo de la actividad laboral. En este punto encontramos algunos ejemplos como:

    ◆ Indemnizaciones o suplidos por los gastos realizados como consecuencia de su actividad laboral.

- ◆ Prestaciones e indemnizaciones de la Seguridad Social.
- ◆ Los pluses de distancia y transporte.
- ◆ Indemnizaciones correspondientes a traslados.
- ◆ Indemnizaciones correspondientes a suspensiones o despidos.
- ◆ Dietas para alojamiento y manutención, etc.

– Las **empresas con cincuenta o más trabajadores,** han de incluir en el registro salarial una justificación de cualquier diferencia por motivos no relacionados con el sexo de las personas trabajadoras cuando el promedio de las retribuciones a los trabajadores de un sexo sea superior a los del otro en un 25 % o más, tomando el conjunto de la masa salarial como sobre la media de las percepciones satisfechas. Para la obtención de este porcentaje ha de calcularse la brecha salarial de género a partir de la retribución total anual.

Se puede calcular por varios métodos. Se recomienda incluir un apartado en cada registro indicando la diferencia porcentual (brecha) mediante el resultado de la siguiente fórmula:

[(Media retribución total anual hombres – media retribución total anual mujeres) / Media retribución total anual hombres] x 100

> 0 %. Significa que las mujeres cobran el porcentaje obtenido menos que los hombres.

= 0 %. Significa que las mujeres cobran igual que los hombres.

Cuando el apartado en el apdo. «Diferencia porcentual (brecha)» resulte > 25 %, la media de las retribuciones de personas en plantilla de un sexo será superior a los del otro en el porcentaje que obliga a justificar la diferencia.

– Las empresas con auditoría retributiva deben incluir los promedios y medianas de las retribuciones de las agrupaciones que resulten del proceso de valoración de puestos de trabajo de igual valor convenientemente desglosados por sexo, e incluyendo todas las retribuciones efectivamente satisfechas desagregadas en atención a la naturaleza de la retribución, incluyendo salario base, cada uno de los complementos y cada una de las percepciones extrasalariales, especificando de modo diferenciado cada percepción.

– El MITES publica en su web la herramienta, guía y ejemplos de uso, así como la normativa relevante y las preguntas más frecuentes.

3.8.2. Volcado y visualización de los datos en la herramienta del registro salarial

La propia de igualdad retributiva «IR!» permite la implementación de un **modelo voluntario de registro retributivo** y cuenta con una guía de uso y un ejemplo de utilización.

El Excel que conforma la herramienta se organiza en diferentes hojas, a las que se puede acceder haciendo clic en la pestaña inferior correspondiente, o bien navegando, haciendo uso de los correspondientes botones. En este caso solo haremos referencia a algunos supuestos que pueden ser de interés en base a la experiencia para la comprensión global del volcado de la información necesaria para el registro retributivo y su visualización.

Periodo temporal de referencia

La página inicial permite consignar el periodo de referencia para el registro (un año). Este dato resulta necesario y afectará a los resultados que obtendremos al tomarse como referencia para ciertos cálculos.

Fuente: Herramienta Registro Retributivo. MITES.

A TENER EN CUENTA. Nuestro registro contendrá cualquier retribución satisfecha y percibida en el período de referencia, con independencia de su fecha de devengo.

Datos necesarios e información

Los distintos campos aparecen definidos en la propia herramienta con una pequeña descripción, formato y valores permitidos para su implementación a modo de guía.

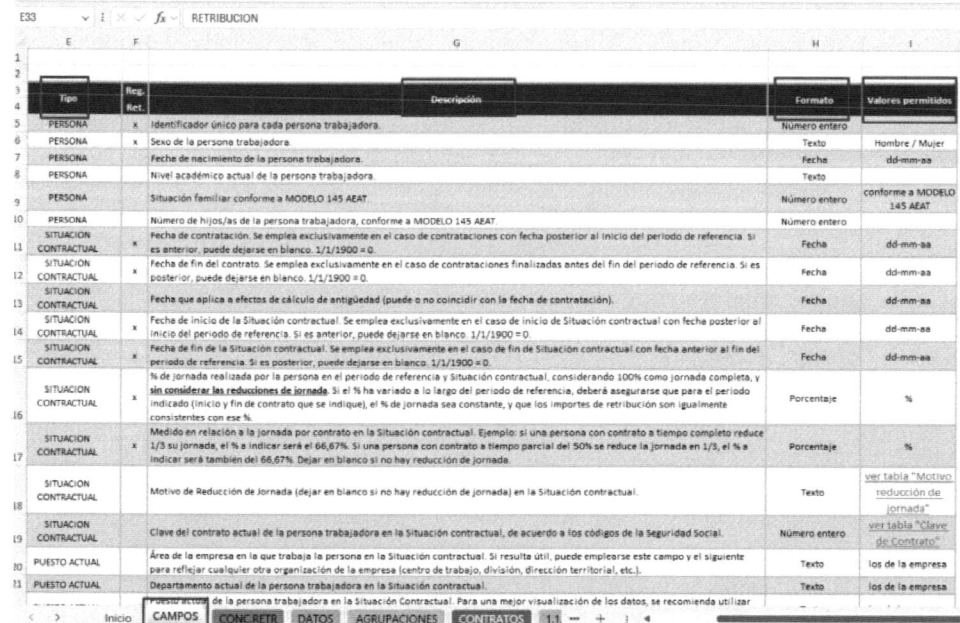

Fuente: Herramienta Registro Retributivo. MITES.

> **A TENER EN CUENTA**. La información de la casilla «CAMPOS» marcada con una X es de carácter obligatorio y resultará necesaria para que la herramienta aporte datos correctos.

Agrupaciones de los datos de las personas trabajadoras

Una agrupación es el conjunto de puestos de trabajo pertenecientes al mismo grupo profesional, categoría profesional, nivel, puesto o cualquier otro sistema de clasificación aplicable, cuyos datos de retribución se van a incluir dentro de un mismo promedio/mediana en el registro retributivo. En el caso de empresas con auditoría retributiva la agrupación también debe incluir el conjunto de puestos de trabajo de igual valor.

Con la intención de mantener la confidencialidad la herramienta permite agrupar a los trabajadores mediante: «AGRUP. CLAS. PROF.» o «AGRUP. VALOR. PTO.». En un caso se introducirá la información por grupos y en otros por escalas. Ambas pueden utilizarse a la vez, pero debemos tener presente estos dos tipos de agrupación:

- «AGRUP. CLAS. PROF». Agrupación según clasificación profesional de la empresa de acuerdo con el convenio de aplicación. Figura una tabla que muestra su correspondencia para los campos «Escala-empresa» y «Puesto-empresa».

– «AGRUP. VALOR. PTO». Agrupación según valoración de puestos de trabajo (esto será obligatorio en caso de tener auditoría retributiva). Figura una tabla que muestra su correspondencia para los campos «Escala-empresa» y «Puesto-empresa».

AGRUPACIONES REGISTRO RETRIBUTIVO

Agrupación según clasificación profesional de la empresa

Cuenta de Escala-empresi	Puesto-empresa	AGRUP. CLAS. PROF.				
		GRUPO 01	GRUPO 02	GRUPO 03	GRUPO 04	GRUPO 05
A	Resp. Nivel 1	10				
A	Resp. Nivel 2	8				
B	Administrativa/o		75			
C	Operaria/o			55		
D	Mantenimiento				5	
D	Teleoperador/a					106

Agrupación según valoración de puestos de trabajo (para empresas con auditoría retributiva)

Escala-empresi	Puesto-empresa	AGRUP. VALOR. PTO.			
		ESCALA 01	ESCALA 02	ESCALA 03	ESCALA 04
A	Resp. Nivel 1	10			
A	Resp. Nivel 2	8			
B	Administrativa/o		75		
C	Operaria/o		55		
D	Mantenimiento			5	
D	Teleoperador/a				106

Fuente: Herramienta Registro Retributivo. MITES.

A TENER EN CUENTA. La imagen muestra cómo en una empresa con el mismo número de puestos de trabajo si se clasifica siguiendo el grupo profesional o la valoración de puestos de trabajo puede suponer un encaje distinto de la persona trabajadora.

CUESTIÓN

¿Qué tipos de agrupaciones pueden darse en un registro retributivo?

«IR!» divide la clasificación en dos posibilidades:

- **«AGRUP. CLAS. PROF.».** Para todas las empresas: según clasificación profesional de la empresa de acuerdo con el convenio colectivo de aplicación. Son las agrupaciones denominadas GRUPO 01, GRUPO 02, GRUPO 03, etc.

- **«AGRUP. VALOR. PTO.».** Para empresas que realizan auditoría retributiva: según la valoración de los puestos de trabajo (obligatoria en caso de auditoría retributiva). Son las agrupaciones denominadas ESCALA 01, ESCALA 02, ESCALA 03, etc.

Los puestos que se engloban dentro de cada una de las agrupaciones deberán ir especificados en el **anexo** del registro.

Análisis de las distintas partidas retributivas y definición de si se trata de un concepto normalizable o anualizable

La propia herramienta «IR!», en una de sus páginas para introducir los datos, permite visualizar los distintos tipos de retribución asociándolos a su descripción, tipo de retribución y si se trata de un dato normalizable o anualizable. Esta cuestión puede ser la más complicada a la hora de usar este documento dado que supone definir parámetros trascendentales que pueden modificar los resultados, y, dada la gran cantidad de datos tratados, un error en la anualización o normalización puede ser difícil de corregir y alterará completamente los resultados (por ej. normalizar una indemnización por despido).

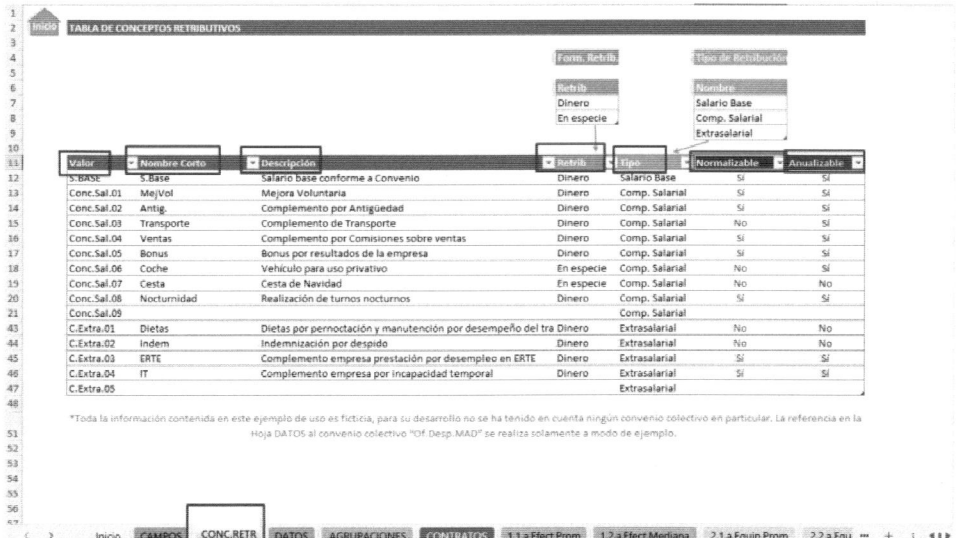

Fuente: Herramienta Registro Retributivo. MITES.

Con carácter general:

Retribución normalizable	Salario base.
	Complementos personales como la antigüedad.
	Complementos de formación.
	Complementos de *ad personam*.
	Complementos por trabajo realizado: peligrosidad, nocturnidad, toxicidad, turnos, etc.
	Pagas extraordinarias.
	Pagas por beneficios.
Retribución anualizable	Pagas extraordinarias.
	Pagas por beneficios.
	Complementos por trabajo realizado: nocturnidad, turnos, etc.
	Horas extraordinarias
	Primas de producción.

CUESTIONES

1. La herramienta «IR!» solo permite introducir 36 conceptos retributivos, ¿si el convenio implica más conceptos salariales o extrasalariales cómo se reflejarán?

La herramienta «IR!» solo permite introducir 1 salario base, 30 complementos y 5 percepciones extrasalariales. Lo recomendable en caso de necesitar introducir más conceptos sería agruparlos para que resulten equiparables.

2. ¿Cómo determina la herramienta «IR!» la existencia de conceptos equiparables o anualizables? ¿Qué parámetros utiliza de referencia?

Dependerá de lo que indiquemos en cada concepto retributivo y de las fechas de inicio y fin de las distintas situaciones que introducimos.

Casillas de obligado cumplimiento para el registro retributivo

El registro retributivo de obligada confección por todas las empresas (al que la hoja de cálculo se refiere como «TABLAS DE REGISTRO RETRIBUTI-VO») está compuesto por los campos:

- 1.1.a IMPORTES EFECTIVOS Promedios.
- 1.2.a IMPORTES EFECTIVOS Medianas.
- 2.1.a IMPORTES EQUIPARADOS Promedios.
- 2.2.a IMPORTES EQUIPARADOS Medianas.

Existen, por tanto, una serie de casillas de la herramienta «IR!» necesarias para la confección del plan de igualdad o la auditoría retributiva pero que no resultan obligatorias para el registro retributivo. Como mínimo, para sacar las medias y medianas por agrupación, será necesario cumplimentar las siguientes casillas:

- ID (la herramienta la utiliza para contar).
- Sexo.
- Salarios base, complementos y cantidades extrasalariales en importe efectivo o equiparado según corresponda.
- Los datos que permiten a la herramienta calcular la normalización y anualización:
  - Fecha de antigüedad.
  - Fecha inicio/fin contrato.
  - Porcentaje de jornada.
  - Porcentaje de jornada reducida.
  - Grupos de clasificación. Como hemos adelantado la información introducida relativa a la clasificación profesional o trabajos de igual valor se mostrará en estos campos mediante grupos o escalas:

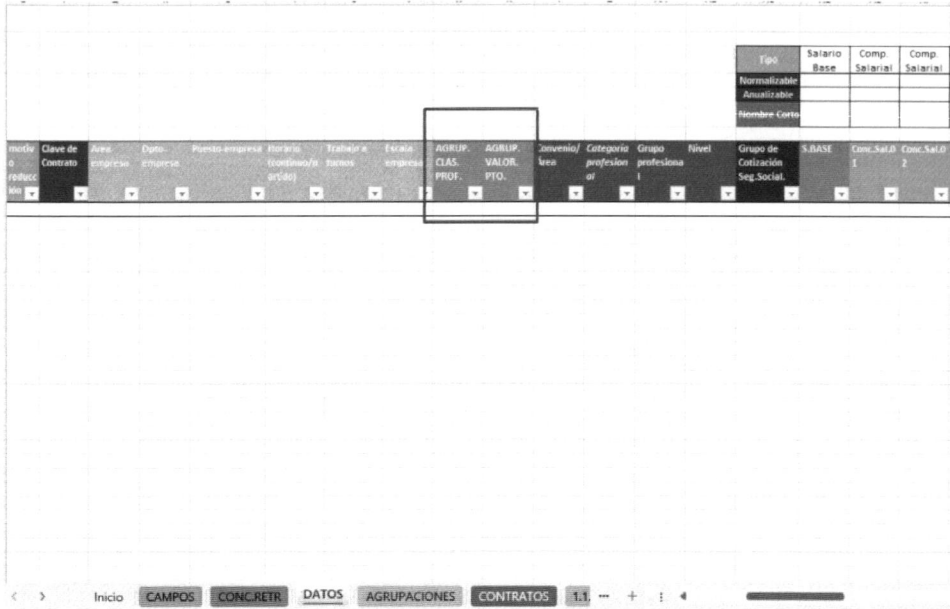

Fuente: Herramienta Registro Retributivo. MITES.

A TENER EN CUENTA. En la pantalla «DATOS» la herramienta replicará la información introducida en la pantalla de conceptos retributivos. En esta Hoja se deben incorporar los datos con arreglo a lo ya descrito en la Hoja «Campos», desde el Campo «Id» hasta el Campo «C.Extra.05». El resto de los campos, situados en sucesivas columnas a la derecha de este último, son calculados de modo automático por la Herramienta, a partir de los datos de las columnas previas.

Cumplimentados los campos necesarios la propia herramienta calculará los importes equiparados y efectivos sobre la información suministrada.

CUESTIÓN

¿Qué sucede si una persona trabajadora ha pasado por distintas situaciones contractuales a lo largo del periodo de referencia?

Será necesario incluir a la herramienta una celda para cada una de esas situaciones contractuales. Como destaca la guía de uso de la herramienta:

- Cada fila debe corresponder a una persona y situación contractual. Una misma persona puede por tanto aparecer en varias líneas, tantas como situaciones contractuales diferentes haya tenido durante el periodo de referencia.

- Los importes consignados deben corresponderse con el sumatorio de retribuciones efectivamente satisfechas durante el periodo de tiempo que dure la situación contractual, y esté comprendido dentro del periodo de referencia.

Visualización de los resultados del registro retributivo

Como ya hemos tratado, con los datos informados la herramienta calculará:

- Los promedios y medianas de los importes efectivos y las diferencias porcentuales entre hombres y mujeres, por concepto retributivo.

- Los promedios y medianas de las retribuciones equiparadas o normalizadas y las diferencias porcentuales entre hombres y mujeres, por concepto retributivo.

Las páginas de la herramienta «1.1.a.Efect.Prom» y «1.2.a.Efect.Mediana» nos aportan los **datos sin equiparar**. Por lo que visualizamos los datos sin normalizar ni anualizar.

Los **datos normalizados y anualizados** se muestran en las páginas «2.1.a.Equip.Prom» y «2.2.a.Equip.Mediana». **Estos dos registros serán los que debemos presentar.**

Este documento supondrá contar con el total de la empresa y un registro por grupos (o trabajos de igual valor) desgranando por sexo e los promedios y de las medianas según la disposición normativa.

VISUALIZACIÓN DE LOS RESULTADOS DEL REGISTRO RETRIBUTIVO

REGISTRO SEGÚN LA CLASIFICACIÓN PROFESIONAL APLICABLE A LA EMPRESA

[Tabla con datos del registro retributivo por grupos, con columnas para N°, N° SC, salarios base equiparados, conceptos retributivos (MejVol, Antig, Transporte, Ventas, Bonus, Coche, Cesta, Nocturnidad), totales complementos, salario, dietas, indemnización, ERTE, IT, y totales de retribución por sexo, desglosado en TOTAL EMPRESA y GRUPO 01 a GRUPO 05, con filas Hombre/Mujer.]

IMPORTES POR GRUPOS

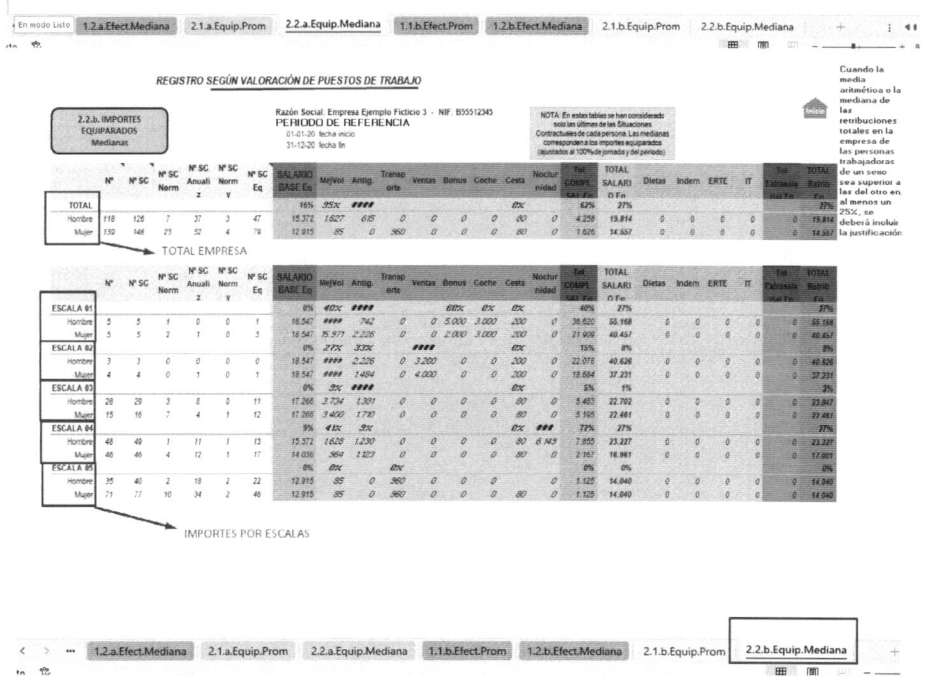

Fuente: Herramienta Registro Retributivo. MITES.

CUESTIONES

1. ¿Hemos de registrar los valores de las horas extraordinarias o complementarias devengadas?

La herramienta oficial no dispone de campos para el registro de las **horas extraordinarias o complementarias**, centrándose en mecanizar la diferencia entre el tipo de jornada (parcial o a tiempo completo) o la existencia de la reducción de la misma. A nuestro entender, en caso de existir debería ser un concepto analizable por tratarse de una parte de un concepto retributivo donde podría aparecer la brecha salarial.

2. Si una persona trabajadora está en plantilla con anterioridad a la fecha del registro y con posterioridad al mismo, ¿será necesario cubrir los campos de fecha inicial del contrato y fecha final? ¿Y si inicia o finaliza el contrato durante el periodo del registro?

No. Sería suficiente cumplimentar el campo de antigüedad y la herramienta entendería que la contratación está en el periodo de análisis. No obstante, si la persona trabajadora inicia o finaliza el contrato durante el periodo del registro será necesario cubrir los campos para una correcta anualización.

3. ¿Cómo se consignará el caso de una persona trabajadora al 50 % de jornada (4 horas día) con una reducción de jornada por cuidado de menor del 15 %? ¿Qué diferencia hay entre el porcentaje de jornada y el de reducción de jornada?

Los datos de «% de jornada» y «% jornada reducida» son independientes. En este caso consagraremos un 50 % como porcentaje de jornada y un 85 % como porcentaje de jornada reducida. Es decir, como «% jornada reducida» consagraremos el porcentaje de jornada que realiza, no el que ha reducido.

La aplicación usará estos datos para obtener el porcentaje de normalización o equiparación de salarios. En este caso un 43 %.

4. ¿Qué columna del registro retributivo muestra la desviación existente entre las retribuciones de los hombres y las mujeres?

En las distintas pestañas donde se muestran los resultados, tanto efectivos como equiparados, la última casilla denominada «TOTAL Retribución efectiva» muestra la posible desviación entre hombres y mujeres. Un valor positivo indica una desviación favorable a los hombres y un valor negativo a las mujeres.

Ejemplos de determinadas situaciones con peculiaridades en el registro retributivo

Mediante un ejemplo vamos a visualizar el volcado de datos en la herramienta «IR!» de determinadas situaciones con peculiaridades en el registro retributivo

Una empresa retribuye a sus empleados siguiendo la siguiente estructura salarial:

– **Salario Base.** Será considerado como tal la remuneración del servicio que presta el trabajador por unidad de tiempo, en función de la pertenencia a uno de los grupos profesionales que figuran en el presente Convenio.

– **Pagas extraordinarias.** La totalidad de las personas trabajadoras afectadas por el convenio, percibirán anualmente 14 pagas, doce de salario mensual más dos gratificaciones extraordinarias en el mes de julio y diciembre. Dichas gratificaciones consistirán, cada una de ellas, en el importe del salario convenio más el complemento personal de antigüedad consolidada.

– **Complemento personal de antigüedad.** Es el complemento pactado que sustituye a la suprimida antigüedad en los términos fijados en el convenio. Las partes firmantes pactan crear un complemento personal de antigüedad consolidada que sustituya a la denominada antigüedad, con efectos 1 de enero de 2018.

Todo el personal que al 1 de enero de 1.998 figure en plantilla de las empresas afectadas por este Convenio y percibiera o tuviese derecho a percibir en dicha fecha cantidades derivadas de la suprimida antigüedad, verá consolidadas, como Complemento Personal *(ad personam)*, las referidas cantidades en el salario-convenio, no obstante, aparecerá reflejado en el recibo oficial de nómina con la denominación de Complemento Personal de Antigüedad Consolidada.

Este complemento salarial tendrá naturaleza y formará parte del salario-convenio a partir de dicha fecha, formando así mismo parte de las pagas extraordinarias y esté complemento, no será absorbible ni compensable, siendo cotizable a la Seguridad Social y sufriendo, en su día, los incrementos correspondientes al salario-convenio.

– **Complemento de Puesto de Trabajo**. Es aquel que percibe la persona trabajadora por razón de las características del puesto de trabajo o de la forma de realizar su actividad profesional. Su percepción depende exclusivamente de la efectiva prestación de trabajo en el puesto asignado.

– **Complemento de calidad**. Es aquel que percibe la persona trabajadora por razón de una mejor calidad o mayor cantidad de trabajo, vayan o no unidos a un sistema de retribuciones por rendimiento, en cuyo caso habrá de tenerse en cuenta el artículo 41 del Estatuto de los Trabajadores.

– **Plus de transporte**. Es la retribución pactada en el artículo 22 del convenio en compensación de los gastos de desplazamiento y medio de transporte desde el domicilio al centro de trabajo y su regreso. Para todas las personas trabajadoras afectadas por este convenio, se pacta un plus de transporte de 73,06 euros por once mensualidades para 2020, de 74,60 euros para 2021 y de 76,16 para 2022. Dicha cantidad no será computable por tanto en el cálculo de pagas extraordinarias, Complemento Personal de Antigüedad Consolidada y horas extraordinarias.

|| ¿Cómo se indica el periodo de referencia del registro retributivo?

¿Cómo se volcarían los distintos conceptos retributivos que abona la empresa?

Valor	Nombre Corto	Descripción	Retrib	Tipo	Normalizable	Anualizable
S.BASE	SB	Salario Base	Dinero	Salario Base	Sí	Sí
Conc.Sal.01	CP	Complemento Personal	Dinero	Comp. Salarial	Sí	Sí
Conc.Sal.02	P. Aniguedad	Antigüedad consolidada	Dinero	Comp. Salarial	Sí	Sí
Conc.Sal.03	C. Puest. Trabajo	Complemento de Puesto de Trabajo	Dinero	Comp. Salarial	Sí	Sí
Conc.Sal.04	C. Calidad	Complemento de Calidad	Dinero	Comp. Salarial	Sí	Sí
Conc.Sal.05	P. Transporte	Plus de Transporte	Dinero	Comp. Salarial	Sí	Sí

¿Cómo sería el registro salarial de una persona trabajadora con un cambio de categoría profesional según los datos que se indican?

Licenciada contratada por la empresa el 01/01/2014.

Se encuentra adscrita al GRUPO II. ENCARGADO/A ESTABLECIMIENTO, COMPRADOR/A VENDEDOR/A hasta el 31/05/2024.

A partir de esa fecha promociona al GRUPO II. JEFE/A DE PERSONAL VENTAS Y COMPRA.

– Hasta el 31/05/2024.

ENCARGADO/A ESTABLECIMIENTO, COMPRADOR/A VENDEDOR/A.

Salario base periodo esta categoría: 1.127,83 x 6 meses = 6.767 euros.

Complemento personal de antigüedad: 150 euros mes = 900 euros.

Paga extra de diciembre: 1.127,83 + 150 = 1.277,83 euros.

Complemento personal: 350 euros.

Plus puesto trabajo: 150.

Plus transporte: 150.

– Desde el 01/06/2024.

GRUPO II. JEFE/A DE PERSONAL VENTAS Y COMPRAS.

Salario base periodo esta categoría: 1.544,75 x 6 meses = 9268,50 euros.

Complemento personal de antigüedad: 150 euros x 6 meses = 900 euros.

Paga extra de diciembre: 1.544,75 + 150 = 1.1694,75 euros.

Complemento personal: 750 euros.

Plus puesto trabajo: 700 euros.

Plus transporte: 150 euros.

id	Sexo	Fecha Nacimiento	Nivel de Estudios	Situación Famíliar	Hijos/as	Fecha de Contratación	Fecha Fin Contrato	Fecha de Antigüedad	Fecha Inicio Sit. Contract.	Fecha Fin Sit. Contract.	% de jornada	% jornada reducida	motivo reducción	Clave de Contrato	Área-empresa
1	Mujer	01-01-81	Licenciad		2	01-01-14		01-01-14		31-05-24	100%			100	
1	Mujer	01-01-81	Licenciad		2				01-06-24		100%			100	

Tipo	Salario Base	Comp. Salarial	Comp. Salarial	Comp. Salarial	Comp. Salarial	Comp. Salarial	Comp. Salarial
Normalizable	Sí	Sí	Sí	Sí	Sí	Sí	
Anualizable	Sí	Sí	Sí	Sí	Sí	Sí	
Nombre Corto	S. Base	CP	P. Antigüeda	C. Puest. Trabajo	C. Clalidad	P. Transport	

Grupo de Cotización Seg.Social.	S.BASE	Conc.Sal.0 1	Conc.Sal.0 2	Conc.Sal.0 3	Conc.Sal.0 4	Conc.Sal.0 5	Conc.Sal.0 6
	8.045	350	900	150		120	
	10.437	750	900	700		120	

								IMPORTES EQUIPARADOS				IMPORTES EFECTIVOS			
F.Inicial	F.final	% normal.	% anual	Check Periodo Ref	Check equivalen cia	Check N° Concep	Check N° SC Area II	Check N° N° Horas yAreaIIe	Check Equipara data	SALARIO BASE Eq	Tot COMPLSA 1 Eq	TOTAL SALARIO Eq	Tot Extrajud ial Eq	TOTAL Retrib Eq	SALARIO BASE Ef	Tot COMPLS Al Ef	TOTAL SALARIO Ef	Tot Extrajudi Ef	TOTAL Retrib Ef
01-01-24	31-05-24	100%	45%	Dentro		NO	NO	SI	NO	SI	0	0	0	0	0	8.045	1.529	9.585	0	9.585
01-06-24	01-12-24	100%	55%	Dentro	5	NO	SI	NO	SI	19.059	4.510	23.569	0	23.569	10.437	2.470	12.907	0	12.907

¿Cómo sería el registro salarial de una persona trabajadora contratada a 4 horas diarias que solicita un 15 % de reducción de jornada por guarda legal?

El trabajador (contratado el 01/01/2020) está contratado al 50 % de jornada (4 horas día) y solicita una reducción de jornada por cuidado de menor del 15 % con efectos de 01/06/2024.

GRUPO II. JEFE/A DE PERSONAL VENTAS Y COMPRAS.

Salario mensual antes reducción: 844,75 x 6 meses = 5.070 euros.

Paga extra de junio antes reducción: 844,75 + 150 = 994 euros.

Salario mensual tras reducción: 718 x 6 meses = 4308 euros.

Paga extra de diciembre antes reducción: 718 + 150 = 686 euros.

Complemento personal de antigüedad: 150 euros mes = 900 euros.

Complemento personal: 350 euros.

Plus puesto trabajo: 150 euros.

id	Sexo	Fecha Nacimiento	Nivel de Estudios	Situación Familiar	Hijos/as	Fecha de Contratación	Fecha Fin Contrato	Fecha de Antigüedad	Fecha Inicio Sit. Contract.	Fecha Fin Sit. Contract.	% de jornada	% jornada reducida	motivo reducción	Clave de Contrato	
1	Mujer	01-01-81	Licenciad	2		01-01-14		01-01-14		31-05-24	100%			100	
1	Mujer	01-01-81	Licenciad	2					01-06-24		100%			100	
2	Hombre	05-06-84	Diplomat	2	1	01-01-20		01-01-14		31-05-24	50%			100	
2	Hombre	05-06-84	Diplomat	2	1	01-01-20			01-06-24		50%	85%	GLM	100	

Tipo	Salario Base	Comp. Salarial	Comp. Salarial	Comp. Salarial	Comp. Salarial	Comp. Salarial
Normalizable	Sí	Sí	Sí	Sí	Sí	Sí
Anualizable	Sí	Sí	Sí	Sí	Sí	Sí
Nombre Corto	S. Base	CP	P. Antigüedad	C. Puest. Trabajo	C. Calidad	P. Transport

Convenio/ Área	Categoría profesional	Grupo profesional	Nivel	Grupo de Cotización Seg.Social.	S.BASE	Conc.Sal.0 1	Conc.Sal.0 2	Conc.Sal.0 3	Conc.Sal.0 4	Conc.Sal.0 5	
Ventas	Encargado	1	3		8.045	350	900	150		120	
Ventas	Jefe de per	1	3		10.437	750	900	700		120	
Ventas	Jefe de per	1	3		5.970	350		150			
Ventas	Jefe de per	1	3		4.994	350		150			

											IMPORTES EQUIPARADOS				IMPORTES EFECTIVOS			
F.Inicial	F.Final	G.normal	% anual	Check Redistr. Ref.	Check Equipara de	Check SC Norm	SC Anual y Anual	Check SC Norm y Anual	Check Equipara chlo	SALARIO BASE Eq	Tot COMPLSA LEq	TOTAL SALARIO Eq	Tot Extrasalar tal Eq	TOTAL Retrib Eq	SALARIO BASE Ef	Tot COMPLS AL Ef	TOTAL SALARIO Ef	Tot Extrasalar tal Ef	TOTAL Retrib Ef
01-01-24	31-05-24	100%	49%	Dentro	NO	NO	SÍ	NO	SÍ	0	0	0	0	0	8.045	1.530	9.565	0	9.565
01-06-24	31-12-24	100%	35%	Dentro	SÍ	NO	SÍ	NO	SÍ	19.059	4.330	23.389	0	23.389	20.457	2.470	22.907	0	22.907
01-01-24	31-05-24	50%	45%	Dentro	NO	NO	NO	SÍ	SÍ	0	0	0	0	0	5.970	500	6.470	0	6.470
01-06-24	01-12-24	48%	35%	Dentro	SÍ	NO	NO	SÍ	SÍ	21.458	2.348	23.806	0	23.806	4.554	900	5.454	0	5.454

¿Cómo sería el registro retributivo de una persona trabajadora contratada para sustituir a otra en IT durante un periodo determinado?

Una trabajadora sustituye mediante contrato de sustitución a otro trabajador en IT desde el 01/01/2024 al 31/05/2024. Su retribución es igual a la del trabajador que sustituye:

ENCARGADO/A ESTABLECIMIENTO, COMPRADOR/A VENDEDOR/A.

Salario base periodo esta categoría: 1.127,83 x 6 meses = 6.767 euros.

Complemento personal de antigüedad: 150 euros mes = 900 euros.

Paga extra de diciembre: 1.127,83 + 150 = 1.277,83 euros.

Complemento personal: 350 euros.

Plus puesto trabajo: 150 euros.

Plus transporte: 150 euros.

id	Sexo	Fecha Nacimiento	Nivel de Estudios	Situación Familiar	Hijos/as	Fecha de Contratación	Fecha Fin Contrato	Fecha de Antigüedad	Fecha Inicio Sit. Contract.	Fecha Fin Sit. Contract.	% de jornada	% Jornada reducida	motivo reducción	Clave de Contrato
1	Mujer	01-01-81	Licenciad	2		01-01-14		01-01-14		31-05-24	100%			100
1	Mujer	01-01-81	Licenciad	2					01-06-24		100%			100
2	Hombre	05-06-84	Diplomat	2	1	01-01-20		01-01-14		31-05-24	50%			100
2	Hombre	05-06-84	Diplomat	2	1	01-01-20			01-06-24		50%	85%	GLM	100
3	Mujer	01-01-87	Licenciad	2			01-01-24	31-05-2024	01-01-24	31-05-20	100%			401

Tipo	Salario Base	Comp. Salarial	Comp. Salarial	Comp. Salarial	Comp. Salarial	Comp. Salarial
Normalizable	Sí	Sí	Sí	Sí	Sí	Sí
Anualizable	Sí	Sí	Sí	Sí	Sí	Sí
Nombre Corto	S. Base	CP	P. Antigueda	C. Puest. Trabajo	C. Clalidad	P. Transport

Convenio/ Área	Categoría profesional	Grupo profesional	Nivel	Grupo de Cotización Seg.Social.	S.BASE	Conc.Sal.0 1	Conc.Sal.0 2	Conc.Sal.0 3	Conc.Sal.0 4	Conc.Sal.0 5	C 6
Ventas	Encargado	1	3		8.045	350	900	150		120	
Ventas	Jefe de per	1	3		10.437	750	900	700		120	
Ventas	Jefe de per	1	3		5.970	350		150			
Ventas	Jefe de per	1	3		4.994	350		150			
Ventas	Encargado	1	3		8.045	350	900	150		120	

									IMPORTES EQUIPARADOS				IMPORTES EFECTIVOS			
F.inicia	F.final	% mensual	% anual	Unos Periodo Ret.	Check Equipara do	Check Nº SC Norm	Check Nº SC Anualiz	Check Nº SC Norm y Anualiz	Unos Equipara z ales	SALARIO BASE Eq	Tot COMPL.SA l Eq	TOTAL SALARIO Eq	Tot Extrasalar ial Eq	TOTAL Retrib Eq	SALARIO BASE Ef	Tot COMPLS Al Ef	TOTAL SALARIO Ef	tot Extrasalar ial Ef	TOTAL Retrib Ef
01-01-24	31-03-24	100%	43%	Dentro	NO	NO	SI	NO	SI	0	0	0	0	0	8.045	1.520	9.565	0	9.565
01-06-24	31-12-24	100%	55%	Dentro	SI	NO	SI	NO	SI	19.059	4.530	23.589	0	23.589	10.437	2.470	12.907	0	12.907
01-01-24	31-03-24	50%	43%	Dentro	NO	NO	NO	SI	SI	0	0	0	0	0	5.970	500	6.470	0	6.470
01-06-24	31-12-24	43%	55%	Dentro	SI	NO	NO	SI	SI	21.458	2.168	23.026	0	23.026	4.994	500	5.494	0	5.494
01-01-24	31-12-24	100%	100%	Dentro	SI	NO	NO	NO	NO	8.045	1.520	9.565	0	9.565	8.045	1.520	9.565	0	9.565

4.
AUDITORÍA RETRIBUTIVA

La auditoría retributiva consiste en una recopilación y análisis de información relativa al salario con el objetivo de proporcionar la información necesaria para elaborar un plan de actuación que permita reducir las desigualdades en materia salarial, identificando la existencia de brechas salariales y poniendo en marcha las medidas necesarias para su eliminación en caso de existencia. Tendrán obligación de realizar una auditoría retributiva todas aquellas empresas con obligación de tener un Plan de igualdad.

4.1. Normas sobre la auditoría retributiva

Inicialmente, como única referencia a este concepto, el apdo. 2 e) del art. 46 de la LOI establece la obligación del diagnóstico de contener «condiciones de trabajo, incluida la auditoría salarial entre mujeres y hombres». El **concepto y contenido de la auditoría retributiva se configuró, con posterioridad, mediante el art. 7 del Real Decreto 902/2020, de 13 de octubre**, como un registro cuantitativo (no nominativo) que recoge los valores promedio de los salarios, los complementos salariales y las percepciones extrasalariales, con los datos desagregados por sexo y distribuidos por grupos profesionales, categorías profesionales o puestos de trabajo iguales o de igual valor:

> «La auditoría retributiva tiene por objeto obtener la información necesaria para comprobar si el sistema retributivo de la empresa, de manera transversal y completa, cumple con la aplicación efectiva del principio de igualdad entre mujeres y hombres en materia de retribución. Asimismo, deberá permitir definir las necesidades para evitar, corregir y prevenir los obstáculos y dificultades existentes o que pudieran producirse en aras a garantizar la igualdad retributiva, y asegurar la transparencia y el seguimiento de dicho sistema retributivo».

Así, de acuerdo con lo previsto en la LOI, y como parte del plan de igualdad, deben incorporarse los **datos necesarios para comprobar que el siste-**

ma de retribución existente en la empresa garantiza de manera transversal y completa la aplicación efectiva del principio de igualdad entre mujeres y hombres.

También debe permitir la definición de las diferentes necesidades para evitar, corregir y prevenir obstáculos existentes o que pudieran producirse.

La auditoría retributiva cumple, por consiguiente, con dos propósitos necesarios y complementarios:

– Proporcionar información suficiente, racional y adecuada sobre la aplicación efectiva del principio de igualdad de trato.

– Prevenir situaciones de riesgo discriminatorio cualquiera que sea su origen.

Propósitos para los que ha de elaborarse un registro retributivo, proceder a su análisis, y, poner en marcha una serie planes de actuación para alcanzar los objetivos propuestos en materia de igualdad salarial.

CUESTIÓN

¿Qué diferencias existen entre el registro y la auditoría retributivos?

El registro retributivo es obligatorio con independencia de la existencia de plan de igualdad. La auditoría solo es obligatoria para empresas de más de 50 personas trabajadoras.

A diferencia del registro retributivo la auditoría retributiva exige la realización de un diagnóstico de la situación retributiva en la empresa para cuya elaboración es necesario partir de una evaluación de los puestos de trabajo y el establecimiento de un plan de actuación para la corrección de las desigualdades retributivas, con determinación de objetivos, actuaciones, cronograma, sistema de seguimiento y de implementación.

4.2. Empresas obligadas y vigencia

La obligación de una auditoría salarial se aplica a todas las empresas que tienen a su vez obligación de implementar un plan de igualdad que, una vez transcurridos los plazos transitorios establecidos en el Real Decreto-ley 6/2019, de 1 de marzo, alcanza a todas las **empresas de al menos 50 trabajadores** (D.T. Única del Real Decreto 902/2020, de 13 de octubre).

La auditoría retributiva tendrá la **vigencia** del plan de igualdad del que forma parte, salvo que se determine otra inferior en el mismo.

4.3. Contenido de la auditoría retributiva

El contenido de la auditoría retributiva está reflejado en el artículo 8 del Real Decreto 902/2020, de 13 de octubre:

Realización del diagnóstico de la situación retributiva en la empresa

El diagnóstico requiere:

1. La evaluación de los puestos de trabajo (art. 4 del Real Decreto 902/2020, de 13 de octubre), tanto con relación al sistema retributivo como con relación al sistema de promoción.

   La valoración de puestos de trabajo tiene por objeto realizar una estimación global de todos los factores que concurren o pueden concurrir en un puesto de trabajo, teniendo en cuenta su incidencia y permitiendo la asignación de una puntuación o valor numérico al mismo. Los factores de valoración deben ser considerados de manera objetiva y deben estar vinculados de manera necesaria y estricta con el desarrollo de la actividad laboral.

   La valoración debe referirse a cada una de las tareas y funciones de cada puesto de trabajo de la empresa, ofreccer confianza respecto de sus resultados y ser adecuada al sector de actividad, tipo de organización de la empresa y otras características que a estos efectos puedan ser significativas, con independencia, en todo caso, de la modalidad de contrato de trabajo con el que vayan a cubrirse los puestos.

2. La relevancia de otros factores desencadenantes de la diferencia retributiva, así como las posibles deficiencias o desigualdades que pudieran apreciarse en el diseño o uso de las medidas de conciliación y corresponsabilidad en la empresa, o las dificultades que las personas trabajadoras pudieran encontrar en su promoción profesional o económica derivadas de otros factores como las actuaciones empresariales discrecionales en materia de movilidad o las exigencias de disponibilidad no justificadas.

   A los efectos de valoración de los puestos de trabajo, será de aplicación lo establecido en el art. 4 del Real Decreto 902/2020, de 13 de octubre.

Establecimiento de un plan de actuación para la corrección de las desigualdades retributivas, con determinación de objetivos, actuaciones concretas, cronograma y persona o personas responsables de su implantación y seguimiento

El plan de actuación deberá contener un sistema de seguimiento y de implementación de mejoras a partir de los resultados obtenidos.

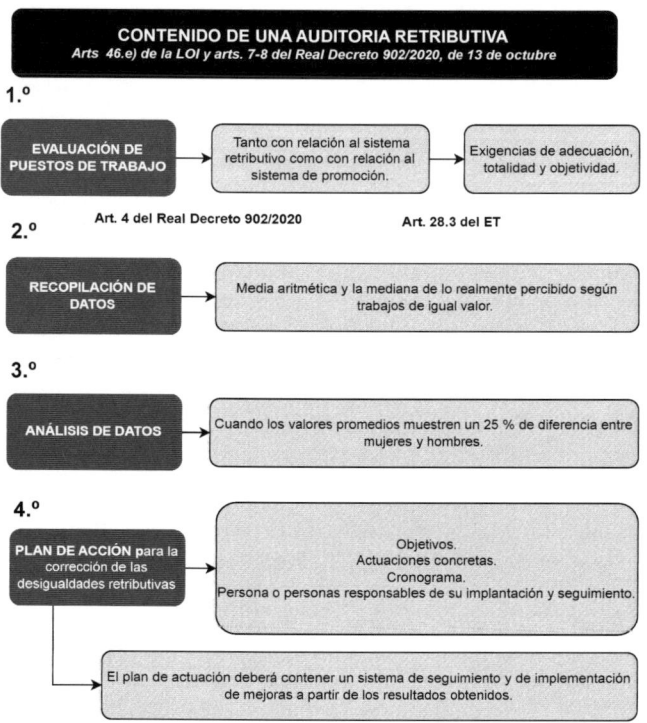

4.4. Auditoría retributiva y RD 902/2020

El Instituto de la Mujer y para la Igualdad de Oportunidades, en colaboración con las organizaciones sindicales y empresariales más representativas ha elaborado la **Guía técnica para la realización de Auditorías Retributivas con perspectiva de género**. En base a la aplicación del principio de transparencia retributiva y su contenido obligatorio definido, toda auditoría de equidad ha de abordar (D.A 3ª del Real Decreto 902/2020, de 13 de octubre):

Análisis de los aspectos generales de la organización con perspectiva de género

– Descripción de la empresa.
– Descripción de la actividad desarrollada.
– Estructura organizativa.
– Análisis del organigrama.
– Etc.

Análisis de la valoración de puestos de trabajo, sistema retributivo y establecimiento de medidas

|| Puestos de igual valor

Para cada una de las tareas y funciones de cada puesto de trabajo de la empresa, una descripción y clasificación identificando los de igual valor sin sesgos de género.

|| Transparencia retributiva

Registro retributivo, desagregando por sexo y distribuidos por grupos profesionales (según convenio colectivo), categorías profesionales (en función del grupo de cotización) o puestos de trabajo iguales o de igual valor, los valores medios de:

- Salarios.
- Complementos salariales.
- Percepciones extrasalariales.

|| Análisis de la brecha salarial y plan de actuación

Completados todos los puntos anteriores será necesario el análisis de la brecha salarial y el diseño de un Plan de acción para la corrección de las desigualdades retributivas donde se reflejen:

- Los objetivos que se pretenden cumplir.
- Las actuaciones encaminadas a alcanzar estas metas.
- Un cronograma fijando plazos concretos.
- Asignación de personas encargadas de implantar el plan y realizar el seguimiento.

4.5. Auditoría retributiva y su presencia en el plan de igualdad

La reglamentación pretende que todas las empresas, con independencia del número de personas trabajadoras en plantilla, respeten la igualdad de trato y de oportunidades en el ámbito laboral y, con esta finalidad, deberán adoptar, previa negociación, medidas dirigidas a evitar cualquier tipo de discriminación laboral entre mujeres y hombres, así como promover condiciones de trabajo que eviten el acoso sexual y el acoso por razón de sexo y arbitrar procedimientos específicos para su prevención y para dar cauce a las denuncias o reclamaciones que puedan formular quienes hayan sido objeto del mismo.

Los resultados de la auditoría retributiva han de integrarse dentro del plan de igualdad. Como hemos adelantado, las empresas que elaboren un plan de igualdad deberán incluir en el mismo una auditoría retributiva, esta obligación resulta importante ya que la normativa no trata la participación directa de la representación legal de los trabajadores en la elaboración de dicha auditoría, más allá de lo dispuesto originariamente en el RDL 6/2019: «Las empresas que elaboren un plan de igualdad deberán incluir en el mismo una auditoría retributiva, (...) previa la negociación que requieren dichos planes de igualdad». De esta forma, a pesar de la falta de participación de la RLT en la realización de la auditoría salarial, su incorporación al P.I requiere de una negociación.

> **A TENER EN CUENTA**. Las empresas de 50 o más personas trabajadoras deberán incluir en sus planes de igualdad una auditoría retributiva, con las medias y medianas salariales de agrupaciones de trabajo de igual valor, aunque sean categorías diferentes, y una justificación cuando los valores promedios muestran un 25 % de diferencia entre mujeres y hombres.

4.6. Claves para realizar una auditoría retributiva en la empresa

Para realizar una auditoría retributiva en una empresa en España, es necesario seguir una serie de pasos y cumplir con ciertos requisitos legales establecidos en la normativa vigente, incluyendo el apdo. 2.e) del artículo 46 de la LOI y el Real Decreto 902/2020, de 13 de octubre. Debemos tener presente que de lo que se trata, al fin y al cabo, es de realizar un diagnóstico de la situación retributiva y de un plan de actuación para la corrección de las desigualdades retributivas, por lo que muchas de las fases se asimilarán con las del diagnóstico previo al plan de igualdad de empresa.

Fase 1. Actuaciones previas

Con anterioridad al inicio de la auditoría retributiva la empresa debe realizar una valoración de los puestos de trabajo y el registro retributivo. Como es lógico, dada la obligación de auditoría retributiva por parte de las empresas con obligación de implementar un PI, el diagnóstico previo al plan de igualdad (donde se recopilará la mayor parte de la información que utilizaremos) también debe estar confeccionado.

Al igual que fijamos al tratar el análisis de la brecha retributiva, la auditoría retributiva también necesita una serie de indicadores que nos permitan valorar la situación y el posterior resultado de cualquier medida implantando.

– Organigrama de la empresa.

– Descripciones puestos.

– Registros salariales.

Fase 2. Análisis cuantitativo y cualitativo de la información disponible: diagnóstico retributivo

Debemos analizar los datos cuantitativos del registro retributivo para detectar diferencias retributivas entre hombres y mujeres en los diferentes puestos. También debemos analizar los datos cualitativos a fin de localizar los factores desencadenantes de la diferencia retributiva.

En este análisis, como es lógico, el registro retributivo y la valoración de puestos de trabajo deben ocupar un puesto central, no obstante, todos los parámetros utilizados para el diagnóstico del plan de igualdad deberán ser tratados en la auditoría retributiva con la finalidad de encontrar el origen de las brechas retributivas. Esto supone analizar también, como mínimo, el sistema o sistemas de promoción, de selección y contratación, de clasificación profesional, de formación, las condiciones de trabajo, las medidas para el ejercicio corresponsable de los derechos de la vida personal, familiar y laboral, la infrarrepresentación femenina, etc.

Siguiendo la «Guía técnica para la realización de Auditorías Retributivas con perspectiva de género. Instituto de las Mujeres. Junio de 2022», para una auditoría retributiva, se deben verificar una serie de aspectos:

|| **Análisis del registro retributivo**

– Comprobar si el registro retributivo se ha realizado con la herramienta del Ministerio de Trabajo y Economía Social y el Ministerio de Igualdad o, de no ser así, si la herramienta utilizada cumple con lo dispuesto en los artículos 5 y 6 del Real Decreto 902/2020, de 13 de octubre.

– Verificar que se ha realizado la consulta previa a la Representación Legal de las personas Trabajadoras (RLT) para la elaboración del registro.

– Verificar que el registro retributivo se ha realizado atendiendo a la clasificación profesional de la empresa y a los trabajos de igual valor.

– Verificar que los conceptos retributivos incluidos en el registro retributivo son los que figuran en el convenio o convenios de aplicación, y si existe o no una definición clara y precisa de lo que cada concepto salarial retribuye.

– Verificar que se han calculado el promedio y la mediana de las cantidades realmente percibidas, en concepto de salario base, de cada uno de los complementos salariales y de cada una de las percepciones extrasalariales, por sexo y grupo según la clasificación profesional aplicable a la empresa, así como por puestos de trabajo de igual valor.

– Analizar si existe informe que justifique la diferencia salarial a la que hace referencia el art. 6 del Real Decreto 902/2020, de 13 de octubre, cuando la media aritmética o la mediana de las retribuciones totales de las personas trabajadoras de un sexo sea superior a las del otro en, al menos, un 25 %. También se analizará si existe informe en el supuesto de que esta diferencia se produzca en relación a alguno de los siguientes conceptos: salario base, cada uno de los complementos salariales y cada una de las percepciones extrasalariales.

– Verificar si el número de personas trabajadoras que aparece reflejado en el registro retributivo coincide con el mismo número de personas perceptoras incluidas en el modelo 190 de la AEAT para el mismo período de referencia y comprobar que las cantidades que figuran en el registro retributivo son las mismas que las indicadas en la citada declaración.

– Revisar las cuentas del Plan General de Contabilidad para comprobar que no existen otras retribuciones diferentes a las que figuran en las nóminas.

– Comprobar si se ha ejercido el derecho de acceso al registro retributivo por parte de la RLT o la plantilla. Si se ha ejercido, comprobar cómo se ha realizado la comunicación.

‖ Análisis de la valoración de puestos de trabajo

– Verificar si se ha utilizado la herramienta de valoración de puestos de trabajo aprobada por orden ministerial del Ministerio de Trabajo y Economía Social y el Ministerio de Igualdad o, si no se ha utilizado, si el procedimiento utilizado es un sistema analítico que garantice el cumplimiento de lo dispuesto en los arts. 4 y 8 del RD 902/2020, de 13 de octubre.

> **A TENER EN CUENTA**. La remuneración debe ser igual no solo para trabajos con las mismas tareas, sino también para trabajos de igual valor, independientemente de las categorías o grupos profesionales lo que implica la necesidad de que la auditoría retributiva analice, de manera transversal y completa, todos los departamentos, niveles jerárquicos y categorías laborales.

‖ Otros aspectos para realizar un diagnóstico retributivo completo y con perspectiva de género, asegurando la igualdad de oportunidades y la equidad salarial en la empresa

| Sistema o sistemas de promoción

– Verificar si el procedimiento para la promoción está regulado por el convenio u otro acuerdo colectivo. Si está regulado, comprobar que todas las categorías o grupos profesionales están afectados por dicho procedimiento. En caso contrario, analizar qué categorías, grupos u ocupaciones no están afectadas y si el peso de mujeres y hombres es similar en estas categorías, grupos u ocupaciones.

– Comprobar los criterios que rigen la promoción de quienes no están afectados por el sistema de promoción general y si las trabajadoras promocionan en la misma proporción que los hombres en cada uno de los diferentes sistemas de promoción utilizados en la empresa.

– En el sistema de promoción utilizado o más utilizado, constatar si la antigüedad es un requisito o criterio para la promoción y analizar si tiene una incidencia distinta sobre mujeres y hombres.

- Observar si factores como la movilidad geográfica, disponibilidad para viajar y disponibilidad horaria más allá de la jornada habitual están vinculados con los procesos de promoción.

- Analizar el peso de la formación en los procesos de promoción y si debe superarse alguna prueba objetiva para promocionar, verificando si es para todos los puestos o solo para algunos.

- Comprobar si se informa a toda la plantilla de la empresa sobre posibles promociones internas para la presentación de candidaturas.

- Observar si las personas que trabajan a tiempo parcial tienen las mismas posibilidades de promocionar que quienes trabajan a jornada completa, así como si las personas con contrato temporal tienen las mismas posibilidades que quienes tienen contrato indefinido.

- Revisar si existen departamentos o áreas de trabajo con mayores o menores posibilidades de promocionar y analizar si este hecho tiene consecuencias diferentes sobre mujeres y hombres.

- Comprobar que las personas encargadas de realizar la evaluación de personal para la promoción tienen formación en igualdad entre mujeres y hombres.

- Revisar las promociones que se han producido en los últimos años, desagregadas por sexo, y si se ha producido un desequilibrio entre mujeres y hombres, tenerlo en cuenta en el plan de actuación para la corrección de las desigualdades retributivas.

| **Sistema o sistemas de selección y contratación**

- Analizar si se producen diferencias en el acceso a la empresa en relación con la modalidad de contratación empleada y su incidencia sobre las diferencias retributivas entre mujeres y hombres.

- Estudiar si hay diferencias porcentuales significativas entre mujeres y hombres en relación con el tipo de contrato y si estas diferencias están justificadas y qué consecuencias tienen sobre las diferencias salariales.

- Analizar si las diferencias de contratación están provocando diferencias retributivas directas o indirectas.

- Verificar si existen diferencias salariales por sexo dentro de una misma categoría profesional o en categorías de equivalente valor y si estas diferencias están justificadas.

| **Sistema o sistemas de formación**

- Analizar si el plan de formación de la empresa está abierto a toda la plantilla y si las trabajadoras tienen las mismas posibilidades de acceder a la formación continua que los trabajadores.

- Indagar en los motivos de las diferencias significativas entre la participación de mujeres y hombres en el plan de formación y su incidencia sobre la promoción y las diferencias retributivas.

– Comprobar si la formación se ofrece mayoritariamente dentro del horario laboral para asegurar que todas las personas puedan asistir, incluidas las personas con reducción de jornada.

| Condiciones de trabajo

– Evaluar las condiciones de trabajo, incluyendo la jornada de trabajo, el régimen de trabajo a turnos, el sistema de remuneración y cuantía salarial, y las medidas de prevención de riesgos laborales con perspectiva de género.

– Analizar la movilidad funcional y geográfica y su impacto sobre las retribuciones de mujeres y hombres.

| Ejercicio corresponsable de los derechos de la vida personal, familiar y laboral

– Analizar el impacto del ejercicio de derechos como excedencias o reducciones de jornada para cuidado de menor o familiar sobre la promoción profesional, la participación en acciones formativas y las retribuciones.

| Infrarrepresentación femenina

Evaluar la distribución de la plantilla en los distintos niveles de responsabilidad y analizar las causas y consecuencias de la segregación ocupacional por sexo.

CUESTIONES

1. Para la elaboración del diagnóstico retributivo, ¿de qué información debemos disponer?

La comisión negociadora del plan de igualdad debe disponer de toda la información necesaria para el diagnóstico del PI (anexo del RD 901/2020, de 13 de octubre). Esta información debe ser el punto de partida para la elaboración del diagnóstico retributivo.

2. ¿Qué metodología se debe utilizar para analizar los datos recopilados?

Dependerá del tamaño de la empresa y la complejidad del sistema retributivo instaurado. En plantillas pequeñas o empresas con estructuras salariales simples, el análisis comparativo del salario promedio de hombres o mujeres puede ser un buen punto de partida. Para empresas con mayor plantilla y estructuras salariales más complejas, el análisis estadístico permitirá abarcar la auditoría con mayores garantías.

3. ¿Qué podemos analizar en la auditoría retributiva?

Analizando la estructura salarial junto con otros datos y/o temas del diagnóstico, podremos obtener más información, entre otros, de aspectos como:

– Si la empresa cuenta con un sistema de evaluación de puestos objetivo y transparente según los requisitos establecidos en el RD 902/2020, o resulta necesario implementar o mejorar dicho sistema con el fin de cumplir el principio de igualdad de remuneración para puestos de igual valor.

– Si el sistema de clasificación profesional en la empresa corresponde a la evaluación del puesto realizada.

– El análisis de los diferentes conceptos salariales y extrasalariales y su aplicación a toda la plantilla para conocer el grado de su objetividad y visibilizar en qué grupos profesionales se encuentran más presente, si hay sesgos de género, etc.

Fase 3. Informe del diagnóstico retributivo

El resultado del análisis anterior se plasmará por escrito reflejando las diferencias detectadas, su origen y las conclusiones (art. 8 del RD 902/2020, de 13 de octubre). Para ello será necesario cuantificar dónde y en qué medida se están produciendo diferencias entre las retribuciones de mujeres y hombres, contar con datos desagregados por sexo y elaborar tablas estadísticas que permitan el análisis comparado de las retribuciones entre sexos.

El informe del diagnóstico retributivo es un documento que recoge los resultados del análisis de las desigualdades retributivas en una empresa. Lo recomendable para la elaboración de este informe es seguir los criterios establecidos en la «Guía técnica para la realización de Auditorías Retributivas con perspectiva de género. Instituto de las Mujeres. Junio de 2022» y sirve como **base para establecer un plan de actuación que corrija las desigualdades detectadas.**

El informe debe identificar las áreas que requieren intervención desde la perspectiva de género, tales como:

- Existencia de retribuciones no sujetas a regulación colectiva.
- Negociación individual de las retribuciones.
- Incidencia desigual de pluses y complementos debido a la segregación ocupacional.
- Utilización de criterios subjetivos para la concesión de beneficios no salariales.
- Criterios de promoción que generen desigualdades entre mujeres y hombres.
- Diferencias en el acceso a la formación que provocan desigualdades salariales entre mujeres y hombres.

CUESTIONES

1. ¿Cuál debe ser el contenido obligatorio del diagnóstico retributivo?

El diagnóstico retributivo debe incluir los resultados de manera detallada y cuantitativa, identificando las desigualdades, diferencias, desventajas, dificultades y obstáculos existentes o potenciales en la empresa. Además, debe determinar si estas desigualdades pueden constituir discriminación directa o indirecta, con el objetivo de lograr la igualdad efectiva entre mujeres y hombres.

2. ¿Puede externalizarse la confección del diagnóstico retributivo?

Sí. No obstante, el informe correspondiente debe ser trasladado a la comisión negociadora del plan de igualdad para que realice las apreciaciones pertinentes y solicite las aclaraciones o rectificaciones necesarias.

A TENER EN CUENTA. Los resultados de la auditoría retributiva de la empresa se podrán integrar en la estructura de contenidos del plan de igualdad o podrán incorporarse como documentos anexos al PI. En este último caso, deberán incluirse en el momento de inscripción del PI en REGCON.

Fase 4. Plan de actuación

El plan de actuación para la corrección de las desigualdades retributivas dentro de una auditoría retributiva es un componente esencial que se elabora tras la realización del diagnóstico retributivo. Este plan tiene como objetivo establecer las medidas necesarias para corregir las desigualdades salariales detectadas y garantizar la igualdad retributiva entre mujeres y hombres en la empresa.

Teniendo presente la finalidad descrita, el plan de actuación determinará la forma de actuar para el eliminar las desigualdades fijando unos objetivos, las actuaciones concretas para corregir las desviaciones detectadas, un sistema de seguimiento y de implementación de mejoras a partir de los resultados obtenidos, un cronograma de actuación y el personal responsable de su implantación y seguimiento.

El plan de actuación debe incluir los siguientes **elementos** (muchos de cuales coinciden con el plan de igualdad):

1. **Áreas de actuación prioritarias**. Se deben identificar y priorizar las áreas que requieren intervención inmediata, basándose en la magnitud de las desigualdades detectadas en el diagnóstico retributivo.

2. **Definición de objetivos generales y específicos**. Se deben establecer objetivos claros y específicos que se pretenden alcanzar para garantizar la igualdad retributiva. Estos objetivos deben ser coherentes con los resultados del diagnóstico y estar orientados a eliminar las desigualdades detectadas.

3. **Descripción de medidas concretas**. Cada medida adoptada debe estar claramente definida, incluyendo su descripción, el objetivo que persigue, cómo se va a ejecutar, a quién va dirigida, quién es responsable de su implementación y seguimiento, cuándo se va a desarrollar y qué recursos se necesitan para su implantación. Además, se deben diseñar indicadores que permitan evaluar la evolución de cada medida.

4. **Identificación de medios y recursos**. Es necesario identificar los recursos materiales y humanos necesarios para la implementación, seguimiento y evaluación de cada una de las medidas y objetivos. Esto incluye tanto los recursos internos de la empresa como posibles recursos externos.

5. **Calendario de actuaciones**. Se debe establecer un cronograma detallado que indique los plazos para la implementación, seguimiento y evaluación de las medidas. Este calendario debe ser realista y permitir un seguimiento adecuado del progreso del plan.

6. **Sistema de seguimiento y evaluación**. El plan debe incluir un mecanismo de seguimiento y evaluación para verificar la consecución de los objetivos establecidos, obtener información sobre el proceso de ejecución de las medidas y detectar posibles obstáculos o dificultades en la implantación. Esto permitirá realizar los ajustes necesarios o adoptar medidas correctoras si fuera necesario.

Fase 5. Implementación de medidas correctivas

Si se identifican casos de desigualdad salarial, por mandato legal, debemos implementar medidas correctivas. Esto suele realizarse, en función de la organización y sus posibilidades, en ajustes salariales, revisiones en la política de compensación o cambios en el sistema de valoración de puestos.

Fase 6. Implementación de la información en el plan de igualdad: informe de resultados de la auditoría retributiva

La comisión negociadora del PI elaborará el denominado informe de resultados de la auditoría retributiva. Este informe debe permitir conocer de manera precisa y rigurosa la situación de la igualdad retributiva entre mujeres y hombres en la empresa, visualizando la situación de partida y los aspectos a mejorar, así como las medidas propuestas para alcanzar la igualdad retributiva. En este caso lo ideal sería exponer el diagnóstico retributivo y, por otro, el plan de actuación para que este documento forma parte del contenido del plan de igualdad de acuerdo con lo establecido en el apartado d) del art. 8 del RD 901/2020, de 13 de octubre.

A TENER EN CUENTA. Este informe forma parte del contenido del plan de igualdad.

El informe de resultados de la auditoría retributiva debe incluir varios elementos clave para proporcionar una visión clara y detallada de la situación de igualdad retributiva en la empresa. Como hemos dicho, y como concreta la «Guía técnica para la realización de Auditorías Retributivas con perspectiva de género. Instituto de las Mujeres. Junio de 2022», este informe se compone de dos partes principales: el diagnóstico retributivo y el plan de actuación. No obstante, el informe debe incluir detalles específicos como:

1. **Denominación social de la entidad**: se debe especificar el nombre legal de la empresa.

2. **Fecha de inicio y fin de la auditoría**: indicar las fechas en las que comenzó y finalizó la auditoría retributiva.

3. **Alcance temporal de la auditoría**: definir el período que abarca la auditoría, que generalmente coincide con la vigencia del plan de igualdad, salvo que se determine un período inferior según lo previsto en el artículo 7 del RD 902/2020.

4. **Diagnóstico retributivo**:

   - Resumen de los datos del diagnóstico retributivo: presentar un resumen de los datos obtenidos durante la auditoría, desagregados por sexo y distribuidos por grupos profesionales, categorías profesionales o puestos de trabajo de igual valor.

   - Principales problemas y dificultades detectadas: identificar los problemas y dificultades más significativos que se han encontrado en relación con la igualdad retributiva.

5. **Plan de actuación**: para cada área de actuación, se deben detallar las medidas a implantar, incluyendo:
   - Descripción de la medida: explicar en qué consiste cada medida.
   - Objetivo que persigue: indicar el objetivo específico de cada medida.
   - Cómo se va a ejecutar: describir el proceso de implementación de la medida.
   - A quién va dirigida: especificar el grupo o los individuos a los que se dirige la medida.
   - Responsable de su implementación y seguimiento: nombrar a la persona o equipo responsable de llevar a cabo y supervisar la medida.
   - Cuándo se va a desarrollar: establecer el cronograma para la implementación de la medida.
   - Recursos necesarios y cuantificación de los mismos: identificar los recursos materiales y humanos necesarios, así como su cuantificación.
   - Indicadores de seguimiento y evaluación: definir los indicadores que permitirán evaluar la implementación y los resultados de la medida.
   - Mecanismo de seguimiento y evaluación: describir el sistema de seguimiento y evaluación, y el órgano responsable de estas tareas, que generalmente será la comisión de seguimiento del plan de igualdad.

6. **Vigencia de la auditoría**: Indicar el período de vigencia de la auditoría retributiva, que será el mismo que el del plan de igualdad, salvo que se determine otro inferior.

4.7. Modelo orientativo para la confección de un informe de auditoría retributiva

En el anexo de la obra proponemos a modo orientativo una plantilla de informe de auditoría retributiva.

5.
VALORACIÓN DE PUESTOS DE TRABAJO (VPT)

Teniendo en cuenta el principio de igualdad retributiva por trabajo de igual valor (art. 28 del Estatuto de los Trabajadores), la valoración de puestos de trabajo pretende garantizar un sistema de clasificación profesional neutral y libre de sesgos de género.

5.1. Concepto de valoración de puestos de trabajo (VPT)

Como hemos reiterado a lo largo de la obra, el principio de transparencia retributiva se aplicará a través de una serie de instrumentos regulados en el apdo. 3 del art. 3 del Real Decreto 902/2020, de 13 de octubre entre los que encontramos el sistema de valoración de puestos de trabajo de la clasificación profesional contenida en la empresa y en el convenio colectivo que resulte de aplicación.

Partiendo del principio de igualdad retributiva por trabajo de igual valor regulado en el art. 28 del Estatuto de los Trabajadores, **la valoración de puestos de trabajo pretende realizar una estimación objetiva de los requerimientos necesarios para llevar a cabo cada uno de los puestos de trabajo de la empresa atendiendo al contenido de la prestación laboral que desarrollan**. Es decir, «(...) supondrá una estimación global de todos los factores que concurren o pueden concurrir en un puesto de trabajo, teniendo en cuenta su incidencia y permitiendo la asignación de una puntuación o valor numérico al mismo. Los factores de valoración deben ser considerados de manera objetiva y deben estar vinculados de manera necesaria y estricta con el desarrollo de la actividad laboral» [apdo. 1.a).1.° del art. 8 del Real Decreto 902/2020, de 13 de octubre].

> **A TENER EN CUENTA**. La comparativa entre la valoración de los distintos puestos de trabajo permitirá aflorar las **diferencias en las retribuciones de los distintos puestos de trabajo que puedan resultar discriminatorias**.

Dentro de las **disposiciones aplicables para la elaboración del diagnóstico**, el Real Decreto 901/2020, de 13 de octubre y el Real Decreto 902/2020, de 13 de octubre, establecen una serie de **obligaciones** sobre este instrumento para aplicar la transparencia retributiva complementando lo dispuesto en el apdo. 3 del art. 22 del Estatuto de los Trabajadores:

– La necesidad de realizar una descripción de los sistemas y criterios de valoración de puestos de trabajo, tareas, funciones, y de los sistemas y/o criterios de clasificación profesional utilizados por grupos profesionales, y/o categorías, analizando la posible existencia de sesgos de género y de discriminación directa e indirecta entre mujeres y hombres. Asimismo, el diagnóstico analizará la distribución de la plantilla conforme al sistema o criterio utilizado para clasificación profesional utilizado en la empresa.

– La implantación y revisión de sistemas de organización y control del trabajo, estudios de tiempos, y valoración de puestos de trabajo y su posible impacto con perspectiva de género.

Por mandato reglamentario, las nuevas obligaciones relativas a la valoración de puestos de trabajo han llegado a la propia negociación colectiva, imponiendo a las **mesas negociadoras de los convenios colectivos** el deber de asegurarse que los factores y condiciones concurrentes en cada uno de los grupos y niveles profesionales respetan los criterios de adecuación, totalidad y objetividad, y el principio de igual retribución para puestos de igual valor (art. 4 del Real Decreto 902/2020, de 13 de octubre y art. 28.1 del ET). Es decir, **los negociadores de un convenio colectivo han de comprobar que la definición de los grupos profesionales se ajusta a criterios y sistemas que garantizan la ausencia de discriminación directa e indirecta entre mujeres y hombres y la correcta aplicación del principio de igualdad de retribución por trabajos de igual valor**.

> **CUESTIÓN**
>
> **¿La valoración de puestos de trabajo (VPT) es lo mismo que una evaluación del desempeño?**
>
> No. Mientras que la VPT se enfoca en la valoración de los puestos de trabajo en sí mismos, la evaluación del desempeño se centra en la valoración del rendimiento y las competencias del personal que ocupa esos puestos.
>
> La valoración de puestos de trabajo (VPT) se refiere a la evaluación y clasificación de los puestos de trabajo dentro de una organización, con el objetivo de determinar su valor relativo y establecer una estructura salarial equitativa. Este proceso se centra en las características del puesto, como las responsabilidades, habilidades requeridas, condiciones de trabajo y otros factores relevantes para determinar su importancia y nivel dentro de la organización.
>
> Por otro lado, la evaluación del desempeño es un procedimiento que mide y valora la conducta profesional, el cumplimiento de objetivos y deberes profesionales, así como las competencias adquiridas y reconocidas por el personal en el ejercicio de sus funciones.

5.2. Sistema de valoración: procedimiento

La D.F. 1.ª del reiterado RD 902/2020 incluía una previsión sobre la elaboración de un procedimiento de valoración de los puestos de trabajo, otorgando el plazo de **seis meses** desde su entrada en vigor, es decir el 4 de abril de 2021, para la **publicación de una orden dictada a propuesta conjunta de las personas titulares de los Ministerios de Trabajo y Economía Social y del Ministerio de Igualdad, por la que se fije un procedimiento «oficial» de valoración de los puestos de trabajo.**

En abril de 2022, el Ministerio de Trabajo y Economía Social y el Instituto de las Mujeres publicaron en sus respectivas páginas web la «Herramienta para la Valoración de Puestos de Trabajo» y su guía de uso. No obstante, por tratarse de un **modelo voluntario —no oficial—** de valoración, cada empresa ha de valorar las ventajas e inconvenientes de cada método VPT, en relación con sus características y objetivos a cumplir dentro de la aplicación del principio de igualdad, partiendo de una descripción, en detalle, de cada tarea a valorar.

Entre los métodos más utilizados en la valoración de puestos de trabajo, se recomienda la utilización de métodos analíticos, valorando en función de unos factores previamente definidos, cada puesto en base a una serie de puntos que posteriormente se pondrán en relación con un valor monetario específico.

En estos procedimientos —utilizados por la **Herramienta de Sistema de Valoración de Puestos de Trabajo (SVPT) del Ministerio de Igualdad—** se establece una relación de factores (tales como conocimientos y comprensión, aptitudes comunicativas, relaciones interpersonales, esfuerzo mental, responsabilidad de organización, coordinación y supervisión, etc.), y una escala de valoración para cada factor (con un número determinado de niveles o grados). Cada grado corresponde a un nivel de exigencia diferente (por ejemplo, si un factor es la formación, los grados pueden corresponder a niveles de titulación académica). A partir de la descripción o de la observación del puesto de trabajo se le asigna un grado para cada uno de los factores. Normalmente, la importancia relativa de los factores se define mediante unos «pesos» asociados a los mismos (normalizados de tal forma que su suma sea, por ejemplo, 100). Se obtiene la puntuación del puesto de trabajo sumando los productos de las puntuaciones obtenidas en cada factor por los pesos correspondientes. [*La Valoración de Puestos de Trabajo y la Discriminación Retributiva* (A. Corominas, A. M. Coves, A. Lusa, C. Martínez). 01/06/2002].

El proceso constaría, a modo simplificado y pudiendo tomar como referencia los parámetros de las herramientas proporcionadas por el Ministerio de Igualdad, de una serie de pasos por los que a cada puesto de trabajo se le proporciona unos factores y subfactores ponderados que terminan por determinar el valor a retribuir en función de la tarea realizada. A modo de ejemplo y como propuesta de referencia proponemos seguir el «**Manual de valoración de puestos de trabajo para las empresas adscritas al convenio** colectivo para la industria siderometalúrgica elaborado por la Comisión de Técnica de Organización del Trabajo del Tribunal Laboral de Catalunya», que a pesar de dirigirse a un sector concreto permite servir de referencia para mostrar los distintos aspectos de la VPT siguiendo el «Sistema de Valoración por Escalas Discontinuas» de la Oficina Internacional del Trabajo de Ginebra.

Se trata, en último término de generar un «Proceso de analizar y de comparar el contenido de los cargos, para colocarlos en un orden de clases, que sirvan de base a un sistema de remuneración» (*British Institute of Management*, 1970), para lo que será necesario:

- Determinación de una serie de factores para la valoración.

- Ponderación de los distintos factores mediante una puntuación.

- Establecer diferentes grados o niveles para cada uno de los factores analizados.

- Asignación de puntos a los distintos niveles de cada factor.

- Comparación del puesto con factores y subfactores, para asignarle un nivel determinado en cada subfactor.

- Pasar los niveles asignados al puesto para cada factor a puntos para obtener una valoración final del puesto mediante la suma de puntuaciones.

- Cuantificar las retribuciones adecuadas a cada puesto en base a los datos obtenidos.

- Fijar un sistema de compensación para ajustar las diferencias encontradas y aplicar así la escala obtenida.

5.2.1. Personas encargadas de la valoración de puestos de trabajo

Si la misma aparece en el convenio colectivo se habrá negociado por las partes legitimadas para ello. En el probable caso de que el convenio colectivo no realice una VPT sería posible que se realizase por la comisión negociadora del plan de igualdad (recordemos que este aspecto es obligatorio en los diagnósticos de la situación retributiva de los PI), o quien en ella delegue, o mediante negociación entre la empresa y la representación legal de las personas trabajadoras (art. 46 de la LOI y artículo 8 del Real Decreto 902/2020, de 13 de octubre).

5.2.2. Elementos del procedimiento de valoración de puestos de trabajo

Todo procedimiento de VPT debe construirse a partir de unos elementos comunes que permitan validarlo.

ELEMENTOS DEL PROCEDIMIENTO DE VALORACIÓN DE PUESTOS DE TRABAJO

1. Categorías de factores de valoración

- **Naturaleza de las funciones o tareas:** Se refiere al contenido esencial de la relación laboral, considerando tanto lo establecido en la ley o en el convenio colectivo como el contenido efectivo de la actividad desempeñada.
- **Condiciones educativas:** Incluyen las cualificaciones regladas que guardan relación con el desarrollo de la actividad.
- **Condiciones profesionales y de formación:** Abarcan la cualificación de la persona trabajadora, incluyendo la experiencia o la formación no reglada, siempre que esté relacionada con la actividad.
- **Condiciones laborales y factores estrictamente relacionados con el desempeño:** Son aquellos factores diferentes de los anteriores que son relevantes en el desempeño de la actividad.

2. Factores y subfactores de valoración

- **Carácter común:** Los factores son comunes y deben ser valorados en todos los puestos de trabajo de la empresa.
- **Variabilidad:** Permiten distinguir los puestos en función de la intensidad con la que estos factores concurren en la valoración.
- **Relevancia:** Identifican diferencias importantes entre los puestos de trabajo.
- **Gradualidad:** Cada factor se divide en distintos grados o niveles, que expresan el nivel de importancia o incidencia de cada factor en cada puesto de trabajo.

3. Niveles

- Cada factor y subfactor se completa con una escala de niveles predeterminada que permite medir la intensidad en la que concurren para cada puesto de trabajo.
- La escala contempla un «nivel cero» o «no relevante», que expresa la no concurrencia del factor o subfactor para un determinado puesto de trabajo.
- Los niveles deben ser definidos de forma clara, concisa y precisa, para que cada puesto pueda ser asignado sin dudas a uno de los niveles de cada factor.
- Los niveles deben abarcar todos los posibles valores que pueda adoptar el factor y deben corresponder a un intervalo de amplitud constante o lo más uniforme posible.

4. Ponderación de los factores y subfactores de valoración

La herramienta utilizada deberá otorgar de forma predeterminada un peso o valor relativo a cada factor y subfactor de valoración, así como a sus distintos niveles, atendiendo a la intensidad con la que estos pueden concurrir en un determinado puesto de trabajo.
- La fórmula matemática empleada garantizará un equilibrio entre la valoración de los niveles mínimos y máximos de cada factor o subfactor, asignando la puntuación máxima del factor al nivel máximo definido.

5. Puntuación de los puestos de trabajo

- Una vez completada la valoración de cada puesto de trabajo, habiendo puntuado cada uno de ellos mediante la selección de un nivel de concurrencia de cada factor y subfactor de valoración, debemos calcular su puntuación total.
- La herramienta agrupará los puestos de trabajo de igual valor conforme a los criterios establecidos en los artículos 28.1 del Estatuto de los Trabajadores y 4.2 del Real Decreto 902/2020, de 13 de octubre.

5.2.3. Definición del sistema de valoración: selección de factores y subfactores objeto de estudio

Esta primera fase consta de la definición de factores de valoración, la asignación de los denominados «pesos», un análisis inicial, y un análisis de género.

La «Herramienta de Valoración de Puestos de Trabajo» recoge (a modo orientativo) una lista de factores y subfactores que han de ser valorados en cada uno de los puestos de trabajo que conformen la plantilla de la empresa, agrupados en las categorías que establecen el artículo 28.1 del Estatuto de los Trabajadores y el artículo 4.2 del Real Decreto 902/2020, de 13 de octubre. Se describen asimismo los distintos niveles en que se desagregan estos factores y subfactores.

Factores de valoración

No es posible ofrecer un listado estándar de factores que sean de aplicación para cualquier organización. Sin embargo, a modo de ejemplo no exhaustivo, y tomando como referencia la **herramienta pública en la materia, la Guía OIT detallada Promoción de la igualdad salarial por medio de la evaluación no sexista de los empleos y el citado Manual VPT para las empresas adscritas al convenio colectivo para la industria siderometalúrgica**, realizamos una propuesta metodología basada en el análisis de los siguientes factores y subfactores que han de ser valorados en cada uno de los puestos de trabajo que conformen la plantilla de la empresa, agrupados en las categorías que establecen el artículo 28.1 del Estatuto de los Trabajadores y el artículo 4.2 del Real Decreto 902/2020, de 13 de octubre.

A TENER EN CUENTA. La guía de la herramienta de valoración de puestos de trabajo del Instinto de las Mujeres describe los distintos niveles en que se desagregan estos factores y subfactores. Realizamos a continuación un pequeño resumen de cada uno.

- – A) NATURALEZA DE LAS FUNCIONES O TAREAS
  - » A.1) POLIVALENCIA O DEFINICIÓN EXTENSA DE OBLIGACIONES. Este factor evalúa la amplitud y diversidad de las tareas y responsabilidades asignadas al puesto, valorando la capacidad de adaptación y la versatilidad del trabajador
  - » A.2) ESFUERZO FÍSICO. Este factor mide el esfuerzo físico requerido para desempeñar el puesto, incluyendo:
    - A.2.1) Posición continuada y posturas forzadas: evalúa la necesidad de mantener posturas incómodas o estáticas durante largos periodos.
    - A.2.2) Movimientos repetitivos: considera la frecuencia y repetitividad de los movimientos necesarios.
    - A.2.3) Esfuerzo visual: valora la exigencia de la vista, como la necesidad de enfocar o leer durante periodos prolongados.

- ◆ A.2.4) Esfuerzo auditivo: mide la necesidad de atención auditiva constante.

- ◆ A.2.5) Otros tipos de esfuerzo físico: incluye cualquier otro esfuerzo físico no contemplado en las categorías anteriores.

- » A.3) ESFUERZO MENTAL. Este factor se refiere a la concentración, atención y esfuerzo intelectual necesarios para realizar las tareas del puesto.

- » A.4) ESFUERZO EMOCIONAL. Evalúa la carga emocional que puede implicar el puesto, como la gestión de situaciones de estrés o la interacción con personas en situaciones difíciles.

- » A.5) RESPONSABILIDAD DE ORGANIZACIÓN, COORDINACIÓN Y SUPERVISIÓN. Este factor mide el nivel de responsabilidad en la organización y supervisión de tareas y personas, incluyendo:

  - ◆ A.5.1) Responsabilidad de organización y coordinación: evalúa la capacidad para planificar y coordinar actividades.

  - ◆ A.5.2) Responsabilidad de supervisión de resultados y calidad: considera la responsabilidad en la supervisión y aseguramiento de la calidad de los resultados.

- » A.6) RESPONSABILIDADES FUNCIONALES. Este factor evalúa las responsabilidades específicas del puesto, tales como:

  - ◆ A.6.1) Responsabilidad sobre el bienestar de las personas: mide la responsabilidad en la seguridad y bienestar de otros.

  - ◆ A.6.2) Responsabilidad económica: evalúa la responsabilidad en la gestión de recursos económicos.

  - ◆ A.6.3) Responsabilidad sobre información confidencial: considera la responsabilidad en el manejo de información sensible.

- » A.7) AUTONOMÍA. Este factor mide el grado de independencia y capacidad de toma de decisiones del trabajador en el desempeño de sus funciones.

- » A.8) OTROS FACTORES RELATIVOS A LA NATURALEZA DE LAS FUNCIONES O TAREAS. Incluye cualquier otro factor relevante relacionado con la naturaleza de las funciones o tareas que no haya sido contemplado en las categorías anteriores.

- B) CONDICIONES EDUCATIVAS

  - » B.1) ENSEÑANZA REGLADA. Este factor evalúa el nivel de educación formal requerido para el puesto, como títulos académicos y certificaciones.

- C) CONDICIONES PROFESIONALES Y DE FORMACIÓN

  - » C.1) CONOCIMIENTOS Y COMPRENSIÓN. Este factor mide los conocimientos técnicos y la comprensión necesarios para el puesto, incluyendo:

    - ◆ C.1.1) Procedimientos, materiales, equipos y máquinas: evalúa el conocimiento de los procedimientos y el manejo de equipos.

- C.1.2) Competencias digitales: considera las habilidades en el uso de tecnologías digitales.

- C.1.3) Gestión de la diversidad: mide la capacidad para gestionar la diversidad en el entorno laboral.

- C.1.4) Conocimiento o dominio de idioma extranjero: evalúa la necesidad de conocimientos de idiomas extranjeros.

- C.1.5) Formación no reglada: considera la formación adicional no formal.

- C.1.6) Experiencia: mide la experiencia previa relevante.

- C.1.7) Actualización de conocimientos: evalúa la necesidad de actualización continua de conocimientos.

» C.2) APTITUDES. Este factor mide las habilidades específicas necesarias para el puesto, tales como:

- C.2.1) Destreza: evalúa la habilidad manual y precisión.

- C.2.2) Minuciosidad: considera la atención al detalle.

- C.2.3) Aptitudes sensoriales: mide las habilidades sensoriales necesarias.

- C.2.4) Capacidad para plantear ideas y soluciones: evalúa la creatividad y capacidad de resolución de problemas.

» C.3) HABILIDADES SOCIALES. Este factor mide las habilidades interpersonales necesarias, incluyendo:

- C.3.1) Capacidad comunicativa: evalúa la habilidad para comunicarse efectivamente.

- C.3.2) Capacidad emocional: considera la inteligencia emocional.

- C.3.3) Capacidad de resolución de conflictos: mide la habilidad para gestionar y resolver conflictos.

» C.4) OTROS FACTORES RELACIONADOS CON LAS CONDICIONES PROFESIONALES Y DE FORMACIÓN. Incluye cualquier otro factor relevante relacionado con las condiciones profesionales y de formación que no haya sido contemplado en las categorías anteriores

- D) CONDICIONES LABORALES Y FACTORES ESTRICTAMENTE RELACIONADOS CON EL DESEMPEÑO

» D.1) ENTORNO. Este factor evalúa las condiciones del entorno laboral, incluyendo:

- D.1.1) Condiciones físicas: mide las condiciones físicas del lugar de trabajo.

- D.1.2) Condiciones psicosociales: considera el ambiente psicosocial del entorno laboral.

» D.2) CONDICIONES ORGANIZATIVAS. Identifica la medida en que las condiciones organizativas de la empresa repercuten en la facultad de disposición del tiempo de descanso y la ordenación de la vida personal, social y familiar de las personas trabajadoras, tales como:

- ◆ D.2.1) Horarios, descansos y vacaciones: evalúa la organización del tiempo de trabajo y valora la necesidad de adaptación a la realización de horarios de trabajo irregulares o inusuales (trabajo nocturno, trabajo a turnos) así como la afectación a las posibilidades de disposición del tiempo de descanso (trabajo en festivos o fines de semana, posibilidad de fijación de periodos vacacionales, disponibilidad horaria, conectividad digital permanente etc.).

- ◆ D.2.2) Desplazamientos y viajes: valora la necesidad de realizar viajes, o desplazamientos fuera del centro de trabajo o entre centros de trabajo, así como su naturaleza y duración.

» D.3) OTROS FACTORES RELACIONADOS CON LAS CONDICIONES LABORALES Y FACTORES ESTRICTAMENTE RELACIONADOS CON EL DESEMPEÑO. Incluye cualquier otro factor relevante relacionado con las condiciones laborales y el desempeño que no haya sido contemplado en las categorías anteriores.

Ponderación de los factores y asignación de puntos a cada nivel

No todos los factores tienen la misma importancia. Por eso es necesario ponderarlos en función de su influencia dentro del funcionamiento de la organización.

A cada uno de esos factores se le asignará un determinado valor a fin de establecer su importancia relativa al valor del puesto (denominados «pesos»). Como, al menos por el momento y hasta la publicación de una referencia concreta, no existe una guía exacta para determinar el valor de estos factores, cada empresa deberá confeccionar su propia **ponderación de factores**, teniendo en cuenta:

- La organización determina qué proporción del valor procede para cada uno de los tipos de factores. En la ponderación de los factores es preciso garantizar la igualdad de mujeres y hombres. Sería discriminatorio asignar un peso muy alto al esfuerzo físico (típicamente más presente en puestos masculinizados) y uno muy bajo a las habilidades de comunicación (típicamente más presente en puestos feminizados).

- Como vemos en el ejemplo, la ponderación porcentual de los factores —con independencia del número de factores utilizados— ha de sumar el 100 % porcentualmente.

- Tras la ponderación de los factores, se asignarán una serie de puntos a cada nivel, fijándose de modo exclusivo en la descripción del puesto (que ha de ser completa), sin considerar si dichos puestos están masculinizados o feminizados. El número de puntos puede variar, pero a menos que haya una gran diversidad de empleos, se aconseja adoptar un total de 1.000 puntos.

El objetivo de esta fase es asignar pesos a cada uno de los tipos en que se agrupan los factores. Se asignará un porcentaje a cada uno de ellos, de manera que entre todos sumen 100 %. De este modo la organización determina qué proporción del valor creado por la organización procede de cada uno de los tipos de factores.

De acuerdo con la anteriormente mencionada herramienta, los pesos a asignar a cada tipo deben oscilar entre los siguientes intervalos:

CATEGORÍA	PESO (%)	GRUPO PESO DENTRO DE CATEGORÍA (%)	FACTOR	PESO DENTRO DE GRUPO (%)	SUBFACTOR	PESO DENTRO DEL FACTOR (%)	
A) NATURALEZA DE LAS FUNCIONES O TAREAS	40	POLIVALENCIA	30	A.1) POLIVALENCIA O DEFINICIÓN EXTENSA DE OBLIGACIONES			
				TOTAL A1	100		
		ESFUERZOS	24	A.2) ESFUERZO FÍSICO	30	A.2.1) Posición continuada y posturas forzadas	20
						A.2.2) Movimientos repetitivos	20
						A.2.3) Esfuerzo visual	20
						A.2.4) Esfuerzo auditivo	20
						A.2.5) Otros tipos de esfuerzo físico	20
						TOTAL	100
				A.3) ESFUERZO MENTAL	35		
				A.4) ESFUERZO EMOCIONAL	35		
				TOTAL A2+A3+A4	100		

CATEGORÍA	PESO (%)	GRUPO PESO DENTRO DE CATEGORÍA (%)	FACTOR	PESO DENTRO DE GRUPO (%)	SUBFACTOR	PESO DENTRO DEL FACTOR (%)
A) NATURALEZA DE LAS FUNCIONES O TAREAS	40	RESPONSABILIDAD Y AUTONOMÍA	41	A.5) RESPONSABILIDAD DE ORGANIZACIÓN, COORDINACIÓN Y SUPERVISIÓN	30	A.5.1) Responsabilidad de organización y coordinación	50
						A.5.2) Responsabilidad de supervisión de resultados y calidad	50
						TOTAL	100
				A.6) RESPONSABILIDADES FUNCIONALES	35	A.6.1) Responsabilidad sobre el bienestar de las personas	40
						A.6.2) Responsabilidad económica	25
						A.6.3) Responsabilidad sobre información confidencial	35
						TOTAL	100
				A.7) AUTONOMÍA	35		100
				TOTAL A5+A6+A7	100		
		OTROS	5	A.8) OTROS			
		100					
B) CONDICIONES EDUCATIVAS	20	ENSEÑANZA REGLADA	100	B.1) ENSEÑANZA REGLADA			100
		TOTAL B	100			TOTAL	100

CATEGORÍA	PESO (%)	GRUPO PESO DENTRO DE CATEGORÍA (%)	FACTOR	PESO DENTRO DE GRUPO (%)	SUBFACTOR	PESO DENTRO DEL FACTOR (%)	
C) CONDICIONES PROFESIONALES Y DE FORMACIÓN	25	CONOCIMIENTOS Y COMPRENSIÓN	45	C.1) CONOCIMIENTOS Y COMPRENSIÓN	100	C.1.1) Procedimientos, materiales, equipos y máquinas	15
						C.1.2) Competencias digitales	15
						C.1.3) Gestión de la diversidad	10
						C.1.4) Conocimiento o dominio de idioma extranjero	17,5
						C.1.5) Formación no reglada	17,5
						C.1.6) Experiencia	10
						C.1.7) Actualización de conocimientos	15
				TOTAL C1	100	TOTAL	100
		APTITUDES Y HABILIDADES SOCIALES	50	C.2) APTITUDES	50	C.2.1) Destreza	25
						C.2.2) Minuciosidad	25
						C.2.3) Aptitudes sensoriales	25
						C.2.4) Capacidad para plantear ideas y soluciones	25
						TOTAL	100
				C.3) HABILIDADES SOCIALES	50	C.3.1) Capacidad comunicativa	35
						C.3.2) Capacidad emocional	30
						C.3.3) Capacidad de resolución de conflictos	35
						TOTAL	100
				TOTAL C2+C3	100		
		OTROS	5	C.4) OTROS			
		TOTAL C	100				

CATEGORÍA	PESO (%)	GRUPO PESO DENTRO DE CATEGORÍA (%)	FACTOR	PESO DENTRO DE GRUPO (%)	SUBFACTOR	PESO DENTRO DEL FACTOR (%)	
D) CONDICIONES LABORALES Y FACTORES ESTRICTAMENTE RELACIONADOS CON EL DESEMPEÑO	15	ENTORNO	60	D.1) ENTORNO	D.1.1) Condiciones físicas	50
					D.1.2) Condiciones psicosociales	50
					TOTAL	100
		CONDICIONES ORGANIZATIVAS	35	D.3) OTROS		
		TOTAL D	100			
TOTAL A+B+-C+D	100					

Fuente: Herramienta de Valoración de Puestos de Trabajo del Ministerio de Trabajo y Economía Social y el Instituto de las Mujeres.

5.2.4. Valoración de puestos de trabajo

Se trata de la confección de un «manual de calificación», para ello, se asignará, para cada puesto, los niveles de exigencia según los factores considerados.

Esta operación requiere asignar niveles de exigencia para cada factor de modo equitativo, fijándose exclusivamente en las características del puesto, y sin tener en cuenta si dichos puestos están masculinizados o feminizados.

Como acertadamente se describe en la guía oficial: «En cada puesto y por cada factor o subfactor, las personas encargadas de la valoración han de seleccionar el nivel del factor aplicable al puesto de trabajo, que refleja la intensidad con la que concurre dicho factor en el puesto concreto. Ha de seleccionarse el nivel que más se adecúe a las características del puesto de trabajo. Todos los factores contemplan un «nivel cero» que indica que el factor no es relevante para el puesto de trabajo analizado».

5.2.5. Comparativa y análisis de género de las puntuaciones de los puestos de trabajo

Una vez diseñado el sistema de valoración, y enumerados y valorados todos los puestos de trabajo de la organización, se puede comparar la puntuación obtenida por cada puesto de trabajo, así como realizar un análisis desde la perspectiva de género de los puestos de la organización.

5.2.6. Análisis de coherencia del SVPT y determinación de salarios

Debido al hecho de que el SVPT se diseña de manera subjetiva (definiendo una serie de factores con su escala de graduación, y asignándoles un peso dentro de su tipo y del SVPT), será necesario una valoración final en conjunto que permita un diseño coherente con la realidad de la organización y corregir desviaciones que puedan observarse en las retribuciones sobre trabajos de igual valor.

Para finalizar hemos de realizar la asignación de salarios a los puntos obtenidos según las escalas anteriores y la comparativa del salario real (salario bases más complementos salariales por grupo o puesto según convenio) con el salario por puntos obtenido mediante la comparativa de los distintos puestos de trabajo, los puntos obtenidos de acuerdo al Sistema de VPT, el salario base según Convenio por grupo, el salario base según Convenio por puesto y el salario base por puntos. Es decir, una vez concluida la valoración de puestos de trabajo se procederá a definir la política retributiva de la organización, mediante dos posibles vías:

– Asignación de salarios a través de una función, la Herramienta de Sistema de Valoración de Puestos de Trabajo (SVPT) del Ministerio de Igualdad permite elegir entre varias posibilidades, de acuerdo a los puntos obtenidos en la valoración.

– Indicación de salarios para cada grupo profesional y/o puesto de trabajo de acuerdo al convenio colectivo de referencia en la organización.

Estos datos, junto con los de la brecha salarial de género obtenidos en el registro y auditoría retributiva permitirán corregir o aplicar una política retributiva equitativa evitando el sesgo de género en el importe de los salarios.

CUESTIÓN

¿Qué aspectos han de tenerse en cuenta a la hora de fijar la retribución de un puesto de trabajo con perspectiva de género?

– Equidad de género en la asociación de circunstancias que generan complementos salariales, tanto de modo automático (peligrosidad, penosidad, etc.) como puntual (turnicidad, disponibilidad, nocturnidad).

– Evitar la consideración de circunstancias que no tienen relación directa con el puesto (Ejemplo: evitar complementos de más acceso para las mujeres y sin justificación como disponibilidad, prolongación de jornada, etc.).

– Evitar la discriminación indirecta por razón de sexo.

– Proporcionalidad de salarios.

– Asignar «pesos» en la baremación en función del valor objetivo aportado por cada factor a la organización.

– Asignación equitativa de niveles para la valoración de los distintos puestos.

– Agrupar puestos de valores similares (con requerimientos similares de capacidad, esfuerzo, responsabilidad y condiciones laborales) con unas mismas bandas salariales.

– Criterio incluyente para el cálculo de antigüedad. Hay que asegurar que este complemento no se reduzca por causa de permisos de maternidad, excedencia o reducciones de jornada por cuidado de familiares dependientes.

– La concesión de complementos debe basarse en criterios objetivos.

5.3. Claves para realizar la valoración de puestos de trabajo en la empresa: herramienta de igualdad retributiva «IR!»

La herramienta de valoración de puestos de trabajo oficial, publicada por los Ministerios de Igualdad y Trabajo y Economía Social, tiene como objetivo principal aplicar el principio de transparencia retributiva en las empresas, en cumplimiento del Real Decreto 902/2020, de 13 de octubre, de igualdad retributiva entre mujeres y hombres. Para ello, se pretende una evaluación objetiva de cada puesto de trabajo basada en condiciones objetivas como la polivalencia, los esfuerzos físico, mental y emocional, la responsabilidad de organización, coordinación y supervisión, y la autonomía.

La herramienta se presenta en forma de fichero Excel, donde se incorporan y tratan los datos. El procedimiento consiste en:

- Determinación de cada puesto de trabajo presente en la plantilla de la empresa.
- Evaluación de cada factor incluido en la herramienta en función de una escala.
- Asignación de una puntuación numérica automáticamente que refleja el valor de cada puesto.
- Agrupación de puestos de trabajo de igual valor.

Introducción de datos

|| Pantalla de inicio

Indicaremos el año natural y nos sirve para visualizar las distintas opciones.

153

|| Listado de puestos

Nos permite introducir cada puesto a valorar especificando:

- Título del puesto. Resulta obligatorio insertar algún tipo de denominación para cada puesto. Podemos seguir la establecida en convenio o la que se utilice en la empresa.

- Convenio de aplicación.

- Área, Departamento / Zona / Centro de trabajo (estas opciones son modificables y pueden cambiarse a otras denominaciones o no cubrirse).

- Responsable.

- Observaciones.

Contador	Título del Puesto	Convenio de Aplicación	Área	Departamento / Zona	Centro de trabajo	Responsable	Observaciones [Opcional]
1	Director Adjunto Gerencia	Convenio de empresa	director			Documentació	
2	Director Documentación	Convenio de empresa	director			Documentació	
3	Director comercial	Convenio de empresa	director			Comercial	
4	Subdirector comercial	Convenio de empresa	subdirector			Programación	
5	Subdirector programador	Convenio de empresa	subdirector			Programación	
6	Subdirector de Sistemas	Convenio de empresa	subdirecto			Programación	
7	Documentalista	Convenio de empresa	Responsable			Documentació	
8	Responsable departamento comercial	Convenio de empresa	Responsable			Documentació	
9	Responsable programación	Convenio de empresa	Responsable			Documentació	
10	Jefe de área comercial	Convenio de empresa	Jefes de área			Documentació	
11	Jefe de área programador	Convenio de empresa	Jefes de área			Programación	
12	Jefe de área de Sistemas	Convenio de empresa	Jefes de área			Programación	
13	Coordinador comercial	Convenio de empresa	Coordinador			Documentació	
14	Coordinador de Soporte	Convenio de empresa	Coordinador			Documentació	
15	Coordinador de Documentación	Convenio de empresa	Coordinador			Documentació	
16	Programador/a Senior	Convenio de empresa	Senior			Documentació	
17	Administrador Sistemas Senior	Convenio de empresa	Senior			Programación	
18	Administrador Sistemas Junior	Convenio de empresa	Junior			Programación	
19	Diseñador web junior	Convenio de empresa	Junior			Documentació	
20	Documentalista Junior	Convenio de empresa	Junior			Documentació	
21							
22							
23							
24							
25							
26							

Proceder a la valoración

Proceder a valoración

La herramienta nos genera una tabla con la información en la pestaña «listado de puestos» dividiendo la misma en categorías, factores, subfactores, ejemplos y definiciones.

Siguiendo lo que hemos tratado, la **guía de uso** de la herramienta define los elementos que componen el procedimiento de valoración:

- **Categorías de factores de valoración (siguiendo lo establecido en la normativa):**

  a) **Naturaleza de las funciones o tareas**: el contenido esencial de la relación laboral o lo establecido en el propio convenio colectivo.

b) **Condiciones educativas**: cualificaciones regladas en función a la actividad.

c) **Condiciones profesionales o de formación**: las que acrediten la cualificación como la experiencia o la formación no reglada relacionada con la actividad.

d) **Condiciones laborales y factores estrictamente relacionados con el desempeño**: todos los factores distintos a los anteriores pero que tengan relevancia sobre la actividad.

- **Factores (desarrollan cada categoría) y subfactores (concretan cada factor) de valoración de las características del puesto de trabajo sin sesgos de género**: dentro de cada categoría se concretan factores como esfuerzos físico, mental y emocional, responsabilidad de organización, coordinación y supervisión. Para medir la intensidad con la que aparece el factor en un determinado puesto de trabajo se añaden una serie de subfactores.

  - Encontramos factores por categorías muy específicos. Si consideramos que un factor de los propuestos no es relevante para la valoración de algún puesto podemos otorgarle un valor de cero, pero es obligatorio cubrir todas las propuestas de la herramienta.

  - Encontramos una escala de niveles que miden la intensidad de los factores y subfactores.

  - Si se considera necesario podrían incorporarse más factores de forma excepcional y justificada.

A modo de ej.:

- Categoría: C) CONDICIONES PROFESIONALES Y DE FORMACIÓN

  - Factor: C.1) CONOCIMIENTOS Y COMPRENSIÓN

    » Subfactor: C.1.1) Procedimientos, materiales, equipos y máquinas.

> **A TENER EN CUENTA**. En la columna con el encabezado «valoración», según los niveles de factores y subfactores y dependiendo de lo que nos pida la herramienta para cada caso, introduciremos la información seleccionando frecuencia/intensidad o nivel.

- **Puntuación de los puestos valorados**: cada puesto puede tener una puntuación máxima de 1.000 puntos (frente a otras de 100). De manera automática la herramienta, en función de cómo se valora cada factor y subfactor, otorga un determinado peso de forma que la suma del peso de todos los grupos dentro de una categoría sería el 100 por 100 y la suma del peso de todos los subfactores también alcanzará el 100 por 100. Cada división que realiza la herramienta la suma será 100 y luego ese porcentaje se transformará en puntos en una escala de 1000.

- **Agrupaciones de puestos de trabajo de igual valor**: clasificación de puestos en agrupaciones de igual valor según una escala de puntuaciones.

Lista de puestos valorados

En esta pestaña la herramienta nos permite visualizar y comprobar que todos los datos introducidos con los factores y subfactores de cada puesto están correctos.

A TENER EN CUENTA. La propia herramienta muestra las indicaciones necesarias en cada caso. Habrá determinados factores y subfactores que se dan en distintos departamentos de la empresa de modo similar que desde esta pantalla podremos analizar para saber si hemos seguido criterios homogéneos en nuestra valoración.

Agrupaciones

La herramienta mostrará los puestos agrupados bajo el concepto de igual valor.

Distribución de puestos

En esta plantilla se introduce el número de mujeres y hombres en cada puesto previamente definido. La propia herramienta indica si nos encontramos con una plantilla masculinizada, feminizada o equilibrada. En la parte superior se mostrará el número total de hombres y mujeres en plantilla.

Resultados de la herramienta

La herramienta genera de forma automática una serie de datos y gráficas que nos servirán de referencia para la VPT:

1. Agrupaciones. Nos permite visualizar las distintas puntuaciones dentro de la organización agrupadas según puestos de trabajo de igual valor. Estos resultados se asimilan a escalas en el registro retributivo. El rango de puntuación varía según el criterio establecido por la herramienta.

2. Mapa de puestos. Muestra en tabla la ubicación de los distintos puestos introducidos asociando las áreas de la empresa con la agrupación. Si los resultados son coherentes las distintas agrupaciones se verán de mayor a menor escalafón.

3. Puntuación por puesto y sexo. La herramienta muestra de manera gráfica la distribución de las categorías en función del sexo dentro de la organización. Este gráfico permite ver a golpe de vista si las posiciones de mayor o menor valor se encuentran masculinizadas o feminizadas en la empresa.

4. Puntos de valoración por factor. Permite visualizar de forma gráfica los puntos dados a cada posición según los factores a valorar.

5. Agrupaciones por sexo. Valora las categorías y las agrupaciones en función del sexo.

CUESTIÓN

¿Es obligatorio entregar la Valoración de Puestos de Trabajo (VPT) realizada por la empresa a la representación legal de las personas trabajadoras?

No, no es obligatorio entregar la Valoración de Puestos de Trabajo (VPT) realizada por la empresa a la representación legal de las personas trabajadoras. La normativa laboral española establece diversas obligaciones de información y consulta a la representación legal de los trabajadores, pero no se menciona específicamente la obligación de entregar la VPT. La única información que la norma nos obliga a compartir es la que conste en el registro retributivo. Las agrupaciones formarán las escalas del registro retributivo.

6.
INFORMACIÓN RETRIBUTIVA A LAS PERSONAS TRABAJADORAS Y SUS REPRESENTANTES

El acceso a la información salarial para trabajadores y representantes de los trabajadores es un mecanismo clave para garantizar la transparencia retributiva y la igualdad de trato en el ámbito laboral. El RD 902/2020 regula el acceso a información salarial para promover la igualdad de género, limitando el acceso a datos según el solicitante.

6.1. Información salarial como mecanismo de transparencia retributiva

El derecho a recibir información en materia salarial es un aspecto fundamental para garantizar la transparencia y la igualdad en el ámbito laboral. Este derecho está regulado indirectamente por diversas normativas, pero ha sido objeto de desarrollo reglamentario en el RD 902/2020 de 13 de octubre de igualdad retributiva entre mujeres y hombres. Este RD incluye, tanto las normas generales sobre el registro retributivo, desarrollando los elementos objetivos, personales y temporales de la obligación de registro establecida en el artículo 28.2 del Estatuto de los Trabajadores, de acuerdo con la modificación del Real Decreto-ley 6/2019, de 1 de marzo, como las normas que se refieren de manera específica al registro de empresas con obligación de auditoría, lo que vincula el contenido de los registros retributivos con los planes de igualdad y el objetivo de estos últimos descrito en el artículo 46 de la Ley Orgánica 3/2007, de 22 de marzo, conforme a la modificación del Real Decreto-ley 6/2019, de 1 de marzo.

Asimismo, y como elemento clave del principio de transparencia ahora analizado, **se garantiza el adecuado acceso de las personas trabajadoras a la información contenida en el registro retributivo**, a través de la representación legal en todo caso cuando esta exista, o de forma directa, en cuyo caso la información a facilitar se limitará a las diferencias porcentuales que existieran en las retribuciones promediadas de hombres y mujeres, que también deberán estar desagregadas en atención a la naturaleza de la retribución y el sistema de clasificación aplicable. (SAN n.º 23/2023, de 23 de febrero del 2023, ECLI:ES:AN:2023:791).

6.2. Acceso a la información retributiva: ¿quién y qué puede ver?

Como adelantamos al analizar el registro retributivo, el art. 5.3 del Real Decreto 902/2020, de 13 de octubre configura las vías de acceso a los datos salariales. En este caso, los datos a suministrar dependerán de la persona que los solicite (trabajador, RLT o inspección de trabajo).

Por parte de la persona trabajadora

En las empresas donde no existe representación legal de naturaleza estable, el acceso al registro salarial por parte de los trabajadores presenta ciertas características específicas. Según el artículo 5.3 del Real Decreto 902/2020, se reconoce expresamente el derecho de los trabajadores a acceder al registro salarial cuando no exista representación legal en la empresa. Sin embargo, la información que se facilitará en estos casos se limitará a «(...) **las diferencias porcentuales que existieran en las retribuciones promediadas de hombres y mujeres, que también deberán estar desagregadas en atención a la naturaleza de la retribución y el sistema de clasificación aplicable**».

Esta previsión reglamentaria pretende instrumentar el derecho de acceso en empresas sin representación legal complementando la anterior regulación del Real Decreto-ley 6/2019 donde se limitaba el acceso al registro salarial a la representación legal de los trabajadores, lo que suponía una restricción del derecho de información reconocido en el artículo 28 del Estatuto de los Trabajadores (ET). Esta limitación era especialmente problemática en empresas con múltiples centros de trabajo de pequeña dimensión, donde la creación de instancias representativas de base electiva es más difícil.

La doctrina ha sostenido que, aunque la norma no lo indique explícitamente, el derecho de acceso a la información sobre remuneraciones no debería quedar condicionado por la ausencia de representantes legales. En casos de discriminación retributiva por razón de sexo, los trabajadores pueden acceder al registro en sede judicial, siempre que acrediten indicios de discriminación.

A TENER EN CUENTA. Cuando se solicite por parte de la persona trabajadora ante inexistencia de representación legal, la información a facilitar se limitará a las diferencias porcentuales que existieran en las retribuciones promediadas de hombres y mujeres, que también deberán estar desagregadas en atención a la naturaleza de la retribución y el sistema de clasificación aplicable.

Por parte de la representación legal de las personas trabajadoras

La RLT tiene derecho a conocer el **contenido** íntegro **del registro retributivo**. Se facilitarán los datos promediados respecto a las cuantías efectivas de las retribuciones que constan en el registro.

En este caso, la representación de las personas trabajadoras con acceso a la información retributiva incluye:

- **Comité de empresa**: el apdo. 3 art. 64 del ET prevé el derecho del comité de empresa a recibir información, al menos anualmente, relativa a la aplicación en la empresa del derecho de igualdad de trato y de oportunidades entre mujeres y hombres, en la que deberá incluirse el registro previsto en el artículo 28.2 y los datos sobre la proporción de mujeres y hombres en los diferentes niveles profesionales, así como, en su caso, sobre las medidas que se hubieran adoptado para fomentar la igualdad entre mujeres y hombres en la empresa y, de haberse establecido un plan de igualdad, sobre la aplicación del mismo.

- **Delegados/as de personal**: el derecho que la norma configura para el comité de empresa se extiende a los delegados de personal por remisión del apdo. 2 del art. 62 del ET.

- **Delegados/as sindicales**: la información que tiene derecho a recibir el delegado sindical es idéntica a la que debe proporcionarse al comité de empresa y en las mismas condiciones según lo establecido en el apdo. 3.1.º del art. 10 de la LOLS. (SAN n.º 98/2022, de 22 de junio de 2022, ECLI:ES:AN:2022:2854).

Inspección de Trabajo

La ITSS tendrá acceso a la misma información de la RLT.

Trabajadores contratados por una ETT

Como es sabido, el personal contratado para ser cedido a empresas usuarias tendrá derecho durante los períodos de prestación de servicios en las mismas a percibir, como mínimo, la retribución total establecida para el puesto de trabajo a desarrollar en la empresa usuaria, según el Convenio Colectivo aplicable a la misma, calculada por unidad de tiempo. Dicha remuneración comprenderá todas las retribuciones económicas, fijas o variables, de la empresa usuaria vinculadas al puesto de trabajo. Deberá incluir, en su caso, la parte proporcional correspondiente al descanso semanal, las pagas extraordinarias, los festivos y las vacaciones.

En lo referente al acceso al registro retributivo por el personal cedido por una ETT la norma guarda silencio por lo que, dado que la ETT es la que abona el salario, corresponde a la empresa de trabajo temporal cumplimentar y facilitar los datos retributivos a su personal en misión.

CUESTIONES

1. La normativa hace referencia a la necesidad de calcular la media y la mediana. En puestos en los que solo exista una persona trabajadora de ese dato puede inferirse qué retribución concreta percibe. ¿Es obligatorio entregar información de aquéllos puestos en los que sólo existan personas de un mismo sexo y, por lo tanto, no puedan realizarse los cálculos previstos normativamente?

Sí. El hecho de que la persona trabajadora y su retribución sean identificables no puede ser excusa para limitar dicha información.

El art. 5.2 del RD 902/2020 señala que el registro debe afectar a «toda su plantilla» para después indicarse en su apartado segundo que deberán incluirse «(...) la media aritmética y la mediana de lo realmente percibido por cada uno de estos conceptos en cada grupo profesional, categoría profesional, nivel, puesto o cualquier otro sistema de clasificación aplicable».

La referencia normativa a «media» y «mediana» no indica la posibilidad de no hacer referencia a los datos de aquéllos puestos o categorías en los que sólo existan trabajadores de un mismo sexo o cuando el número de ellos sea tan bajo que no permita efectuar esa media o mediana aritmética, a pesar de que de ello pueda inferirse qué retribución concreta percibe el trabajador.

A nuestro entender: el registro debe afectar a «toda la plantilla de la empresa», sin perjuicio de que la previsión normativa especifique el modo en que han de recogerse los datos retributivos concretos mediante la inclusión de la media y la mediana aritmética, que efectivamente sólo puede concurrir cuando exista un determinado número de trabajadores o personas de distinto sexo sobre los que aplicar los datos desagregados. Es decir, sin perjuicio de establecer los métodos precisos para garantizar la confidencialidad, de la obligación de registro retributivo no se excluyen —de forma directa ni indirecta— los datos de aquéllos puestos en los que sólo existan personas de un mismo sexo o en un número tal que impida efectuar el cálculo de la media y la mediana.

2. La herramienta «IR!» permite introducir múltiple información de las personas trabajadoras, ¿a qué datos tendrá acceso la RLT? ¿Y si existe obligación de auditoría retributiva por contar con un plan de igualdad?

Con carácter general, la RLT tendrá acceso simplemente a hojas de resultados donde se muestran los cálculos que permiten observar las posibles desigualdades salariales y que configuran el registro retributivo como son: «importes efectivos promedios» [hoja 1.1.a)], «importes efectivos medianas» [hoja 1.2.a)], «importes equiparados promedios» [hoja 2.1.a)] y «importes equiparados medianas» [hoja 2.2.a)].

En caso de plan de igualdad/auditoría retributiva, también será obligatorio cubrir, y dar acceso a la RLT, a los datos relacionados con la evaluación de puestos de trabajo como son: «importes efectivos promedios» [hoja 1.1.b)], «importes efectivos medianas» [hoja 1.2.b)], «importes equiparados promedios» [hoja 2.1.b)] y «importes equiparados medianas» [hoja 2.2.b)].

6.3. Protección de datos y derecho al acceso a la información retributiva

La Ley Orgánica 3/2018 de Protección de Datos Personales y garantía de los derechos digitales, de conformidad con lo dispuesto en su art. 1, tiene por objeto adaptar el ordenamiento jurídico español al Reglamento (UE)

2016/679 del Parlamento Europeo y el Consejo, de 27 de abril de 2016, relativo a la protección de las personas físicas en lo que respecta al tratamiento de sus datos personales y a la libre circulación de estos datos, y completar sus disposiciones y garantizar los derechos digitales de la ciudadanía conforme al mandato establecido en el artículo 18.4 de la Constitución. La citada norma y sus previsiones se aplican a cualquier tratamiento total o parcialmente automatizado de datos personales, que la jurisprudencia constitucional no restringe a los atinentes a la vida privada o íntima de la persona, «(...) sino que los datos amparados son todos aquellos que identifiquen o permitan la identificación de la persona, pudiendo servir para la confección de su perfil ideológico, racial, sexual, económico o de cualquier otra índole, o que sirvan para cualquier otra utilidad que en determinadas circunstancias constituya una amenaza para el individuo» (STC, rec. 1463/2000, 30 de noviembre de 2022, ECLI:ES:TC:2000:292). Es evidente así, que la indicación de unos datos que desvelen el salario de un trabajador incide en la esfera económica de carácter privado de aquél y quedarían amparados por el derecho a la protección de datos que antes se ha descrito.

Ahora bien, su art. 8, sostiene que el tratamiento de datos personales solo podrá considerarse fundado en el cumplimiento de una obligación legal exigible al responsable, en los términos previstos en el artículo 6.1.c) del Reglamento (UE) 2016/679, cuando así lo prevea una norma de Derecho de la Unión Europea o una norma con rango de ley, que podrá determinar las condiciones generales del tratamiento y los tipos de datos objeto del mismo así como las cesiones que procedan como consecuencia del cumplimiento de la obligación legal. Dicha norma podrá igualmente imponer condiciones especiales al tratamiento, tales como la adopción de medidas adicionales de seguridad u otras establecidas en el capítulo IV del Reglamento (UE) 2016/679.

Es aquí donde entra en juego el **art. 28 del ET que institucionaliza el derecho de igual retribución por trabajo de igual valor, imponiendo en su apartado segundo la necesidad de que el empresario lleve a término un registro retributivo con los valores medios de los salarios, los complementos salariales y las percepciones extrasalariales de su plantilla, desagregados por sexo y distribuidos por grupos profesionales, categorías profesionales o puestos de trabajo iguales o de igual valor**. En desarrollo de dicho precepto, el RD 902/2020 prevé en su art. 5.1 que «(...) todas las empresas deben tener un registro retributivo de toda su plantilla, incluido el personal directivo y los altos cargos», añadiendo su apartado segundo que «el registro retributivo deberá incluir los valores medios de los salarios, los complementos salariales y las percepciones extrasalariales de la plantilla desagregados por sexo y distribuidos conforme a lo establecido en el artículo 28.2 del Estatuto de los Trabajadores. A tales efectos, deberán establecerse en el registro retributivo de cada empresa, convenientemente desglosadas por sexo, la media aritmética y la mediana de lo realmente percibido por cada uno de estos conceptos en cada grupo profesional, categoría profesional, nivel, puesto o cualquier otro sistema de clasificación aplicable. A su vez, esta información deberá estar desagregada en atención a la naturaleza de la retribución, incluyendo salario base, cada uno de los complementos y cada una de las percepciones extrasalariales, especificando de modo diferenciado cada percepción».

De todo lo anterior se infiere que el registro retributivo persigue una finalidad legítima, amparada en una previsión legal que justifica el tratamiento de los datos de tal carácter.

Atendiendo a las propias recomendaciones de la Agencia de Protección de Datos emitidas en la guía de protección de datos en las relaciones laborales, el empresario puede articular las medidas de protección precisas para salvaguardar los datos retributivos en los supuestos ya indicados. Es cierto que dicha guía no resulta vinculante para este tribunal, pero permite vislumbrar el criterio que la Agencia, en su posición de autoridad pública independiente garante de la privacidad protección de los datos de la ciudadanía, mantiene acerca de la cuestión que ahora nos ocupa (SAN n.º 69/2023, de 29 de mayo del 2023, ECLI:ES:AN:2023:2650). En la guía publicada, se constata que:

> «El registro de salario regulado en el art. 28.2 ET no tiene porqué implicar el tratamiento de datos, no obstante, el dato disociado podría convertirse en dato personal respecto de aquellas categorías o grupos profesionales con un reducido número de personas trabajadoras. Cuando ello sucediera:
> - El registro debería contar con las medidas de seguridad basadas en el análisis de riesgos conforme al RGPD.
> - El empleador debería informar a las personas trabajadoras del tratamiento de datos personales y de su finalidad.
> - Los representantes de las personas trabajadoras estarían obligados a respetar la confidencialidad acerca de esa información».

En esta misma línea, el considerando (44) de la Directiva 2023/970 de 10 de mayo expresa que «(...) **todo tratamiento o publicación de información con arreglo a la presente Directiva debe ajustarse a lo dispuesto en el Reglamento (UE) 2016/679 del Parlamento Europeo y del Consejo (14). A esas disposiciones deben añadirse garantías específicas para evitar la divulgación, directa o indirecta, de información sobre un trabajador identificable. No debe impedirse a los trabajadores revelar voluntariamente su retribución a efectos del cumplimiento del principio de igualdad de retribución**». Las medidas de garantía se refuerzan con las previsiones contenidas en su art. 12.3 que incluso afirma que «(...) los Estados miembros podrán decidir que, cuando la divulgación de información con arreglo a los artículos 7, 9 y 10 dé lugar a la divulgación, directa o indirecta, de la retribución de un trabajador identificable, solo tengan acceso a dicha información los representantes de los trabajadores, la inspección de trabajo o el organismo de fomento de la igualdad».

CUESTIÓN

1. ¿La empresa debe recabar una autorización de la persona trabajadora para la cesión de sus datos salariales a la RLT?

No. El tratamiento de estos datos viene impuesto por una disposición legal y no está sujeto a la necesidad de permiso por parte de la persona trabajadora.

7.
CONSECUENCIAS DEL INCUMPLIMIENTO DE LAS OBLIGACIONES EN MATERIA DE IGUALDAD Y TRANSPARENCIA RETRIBUTIVA

No cumplir con las obligaciones que en materia de igualdad establecidas en el Estatuto de los Trabajadores o convenio colectivo puede dar lugar a sanciones económicas con multas entre 626 euros y 6.250 euros en caso de considerarse grave o de entre 6.251 euros a 187.515 euros en caso de considerarse muy graves. Igualmente, la norma contempla la pérdida automática de ayudas, bonificaciones y, en general, de los beneficios derivados de la aplicación de los programas de empleo, con efectos desde la fecha en que se cometió la infracción y la exclusión automática del acceso a tales beneficios durante seis meses.

El control de aplicación y sanción en caso de incumplimientos de los planes de igualdad corresponde a la Inspección de Trabajo y Seguridad Social.

7.1. Infracciones y sanciones asociadas a los planes de igualdad

Teniendo presente la **posible existencia de sanciones derivadas de posibles conductas contrarias al principio de igualdad y no discriminación** [arts. 45 de la LOI y 4.2.c) del ET], tres son los supuestos de incumplimiento que se repiten en torno a los planes de igualdad:

a) La no adopción de un plan de igualdad (siendo obligatorio).

b) La adopción de un plan de igualdad irregular en su contenido o en relación a las partes negociadoras.

c) La no aplicación del plan de igualdad o la aplicación de sus medidas en términos distintos de los pactados (SAN n.º 94/2019, de 22 de julio, ECLI:ES:AN:2019:2940 y STSJ Galicia rec. 4352/2019, de 11 de noviembre, ECLI:ES:TSJGAL:2019:6109).

A TENER EN CUENTA. La principal regulación sancionadora la encontramos en el apdo. 13 del art. 7 de la LISOS y en el apdo. 17 del art. 8 de la LISOS. El apdo. 2 del artículo 46 bis de la LISOS regula la sustitución de sanciones por la elaboración y aplicación de un plan de igualdad en la empresa.

Algunos **pronunciamientos judiciales de interés**:

– **AAN, rec. 27/2016, de 8 de junio de 2017, ECLI:ES:AN:2017:648A**. Se impone un apremio pecuniario de 300 euros diarios desde el día siguiente a la notificación del Auto hasta que se cumplimente la medida quinta del plan de igualdad donde se había pactado que se realizará una comisión de seguimiento semestral en la que se detallarán los procesos de selección realizados durante ese tiempo y el porcentaje de cada género incorporado, con el objetivo de evaluar el cumplimiento de incorporación del sexo menos favorecido en cada área.

– **AAN n.º 52/2018, de 24 de julio, ECLI:ES:AN:2018:1532A**. Al auto de la AN de 24 de julio de 2018 declara que el plan de igualdad lo habían suscrito la empresa y los sindicatos, pero la empleadora incumplió el deber de aportar a la comisión cierta información, al omitir la comunicación de un listado, segregado por sexos, categorías y grupos profesionales, con las medidas acordadas en cada caso, y tampoco justificó este incumplimiento; esta conducta contumaz se sancionó con la obligación de abonar 300 euros diarios hasta el cumplimiento definitivo.

– **SAN n.º 159/2017, de 10 noviembre, ECLI:ES:AN:2017:4211**. En un proceso de conflicto colectivo se estima en parte la demanda formulada por la RLT, en relación con el derecho a obtener información sobre el cumplimento del plan de igualdad pactado. Declara el derecho del sindicato demandante a recibir la información solicitada relativa a la aplicación en la empresa del derecho de igualdad de trato y de oportunidades entre mujeres y hombres, establecidas en el plan de igualdad.

– **SJS - Toledo n.º 428/2018, de 21 de septiembre, ECLI:ES:J-SO:2018:5431**. Los hechos imputados, en síntesis, consisten en no haber procedido la mercantil, a pesar de elaborar en diciembre de 2011 un plan de igualdad, con una serie de objetivos para favorecer la incorporación de la mujer a la empresa, la promoción y formación de la misma, a realizar actuaciones tendentes a lograr dichos objetivos sin que, hasta septiembre de 2016, una vez iniciadas las actuaciones inspectoras. El Juzgado de lo Social sanciona a la empresa por incumplimiento del plan de igualdad durante cinco años. No se multa por el fracaso de los objetivos marcados, sino porque, a pesar de elaborar un plan de igualdad concreto en diciembre de 2011, no se han realizado las actuaciones previstas, existiendo una escasa presencia de la mujer en la empresa y especialmente en puestos de trabajo superiores o de más reconocimiento y de mayor salario.

- **SJS - Barcelona, rec. 38/2021, de 25 de abril de 2022, ECLI:ES:J-SO:2022:1814.** Se establece una sanción de 15.000 euros por una infracción muy grave (arts. 8 y 17 de la LISOS), impuesta en grado mínimo y cuantía media por aplicación del agravante previsto en el art. 39.2 de la LISOS, ante «(...) incumplimiento del artículo 4.2.c) ET, en relación con los artículos 45 y 46 de la Ley Orgánica 3/2007, para la igualdad efectiva de hombres y mujeres imputándole no elaborar o no aplicar el plan de igualdad e incumplir los términos del previsto así como el incumplimiento requerimiento de la IT dirigido a implementar medidas para incrementar la contratación femenina (...)».

- **SJS - Madrid n.º 108/2022, de 31 de marzo de 2022, ECLI:ES:J-SO:2022:44.** Se establece la existencia de discriminación salarial por razón de sexo, «(...) declarando la nulidad de tal comportamiento empresarial por discriminatorio y contrario al principio de igualdad; condenando a la empresa demandada a reconocer el derecho de la demandante a percibir un salario anual en la misma cuantía que su compañero de trabajo varón. Condenando a la demandada a estar y pasar por dicha declaración, así como a abonar a la actora la indemnización de 13.000 euros por el concepto de los daños morales sufridos por tal comportamiento empresarial».

Infracciones

Cuando la empresa venga obligada a elaborar un plan de igualdad, se incurre en dos posibles incumplimientos que terminarán en la imposición de sanciones siguiendo los criterios de graduación fijados en el art. 39 de la LISOS:

- **Infracción grave en materia de relaciones laborales individuales y colectivas**, al no cumplir las obligaciones que en materia de planes y medidas de igualdad establecen la Ley Orgánica 3/2007, de 22 de marzo, para la igualdad efectiva de mujeres y hombres, el Estatuto de los Trabajadores o el convenio colectivo que sea de aplicación (art. 7.13 de la LISOS).

- **Infracción muy grave en materia de relaciones laborales individuales y colectivas** (art. 8.17 de la LISOS), de considerarse que no se ha elaborado o no se aplica el plan de igualdad, o hacerlo incumpliendo manifiestamente los términos previstos, cuando la obligación de realizar dicho plan responda a lo establecido en el apartado 2 del artículo 46 bis de la LISOS (sustitución de sanciones por la elaboración y aplicación de un plan de igualdad en la empresa).

En paralelo existen otras sanciones también relacionadas con la igualdad:

- La LISOS tipifica como **infracción muy grave** (art. 8.13 y 8.13 bis de la LISOS) el acoso sexual, **por razón de sexo y el acoso por razón de origen racial o étnico, religión o convicciones, discapacidad, edad y orientación sexual.**

– La **existencia de discriminación** que pudiera derivar de la ausencia de estos documentos supondría **infracción muy grave en materia de relaciones laborales individuales y colectivas** (art. 8.12 de la LISOS):

> «Las decisiones unilaterales de la empresa que impliquen discriminaciones directas o indirectas desfavorables por razón de edad o discapacidad o favorables o adversas en materia de retribuciones, jornadas, formación, promoción y demás condiciones de trabajo, por circunstancias de sexo, origen, incluido el racial o étnico, estado civil, condición social, religión o convicciones, ideas políticas, orientación sexual, adhesión o no a sindicatos y a sus acuerdos, vínculos de parentesco con otros trabajadores en la empresa o lengua dentro del Estado español, así como las decisiones del empresario que supongan un trato desfavorable de los trabajadores como reacción ante una reclamación efectuada en la empresa o ante una acción administrativa o judicial destinada a exigir el cumplimiento del principio de igualdad de trato y no discriminación».

– El art. 71 de la Ley 9/2017, de 8 de noviembre, de Contratos del Sector Público, prohíbe contratar con la administración pública a empresas de 50 o más trabajadores que no cumplan con la obligación de contar con un plan de igualdad inscrito en el registro laboral correspondiente conforme a lo dispuesto en el artículo 45 de la Ley Orgánica 3/2007, de 22 de marzo.

CUESTIÓN

¿Existen sanciones específicas relacionadas con los posibles incumplimientos de las obligaciones relativas al registro retributivo?

Se considerará **infracción leve en materia de relaciones laborales individuales y colectivas** (art. 6.6 de la LISOS) no cumplir con las obligaciones meramente formales o documentales cuando no exista RLT. En caso de transgresión de los derechos de información, audiencia y consulta de los representantes de los trabajadores y de los delegados sindicales, en los términos en que legal o convencionalmente estuvieren establecidos, la **infracción pasaría a considerarse grave** (art. 7.7 de la LISOS).

La ausencia de registro retributivo o auditoría (cuando fuese obligatoria) se incardina dentro de las **infracciones graves en materia de relaciones laborales individuales y colectivas** (art. 7.13 de la LISOS).

Del mismo modo, la existencia de discriminación que pudiera derivas de la ausencia de estos documentos supondría **infracción muy grave en materia de relaciones laborales individuales y colectivas** (art. 8.12 de la LISOS).

Sanciones

Las infracciones en materia de relaciones laborales y empleo se sancionarán (art. 40 de la LISOS):

– Las **leves**, en su grado mínimo, con multas de 70 a 150 euros; en su grado medio, de 151 a 370 euros; y en su grado máximo, de 371 a 750 euros.

– Las **graves** con multa, en su grado mínimo, de 751 a 1.500 euros; en su grado medio de 1.501 a 3.750 euros; y en su grado máximo de 3.751 a 7.500 euros.

– Las **muy graves** con multa, en su grado mínimo, de 7.501 a 30.000 euros; en su grado medio de 30.001 a 120.005 euros; y en su grado máximo de 120.006 euros a 225.018 euros.

En otro contexto, la nueva **Ley de Contratos públicos** —vigente desde el pasado 9 de marzo de 2018— refuerza la obligación de elaborar un plan de igualdad entre sexos, al establecer que toda aquella corporación que no tengan un plan de igualdad de ser obligatorio, o que no lo cumpla, **no podrá contratar con entidades del sector público**.

Sanciones accesorias

El art. 46 bis de la LISOS, establece que los empresarios que hayan cometido las infracciones muy graves tipificadas en los apdos. 12, 13 y 13 bis) del art. 8 y en el art. 16.2 de la LISOS, serán sancionados —sin perjuicio de las sanciones económicas—, con las siguientes sanciones accesorias:

– Pérdida automática de las ayudas, bonificaciones y, en general, de los beneficios derivados de la aplicación de los programas de empleo, con efectos desde la fecha en que se cometió la infracción.

– Exclusión automática del acceso a tales beneficios durante seis meses.

No obstante, el citado art. 46 bis, en su apdo. 2, establece la **posibilidad de sustitución de las sanciones accesorias citadas por la elaboración y aplicación de un plan de igualdad en la empresa**:

– En el caso de las infracciones muy graves tipificadas en el apdo. 12 art. 8 y apdo. 2 art. 16 de la LISOS —referidas a los supuestos de discriminación directa o indirecta por razón de sexo—, las sanciones accesorias a las que se refiere el apartado anterior podrán ser sustituidas por la elaboración y aplicación de un plan de igualdad en la empresa, si así se determina por la autoridad laboral competente previa solicitud de la empresa e informe preceptivo de la Inspección de Trabajo y Seguridad Social, en los términos que se establezcan reglamentariamente, suspendiéndose el plazo de prescripción de dichas sanciones accesorias.

– En el supuesto de que no se elabore o no se aplique el plan de igualdad o se haga incumpliendo manifiestamente los términos establecidos en la resolución de la autoridad laboral, ésta, a propuesta de la Inspección de Trabajo y Seguridad Social, sin perjuicio de la imposición de la sanción que corresponda por la comisión de la infracción tipificada en el apartado 17 del artículo 8, dejará sin efecto la sustitución de las sanciones accesorias, que se aplicarán de la siguiente forma:

» La pérdida automática de las ayudas, bonificaciones y beneficios se aplicará con efectos desde la fecha en que se cometió la infracción.

» La exclusión del acceso a tales beneficios será durante seis meses a contar desde la fecha de la resolución de la autoridad laboral por la que se acuerda dejar sin efecto la suspensión y aplicar las sanciones accesorias.

La actividad inspectora en materia de igualdad y no discriminación por razón de sexo: Instrucción ITSS 3/2011

En paralelo a la actuación reactiva en caso de denuncias o solicitud de informes por las administraciones o juzgados, la Instrucción 3/2011, fija una serie de actuaciones de la inspección de trabajo en materia de igualdad centradas en:

– Obligaciones de la LOI (incluidas las relacionadas con los planes de igualdad).

– Discriminación en la relación laboral.

– Discriminación salarial.

– Prevención de riesgos laborales con un enfoque de género.

– Acoso sexual y por razón de sexo.

– Discriminación en la negociación colectiva.

– Discriminación en el acceso al empleo.

– Derechos sobre conciliación de la vida familiar y laboral.

– Medidas y planes de igualdad.

Siguiendo el Informe Anual de la Inspección de Trabajo y Seguridad Social, en los próximos años no solo se mantendrá la actividad programada, sino que también se incrementará el número de actuaciones selectivas con el fin de comprobar **la existencia de plan de igualdad en las empresas obligadas,** así como el cumpliendo con la obligación de análisis sobre la brecha salarial (registro retributivo y auditoría retributiva).

CUESTIÓN

¿A partir de cuándo es obligatorio contar con registro retributivo?

Todas las empresas conforme al artículo 28.2 del Estatuto de los Trabajadores, con independencia de su tamaño, están obligadas a elaborar un registro retributivo. Esta obligación existe desde el 08/03/2019, (fecha de entrada en vigor de las modificaciones realizadas por el Real Decreto-ley 6/2019, de 1 de marzo sobre el Estatuto de los Trabajadores. No obstante, desde el 14/04/2021 (seis meses desde la publicación del Real Decreto 902/2020, de 13 de octubre, de igualdad retributiva entre mujeres y hombres), el contenido debe coincidir con lo fijado por el art. 5 del Real Decreto 902/2020, de 13 de octubre.

7.2. Infracciones y sanciones por falta de valoración de puestos de trabajo

Las consecuencias del incumplimiento de las obligaciones empresariales en materia de igualdad retributiva por razón de sexo varían según si la empresa tiene o no un plan de igualdad. Las empresas sin plan de igualdad pueden ser sancionadas por discriminación salarial, mientras que las empresas con plan de igualdad pueden ser sancionadas por la falta de valoración de puestos de trabajo, además de las posibles sanciones por discriminación.

Cuando no exista obligación de valoración de puestos de trabajo

Las empresas que no tienen un plan de igualdad no están obligadas a realizar una valoración de puestos de trabajo, ya que esta forma parte de la auditoría retributiva, la cual es un componente del plan de igualdad.

Aunque no se les puede sancionar por la falta de valoración de puestos, sí pueden ser sancionadas si incurren en discriminación salarial por razón de sexo. Esto ocurre cuando se paga diferente retribución a empleados que realizan un trabajo de igual valor y la diferencia no puede explicarse por motivos distintos al sexo. En tal caso, la empresa incurriría en una infracción administrativa de carácter muy grave, conforme al artículo 8.12 de la Ley sobre Infracciones y Sanciones en el Orden Social (LISOS).

Las sanciones por infracciones muy graves pueden variar desde multas de 7.501 a 225.018 euros, dependiendo del grado de la infracción (mínimo, medio o máximo)

Además, la empresa podría ser condenada a pagar las diferencias retributivas que tengan un móvil discriminatorio.

Cuando exista obligación de valoración de puestos de trabajo

Las empresas que tienen un plan de igualdad están obligadas a realizar una valoración de puestos de trabajo, ya que este es un requisito previo para la auditoría retributiva, la cual forma parte del contenido mínimo del plan de igualdad.

La falta de valoración de puestos de trabajo en estas empresas supone una realización incorrecta de la auditoría salarial, lo que constituye una infracción administrativa de carácter grave, tipificada en el artículo 7.13 de la LISOS. Las sanciones por esta infracción pueden variar entre 751 y 7.500 euros, dependiendo del grado de la infracción (mínimo, medio o máximo).

7.3. Infracciones y sanciones por falta de registro retributivo

La falta de registro retributivo no solo implica sanciones económicas directas, sino que también puede facilitar la presentación de reclamaciones por discriminación salarial y trasladar la carga de la prueba al empleador en estos casos.

El incumplimiento del deber de registro salarial se considera una infracción administrativa de carácter grave, según el artículo 7.13 de la Ley sobre Infracciones y Sanciones en el Orden Social (LISOS). Esta infracción puede conllevar una sanción económica que oscila entre los 751 y los 7.500 euros

La ausencia de un registro retributivo puede ser utilizada como base para emprender acciones administrativas o judiciales, tanto individuales como colectivas, según el artículo 10.1 del Real Decreto 902/2020. Esto implica que los trabajadores o sus representantes pueden denunciar la falta de transparencia salarial ante las autoridades competentes.

En situaciones donde se alegue discriminación salarial por razón de sexo, la falta de transparencia en la política salarial de la empresa puede trasladar la carga de la prueba al empleador. Esto significa que la empresa deberá demostrar que su política salarial no es discriminatoria, una vez que los demandantes hayan presentado indicios suficientes de una posible discriminación, como establece la jurisprudencia del Tribunal de Justicia de la Unión Europea en el asunto Danfoss (STJCE 17-10-1989).

Si se constata una discriminación retributiva por razón de sexo y la empresa no puede justificar adecuadamente las diferencias salariales, los tribunales pueden estimar la existencia de dicha discriminación. En estos casos, las sanciones pueden ser más severas, incluyendo multas que pueden alcanzar hasta los 225.018 euros, dependiendo de la gravedad de la infracción.

7.4. Infracciones y sanciones por falta de auditoría salarial

La falta de auditoría salarial no solo implica sanciones económicas directas, sino que también puede facilitar la presentación de reclamaciones por discriminación salarial y trasladar la carga de la prueba al empleador en estos casos.

La falta de auditoría salarial se considera una infracción administrativa grave según el artículo 7.13 de la Ley sobre Infracciones y Sanciones en el Orden Social (LISOS). Esta infracción puede conllevar una sanción económica que oscila entre los 751 y los 7.500 euros.

Las empresas que están obligadas a elaborar un plan de igualdad deben incluir una auditoría retributiva en dicho plan, según el artículo 46.2.e) de la Ley Orgánica 3/2007, de 22 de marzo, para la igualdad efectiva de mujeres y hombres (LOI). La auditoría retributiva tiene como objetivo detectar posibles brechas salariales y establecer un plan de actuación para corregirlas.

La falta de auditoría salarial puede facilitar la existencia de discriminación retributiva por razón de sexo. En caso de que se constate dicha discriminación, las sanciones pueden ser más severas, incluyendo multas que pueden alcanzar hasta los 225.018 euros, dependiendo de la gravedad de la infracción.

7.5. Infracciones y sanciones por falta de información a los representantes de los trabajadores

La falta de información a los representantes de los trabajadores en relación con el registro y la auditoría retributiva constituye una infracción grave según el artículo 7.7 de la LISOS. Esta infracción puede acarrear sanciones económicas que oscilan entre los 626 y los 6.250 euros.

En particular, las infracciones graves en materia de derechos de información y consulta de los trabajadores incluyen, entre otras, la falta de facilitación de las informaciones necesarias para la adecuada constitución de la comisión negociadora y la transgresión de los derechos de reunión y consulta de los representantes de los trabajadores.

Es importante destacar que el incumplimiento de estas obligaciones no solo afecta a la transparencia y equidad en las relaciones laborales, sino que también puede derivar en sanciones adicionales y en la obligación de implementar medidas correctivas para subsanar las deficiencias detectadas.

8.
RECLAMACIONES DE LAS PERSONAS TRABAJADORAS ANTE DISCRIMINACIÓN SALARIAL

Las personas trabajadoras tienen a su disposición varios mecanismos para reclamar ante situaciones de discriminación salarial, desde la comunicación interna con la empresa hasta la vía judicial, pasando por la intervención de la Inspección de Trabajo y la representación legal de los trabajadores.

8.1. Reclamación interna

El primer paso recomendable es comunicar la situación a la empresa, preferiblemente por escrito, detallando las razones por las que se considera que existe discriminación salarial. Es importante conservar una copia de esta comunicación.

Todas las empresas con más de 50 trabajadores están obligadas a contar con **un canal interno de denuncias** desde el 1 de diciembre de 2023.

Actualmente, la Ley 2/2023, de 20 de febrero, reguladora de la protección de las personas que informen sobre infracciones normativas y de lucha contra la corrupción, aprobada en cumplimiento de la citada Directiva 2019/1937, regula el marco normativo-institucional con el que dar respuesta eficaz a la necesidad de protección de quienes informan sobre infracciones del ordenamiento jurídico que afectan o menoscaban el interés general. Mediante el canal de denuncias interno sería posible notificar delitos contra los derechos de los trabajadores.

Del mismo modo, las personas trabajadoras tienen **derecho a la indemnidad** frente a las consecuencias desfavorables que pudieran sufrir por la realización de cualquier actuación conducente al ejercicio de sus derechos de defensa. Dicha protección se extiende al cónyuge, pareja de hecho y parientes hasta el segundo grado de consanguinidad o afinidad, que presten servicios en la misma empresa, aun cuando éstos no hubieran realizado la actuación conducente al ejercicio de sus derechos (art. 12.3 y D.A. 13.ª de la Ley Orgánica 5/2024, de 11 de noviembre, del Derecho de Defensa).

8.2. Representación legal de los trabajadores

Las personas trabajadoras pueden acudir a los representantes legales de los trabajadores en la empresa (delegados de personal o comité de empresa) para que estos actúen en su nombre y presenten la reclamación correspondiente.

8.3. Inspección de Trabajo y Seguridad Social

También se puede presentar una denuncia ante la Inspección de Trabajo y Seguridad Social. Esta entidad tiene la competencia para investigar las denuncias de discriminación salarial y puede imponer sanciones a la empresa si se confirma la infracción.

En el ámbito laboral, la denuncia ante la ITSS es el único medio directo que tienen las personas trabajadoras para poner en conocimiento de la Inspección de Trabajo y de la Seguridad Social los hechos del empresario o sus representantes que puedan suponer infracciones de la normativa social.

El origen de la denuncia es confidencial, es decir, el inspector o cualquier otro funcionario de la Inspección de Trabajo y Seguridad Social, no puede revelar la identidad del denunciante al empresario inspeccionado (arts. 10 de la Ley 23/2015, de 21 de julio y 10 del Real Decreto 138/2000, de 4 de febrero).

En el escrito de denuncia ante la Inspección de Trabajo y Seguridad Social deben constar:

- Los **datos personales del denunciante**, datos que deben ser suficientes para identificarlo (nombre, DNI, domicilio, etc.). Por supuesto, debe ir firmado por el denunciante.

- Los **hechos que se denuncian**, así como el lugar y fecha en que ocurrieron, si son susceptibles de poder ser concretados de tal forma, además de cualquier otra circunstancia que se considere importante y de la fecha de la denuncia.

- **Identificación de los responsables de los supuestos hechos**. Debemos tener en cuenta que esta identificación ha de ser lo más concreta y precisa posible.

- **Medios de prueba**: para facilitar dentro de lo posible la función de la inspección, es importante suministrar todos los medios por los que consideremos que pueden comprobarse las presuntas infracciones, identificar las personas que pueden declarar sobre los hechos especificando la ubicación y la hora en la que pueden ser hallados en el centro de trabajo, señalar el lugar donde puedan hallarse documentos u otros medios de prueba acreditativos de los hechos etc.

– **Medidas cautelares**: la adopción de medidas preventivas para garantizar la efectividad de la inspección corresponde al inspector actuante, pero podemos proponerlas en el escrito de denuncia (por ejemplo, el requerimiento de paralización de trabajos en materia de prevención de riesgos laborales).

A TENER EN CUENTA. La denuncia tiene que cumplir tres requisitos básicos:

1. Se tiene que presentar por escrito.

2. Se tiene que identificar la persona denunciante (en ningún caso se presentará anónimamente).

3. Se tiene que presentar de forma presencial (no se admitirán denuncias enviadas por correo electrónico).

La Ley 23/2015, de 21 de julio, Ordenadora del Sistema de Inspección de Trabajo y Seguridad Social (LITSS) no establece requisitos formales para la formulación de denuncias, tan solo especifica que no se tramitarán:

– Las denuncias anónimas.

– Las que resulten ininteligibles.

– Las manifiestamente infundadas.

– Las que denuncie asuntos que no sean competencia de la ITSS.

– Las que coincidan con asuntos cuyo conocimiento este sometido a un órgano judicial.

El denunciante no tiene la condición de interesado en la fase de investigación de los hechos que realizan los funcionarios de la ITSS, si bien tendrá derecho a ser informado del estado de tramitación de su denuncia, así como de los hechos que se hayan constatado y de las medidas adoptadas al respecto únicamente cuando el resultado de la investigación afecte a sus derechos individuales o colectivos reconocidos por la normativa correspondiente al ámbito de la función inspectora.

No obstante, de extenderse un acta de infracción e iniciarse el subsiguiente procedimiento sancionador, sí podrá tener la condición de interesado según lo establecido en el art. 4 de la Ley 39/2015, de 1 de octubre. En el mismo supuesto se reconoce expresamente la condición de interesados en el procedimiento a los representantes de las organizaciones sindicales o representantes de los trabajadores, en su condición de titulares de los intereses legítimos que derivan de su representación.

CUESTIONES

1. ¿Qué es el buzón de fraude laboral de la Inspección de Trabajo y Seguridad Social?

Es una página web de denuncia anónima habilitada por el Ministerio de Trabajo y Economía Social, a través del Organismo Estatal de la Inspección de Trabajo y Seguridad Social, en la que cualquier persona puede comunicar cualquier incumplimiento de la normativa laboral, incluidos supuestos de discriminación, acoso, irregularidades en materia de seguridad social o de prevención de riesgos laborales, contratos temporales irregulares, trabajo incompatible con la prestación de desempleo, incapacidad temporal, jubilación, etc. No obstante, ha de tenerse en cuenta que las denuncias por este método no garantizan la actuación de la ITSS, al no tratarse de una denuncia formal la inspección no está obligada a actuar.

2. ¿Cómo actúa la inspección de trabajo ante una denuncia formal?

Por lo general el inspector de trabajo se presenta en las oficinas de la empresa, sin aviso previo, y solicita una serie de documentos (registro horario, nóminas, autorizaciones de trabajo, etc.).

En el caso de que durante el procedimiento se detecten irregularidades, en función del caso, la empresa podrá ser sancionada o advertida.

8.4. Vía judicial

Si la reclamación interna y la intervención de la Inspección de Trabajo no resuelven la situación, la persona trabajadora puede presentar una demanda ante los Juzgados de lo Social. En este caso, es recomendable contar con el asesoramiento de un abogado especializado en derecho laboral.

En este sentido encontramos distintas posibilidades en función del origen de la discriminación:

8.4.1. Impugnación de los convenios colectivos por discriminación salarial

La impugnación de los convenios colectivos viene desarrollada en los artículos 163-166 de la Ley Reguladora de la Jurisdicción Social.

Al amparo de lo establecido en el art. 163 de la LRJS, el motivo de **impugnación de un convenio colectivo de los regulados en el Título III del Estatuto de los Trabajadores (estatutario), o de los laudos arbitrales sustitutivos de estos, se circunscribe a la acusación de presunta vulneración de la legalidad vigente o por grave lesión del interés de terceros**. Como analizaremos, por tanto, las principales causas por las que se puede impugnar un convenio colectivo son su **ilegalidad** (ej.: ausencia de exigencias formales del convenio colectivo para su consideración como estatutario, por falta de legitimación de las partes negociadoras o exclusión de algún sujeto legitimado para negociar) o su **lesividad** frente a terceros (cuando algún sujeto no participante en la negociación del convenio considere que este resulta perjudicial para sus intereses).

Las reglas sobre **legitimación** contenidas en el art. 165.1 de la LRJS deben entenderse como específicas y diferentes de las establecidas en el art. 154 de la LRJS para el proceso de conflictos colectivos. Esto ocurre porque por aplicación del principio de especialidad aquellas deben prevalecer sobre éstas, al ser evidente que el legislador ha querido, con decidida voluntad, establecer y ordenar ese tratamiento dispar.

- Si la impugnación se fundamenta en la **ilegalidad,** a los órganos de representación legal o sindical de los trabajadores, sindicatos y asociaciones empresariales interesadas (art. 17.2 y 163.1 de la LRJS y Ley 19/1977, de 1 de abril), así como al Ministerio Fiscal, a la Administración General del Estado y a la Administración de las Comunidades Autónomas su respectivo ámbito. A los efectos de impugnar las cláusulas que pudieran contener discriminaciones directas o indirectas por razón de sexo, están también legitimados el Instituto de la Mujer y los organismos correspondientes de las Comunidades Autónomas [art. 165.1.a) de la LRJS]. La ley no confiere legitimación al empresario para impugnar directamente la legalidad de un convenio colectivo por el trámite del proceso de conflictos colectivos, sin embargo, si se la otorga para instar de la autoridad laboral que curse al juzgado la correspondiente comunicación de oficio (art. 163.2 de la LRJS). (STS n.º 288/2022, de 31 de marzo de 2022,ECLI:ES:TS:2022:1341).

- Si el motivo de la impugnación fuera la **lesividad** [art. 165.1.b) de la LRJS], a los terceros cuyo interés haya resultado gravemente lesionado. No se tendrá por terceros a los trabajadores y empresarios incluidos en el ámbito de aplicación del convenio. El concepto de terceros ha de entenderse referido a quienes sean externos a la unidad de negociación, tal y como afirma la jurisprudencia. (STS, rec. 742/2013, de 11 de febrero de 2014, ECLI:ES:TS:2014:1134).

- El **Ministerio Fiscal** asume necesariamente la condición de parte, tanto en los procedimientos iniciados de oficio (art. 164.6 de la LRJS), como en los incoados directamente por los particulares legitimados (art. 165.4 de la LRJS).

Existen en estos procedimientos una serie de especialidades procesales que son comunes a todos ellos, ya se trate de la vía de oficio o de la vía directa por la que se plantee la impugnación del convenio. Estas especialidades son las siguientes:

- Son procesos **exentos de conciliación o mediación previa** (art. 64.1 de la LRJS).

- En cuanto a los **plazos,** no existe a lo largo del ordenamiento laboral un plazo que regule esta materia. Cabe observar que el art. 90.3 del ET solo hace mención al plazo de 20 días que tiene la autoridad laboral para proceder a la publicación del convenio, una vez firmado por las partes, en el Boletín Oficial que corresponda. De dicho precepto, ni de ningún otro, se establece en qué plazo la Autoridad Laboral deberá instar la demanda de oficio, ni tampoco se regulan los posibles efectos que podría haber en caso de que la misma sobrepase los 20 días que tienen para remitir el convenio para su publicación. Por otra parte, tampoco existe un plazo determinado en caso de que estemos ante una demanda interpuesta de parte por ilegalidad de contenido o lesividad a terceros. Lo único que ha tenerse en cuenta, según la jurisprudencia en estos casos, es que el convenio en cuestión esté en vigor en el momento de interposición de la acción (STS, rec. 95/2005, de 5 julio 2006, ECLI:ES:TS:2006:5320; entre otras). Por otro lado, la autoridad laboral debe proceder inevitablemente a efectuar el control de legalidad del convenio y, si estimase que algún convenio conculca la legalidad vigente, o lesiona gravemente el interés de terceros, se dirigirá de oficio a la jurisdicción competente (SAN, rec. 169/2021, de 13 de octubre de 2021, ECLI:ES:AN:2021:4115).

– Los días del mes de agosto y los días que median entre el 24 de diciembre y el 6 de enero del año siguiente, ambos inclusive, serán **hábiles**, tal y como dispone el art. 43.4 de la LRJS.

– No pueden acumularse las demandas de impugnación del convenio colectivo a ninguna otra (art. 26.1 de la LRJS).

– En relación con la **demanda**, la misma contendrá, además de los requisitos generales, los particulares que para la comunicación de oficio se prevén en el art. 164 de la LRJS, debiendo, asimismo, acompañarse el convenio y sus copias (art. 165.3 de la LRJS).

– Aparte de los **requisitos** generales del art. 80 de la LRJS, la demanda ha de reunir además los establecidos en el art. 164 de la LRJS relacionado con la **comunicación de oficio**, esto es (STS n.º 41/2023, de 18 de enero de 2023, ECLI:ES:TS:2023:85).

– Tanto en el supuesto de ilegalidad como en el de lesividad, el LAJ advertirá a la autoridad remitente de los defectos u omisiones que pudiera contener la comunicación, a fin de que se subsanen en el plazo de **diez días**.

– Una vez admitida a trámite la comunicación de oficio o la demanda, el LAJ competente señalará el día para el juicio, citando al Ministerio Fiscal y a las representaciones integrantes de la comisión negociadora. Deberá también citarse, en su caso, a los terceros reclamantes y a los eventuales denunciantes de la ilegalidad o lesividad del convenio.

– En aquellos procedimientos incoados de oficio, cuando no hubiese demandantes, se ha de citar al Abogado del Estado (art. 162.5 de la LGSS), al cual corresponde la representación de la Administración.

– En su comparecencia a juicio, dichas partes alegarán en primer término la postura procesal que adopten, de conformidad u oposición, respecto de la pretensión interpuesta.

– La sentencia será inmediatamente **ejecutiva**, sin perjuicio del recurso que contra la misma se pudiese interponer (art. 303 de la LRJS), además, se dictará dentro de los tres días siguientes y se comunicará a la autoridad laboral. Por otro lado, cuando la sentencia sea anulatoria, en todo o en parte, del convenio colectivo impugnado y éste hubiera sido publicado, también se publicará en el Boletín Oficial en que aquél se hubiere insertado, y además habrá de inscribirse en los correspondientes registros de convenios y acuerdos colectivos de trabajo, según se establece en el art. 2.3 del Real Decreto 713/2010, de 28 de mayo.

– Una vez que adquiera firmeza, la sentencia produce efectos de **cosa juzgada** sobre los procesos individuales pendientes de resolución o que puedan plantearse en todos los ámbitos de la jurisdicción sobre los preceptos convalidados, anulados o interpretados objeto del proceso (art. 166.2 de la LRJS).

8.4.2. Conflicto colectivo por discriminación salarial

Los procesos de conflictos colectivos aparecen regulados en los arts. 153-162 de la LRJS. Se tramitarán a través de este proceso las demandas que afecten a intereses generales de un grupo genérico de trabajadores o a un colectivo genérico susceptible de determinación individual y que versen sobre la **aplicación e interpretación de una norma estatal, convenio colectivo,** cualquiera que sea su eficacia, **pactos o acuerdos de empresa,** o de una **decisión empresarial de carácter colectivo,** incluidas las que regulan el apartado 2 art. 40-41 del ET, y las suspensiones y reducciones de jornada previstas en el art. 47 del Estatuto de los Trabajadores, que afecten a un número de trabajadores igual o superior a los umbrales previstos en el apartado 1 del art. 51 del Estatuto de los Trabajadores, o de una **práctica de empresa** y de los **acuerdos de interés profesional de los trabajadores autónomos económicamente dependientes,** así como la impugnación directa de los **convenios o pactos colectivos no comprendidos en el art. 163 de la LRJS.**

En este sentido el art. 153.1 de la LRJS, dispone:

> «Se tramitarán a través del presente proceso las demandas que afecten a intereses generales de un grupo genérico de trabajadores o a un colectivo genérico susceptible de determinación individual y que versen sobre la aplicación e interpretación de una norma estatal, convenio colectivo, cualquiera que sea su eficacia, pactos o acuerdos de empresa, o de una decisión empresarial de carácter colectivo, incluidas las que regulan el apartado 2 del artículo 40, el apartado 2 del artículo 41, y las suspensiones y reducciones de jornada previstas en el artículo 47 del Estatuto de los Trabajadores que afecten a un número de trabajadores igual o superior a los umbrales previstos en el apartado 1 del artículo 51 del Estatuto de los Trabajadores, o de una práctica de empresa y de los acuerdos de interés profesional de los trabajadores autónomos económicamente dependientes, así como la impugnación directa de los convenios o pactos colectivos no comprendidos en el artículo 163 de esta Ley. Las decisiones empresariales de despidos colectivos se tramitarán de conformidad con lo previsto en el artículo 124 de esta Ley».

Asimismo, se tramitará conforme a este proceso la impugnación de las decisiones de la empresa de atribuir carácter reservado o de no comunicar determinadas informaciones a los representantes de los trabajadores, así como los litigios relativos al cumplimiento por los representantes de los trabajadores y los expertos que les asistan de su obligación de sigilo.

El art. 153 de la LRJS, ha regulado de modo preciso y sistemático qué demandas deberán tramitarse por el procedimiento de conflicto colectivo, de modo que el conflicto deberá afectar en todo caso a intereses generales de un grupo genérico de trabajadores o a un colectivo genérico susceptible de determinación individual, por lo que ha asumido los criterios o reglas fuerza de la jurisprudencia (STS, rec. 44/2013, de 23 de diciembre de 2013, ECLI:ES:TS:2013:6666), que ha establecido los requisitos siguientes:

1. Uno **subjetivo**, integrado por la referencia a la afectación de un grupo genérico de trabajadores, «entendiendo por tal no la mera pluralidad, suma o agregado de trabajadores singularmente considerados, sino un conjunto estructurado a partir de un elemento de homogeneidad».

2. Otro **objetivo**, consistente en la presencia de un interés general, que es el que se actúa a través del conflicto y que se define como «un interés indivisible correspondiente al grupo en su conjunto y, por tanto, no susceptible de fraccionamiento entre sus miembros».

Se **excluyen** (de forma no exhaustiva):

- Los conflictos colectivos de intereses, cuyo objetivo es alcanzar una nueva regulación o novar la existente (STS, rec. 182/2010, de 2 de junio de 2011, ECLI:ES:TS:2011:4699).

- Los conflictos individuales (STS, rec. 182/2010, de 2 de junio de 2011, ECLI:ES:TS:2011:4699) o plurales (STS, rec. 42/2011, de 31 de enero de 2012, ECLI:ES:TS:2012:967 y STS, rec. 53/2011, de 20 de marzo de 2012, ECLI:ES:TS:2012:2288) que no afectan a un colectivo genérico de trabajadores. (STS, rec. 234/2011, de 16 de octubre de 2012, ECLI:ES:TS:2012:6860).

- Las decisiones empresariales de despidos colectivos por causas económicas, organizativas, técnicas o de producción o derivadas de fuerza mayor, que se tramitarán de conformidad con lo previsto en el art. 124 de la LRJS.

El hecho de que un litigio tenga por objeto un interés individualizable, que se concrete o pueda concretarse en un derecho de titularidad individual, no hace inadecuado el procedimiento especial de conflicto colectivo, siempre que **el origen de la controversia sea la interpretación o aplicación de una regulación jurídicamente vinculante que afecte de manera homogénea e indiferenciada a un grupo de trabajadores**. Ello es así porque, al igual que en los conflictos individuales puede haber un momento colectivo que se identifica con la interpretación de una regla general, en los conflictos colectivos divisibles hay también un momento individual o plural en la medida en que la interpretación general ha de afectar necesariamente a los trabajadores incluidos en el ámbito de aplicación del conflicto, como, por otra, muestra claramente el art. 158.3 de la LRJS, añadiendo que «el problema no consiste tanto en esa potencial afectación plural que puede derivarse de una sentencia colectiva, sino en la dimensión en que ha de plantearse la controversia, que no puede consistir en la solicitud del reconocimiento de una situación individualizada de uno o varios trabajadores, sino en una declaración general que se corresponda con el propio carácter genérico del grupo de los trabajadores incluidos en el conflicto».

Estarán **legitimados** para promover procesos sobre conflictos colectivos: a) Los sindicatos cuyo ámbito de actuación se corresponda o sea más amplio que el del conflicto; b) Las asociaciones empresariales cuyo ámbito de actuación se corresponda o sea más amplio que el del conflicto, siempre que se trate de conflictos de ámbito superior a la empresa; c) Los empresarios y los órganos de representación legal o sindical de los trabajadores, cuando se trate de conflictos de empresa o de ámbito inferior; d) Las Administraciones públicas empleadoras incluidas en el ámbito del conflicto y los órganos de representación del personal laboral al servicio de las anteriores; e) Las asociaciones representativas de los trabajadores autónomos económicamente dependientes y los sindicatos representativos de estos, para el ejercicio de las acciones colectivas relativas a su régimen profesional.

Los arts. 153-162 de la LRJS regulan las especialidades del proceso de conflictos colectivos.

Requisito de conciliación previa.

Se trata de un **requisito necesario para la incoación del proceso** el haber planteado ante el servicio administrativo correspondiente o ante el órgano que asuma estas funciones, tal y como dispone el art. 156 de la LRJS. Continúa diciendo dicho precepto que lo que se acuerde en conciliación o mediación tendrá, según su naturaleza, la misma eficacia atribuida a los convenios colectivos por el art. 82 del Estatuto de los Trabajadores, siempre que las partes que concilien ostenten la legitimación y adopten el acuerdo conforme a los requisitos exigidos por las citadas normas. En tal caso se enviará copia de la misma a la autoridad laboral. En el caso de los trabajadores autónomos económicamente dependientes, el acuerdo alcanzado tendrá la eficacia correspondiente a los acuerdos de interés profesional regulados en el art. 13 de la Ley 20/2007, de 11 de julio.

Inicio del proceso de conflictos colectivos.

Este proceso deberá plantearse, según el ámbito, ante el correspondiente juzgado o tribunal, esto es, las **Salas de lo Social de los TSJ o de la Audiencia Nacional**, iniciándose mediante **demanda** dirigida directamente al juzgado o tribunal competente por los sujetos legitimados y previo intento de conciliación. En este sentido los requisitos de la demanda, aparte de los contenidos en el art. 80 de la LRJS, son los siguientes, tal y como dispone el art. 157.2 de la LRJS:

- La designación general de los trabajadores y empresas afectados por el conflicto y, cuando se formulen pretensiones de condena que, aunque referidas a un colectivo genérico, sean susceptibles de determinación individual ulterior sin necesidad de nuevo litigio, habrán de consignarse los datos, características y requisitos precisos para una posterior individualización de los afectados por el objeto del conflicto y el cumplimiento de la sentencia respecto de ellas.

- La designación concreta del demandado o demandados, con expresión del empresario, asociación empresarial, sindicato o representación unitaria a quienes afecten las pretensiones ejercitadas.

- Una referencia sucinta a los fundamentos jurídicos de la pretensión formulada.

– Las pretensiones interpretativas, declarativas, de condena o de otra naturaleza concretamente ejercitadas según el objeto del conflicto.

En segundo lugar, el procedimiento puede comenzar mediante **comunicación** de la autoridad laboral dirigida al juzgado o tribunal que tenga atribuida la competencia para conocer del asunto de que se trate. Cuando los conflictos afectan a más de una CCAA, el órgano competente será la Dirección General de Trabajo.

Dispone además el art. 158 de la LRJS, que «(...) en dicha comunicación se contendrán idénticos requisitos a los exigidos para la demanda en el artículo anterior. El secretario judicial (actualmente LAJ) advertirá a la autoridad laboral de los defectos u omisiones que pudiera contener la comunicación, a fin de que se subsanen en el plazo de **diez días**».

Tramitación

En cuanto a su **tramitación**, dispone el art. 159 de la LRJS, que «este proceso tendrá carácter urgente». La **preferencia** en el despacho de estos asuntos será absoluta sobre cualesquiera otros, salvo los de tutela de los derechos fundamentales y libertades públicas.

Particularidades propias de la sentencia

En relación con las particularidades propias de la **sentencia** cabe mencionar las siguientes:

– Debe notificarse, en su caso, a la autoridad laboral competente (art. 160.2 de la LRJS).

– Es una sentencia **ejecutiva**, desde el momento en que se dicte, no obstante, el recurso que contra la misma pueda interponerse, y según la naturaleza de la pretensión deducida (art. 303.1 de la LRJS). Dicho recurso ha de ser o bien el de suplicación o bien el de casación.

– El art. 160.3 de la LRJS, dispone que «(...) de ser estimatoria de una pretensión de condena susceptible de ejecución individual, deberá contener, en su caso, la concreción de los datos, características y requisitos precisos para una posterior individualización de los afectados por el objeto del conflicto y beneficiados por la condena y especificar la repercusión directa sobre los mismos del pronunciamiento dictado. Asimismo, deberá contener, en su caso, la declaración de que la condena ha de surtir efectos procesales no limitados a quienes hayan sido partes en el proceso correspondiente».

– La sentencia firme producirá efectos de cosa juzgada sobre los procesos individuales pendientes de resolución o que puedan plantearse, que versen sobre idéntico objeto o en relación de directa conexidad con aquél, tanto en el orden social como en el contencioso-administrativo, que quedarán en suspenso durante la tramitación del conflicto colectivo. La suspensión se acordará, aunque hubiere recaído sentencia de instancia y estuviere pendiente el recurso de suplicación y de casación, vinculando al tribunal correspondiente la sentencia firme recaída en el proceso de conflicto colectivo, incluso aunque en el recurso de casación unificadora no se hubiere invocado aquélla como sentencia contradictoria. (STS, rec. 2019/2008, de 5 de mayo de 2009, ECLI:ES:TS:2009:3399; STS, rec. 5481/2005, de 31 de enero de 2007, ECLI:ES:TS:2007:887).

– El efecto normativo de la sentencia firme de conflicto colectivo no impide, sin embargo, que se dicte sentencia en los procesos individuales pendientes, sino que solamente obliga a que la decisión que se adopte en los mismos «siga y aplique los mandatos establecidos por la sentencia firme anterior». Se produce de esta manera lo que se denomina «efecto positivo» o «prejudicial» de la cosa juzgada, que suspende el trámite de los procesos individuales sobre idéntico objeto hasta que adquiera firmeza la sentencia colectiva, pero no el «efecto negativo» o «preclusivo» de la cosa juzgada, el cual impide que los tribunales se pronuncien de nuevo sobre un asunto ya resuelto por una sentencia firme anterior.

– La sentencia que se dicta en el proceso de conflicto colectivo define el sentido en que se ha de interpretar la norma discutida o el modo en que ésta ha de ser aplicada. (STS, rec. 4755/2004, de 5 de diciembre de 2005, ECLI:ES:TS:2005:7543, STS, rec. 3637/2010, de 5 de octubre de 2011, ECLI:ES:TS:2011:7961, STS, rec. 4265/2011, de 14 de junio de 2012, ECLI:ES:TS:2012:4701; STS, rec. 2176/2011, de 11 de julio de 2012, ECLI:ES:TS:2012:5627).

8.4.3. Tutela de derechos fundamentales ante discriminación salarial

Al amparo del art. 177 y ss. de la LRJS, cualquier persona trabajadora o sindicato que considere lesionados sus derechos a: libertad sindical; huelga; otros derechos fundamentales y libertades públicas; tratamiento discriminatorio; y acoso, podrá recabar su tutela a través de este procedimiento cuando la pretensión se suscite en el ámbito de las relaciones jurídicas atribuidas al conocimiento del orden jurisdiccional social.

El objeto de este proceso es el **conocimiento por parte de los** órganos **judiciales de la jurisdicción social de toda lesión actual de los derechos de libertad sindical, huelga u otros derechos fundamentales y libertades públicas, incluida la prohibición del tratamiento discriminatorio y el acoso en el** ámbito **del orden jurisdiccional social** (arts. 2 y 3 de la LRJS).

Legitimación

De acuerdo con el art 177.1 de la LRJS, «Cualquier trabajador o sindicato que, invocando un derecho o **interés legítimo,** considere lesionados los derechos de libertad sindical, huelga u otros derechos fundamentales y libertades públicas, incluida la prohibición de tratamiento discriminatorio y del acoso, podrá recabar su tutela a través de este procedimiento cuando la pretensión se suscite en el ámbito de las relaciones jurídicas atribuidas al conocimiento del orden jurisdiccional social o en conexión directa con las mismas, incluidas las que se formulen contra terceros vinculados al empresario por cualquier título, cuando la vulneración alegada tenga conexión directa con la prestación de servicios».

En todo caso, cuando corresponda al trabajador, como sujeto lesionado, la legitimación activa como parte principal, podrán personarse también como coadyuvantes el sindicato al que éste pertenezca, cualquier otro sindicato que ostente la condición de más representativo, así como, en supuestos de discriminación, las entidades públicas o privadas entre cuyos fines se encuentre la promoción y defensa de los intereses legítimos afectados, si bien no podrán personarse, recurrir ni continuar el proceso contra la voluntad del trabajador perjudicado.

CUESTIÓN

¿Cuándo existe un interés legítimo para demandar mediante el procedimiento de tutela de los derechos fundamentales y libertades públicas en el orden social?

«Tanto la jurisprudencia constitucional como la jurisprudencia de esta Sala del Tribunal Supremo han establecido que el "interés legítimo" al que se refieren el art. 24 de la Constitución y el art. 17.1. de la LRJS como fundamento o soporte del derecho de accionar ante los tribunales de justicia, y específicamente ante los tribunales de la jurisdicción social, debe ser un "interés actual", es decir, un interés que tiene por objeto una "utilidad o efecto práctico de la pretensión" de carácter "inmediato" (STC 71/1991 de 8 de abril), sin que sea suficiente un mero "interés preventivo o cautelar" (STS 8 de octubre de 1991, 27 de marzo de 1992 y 20 de junio de 1992). Esta precisión del "interés legítimo" tiene su razón de ser en que la función de los órganos jurisdiccionales es la de resolver litigios, y no la de disipar dudas o evacuar consultas» (STS, rec. 151/1999, de 3 de marzo de 2000, ECLI:ES:TS:2000:1712).

Por otra parte, dispone el apartado cuarto del art. 177 de la LRJS, que «La víctima del acoso o de la lesión de derechos fundamentales y libertades públicas con motivo u ocasión de las relaciones jurídicas atribuidas al conocimiento del orden jurisdiccional social o en conexión directa con las mismas, podrá dirigir pretensiones, tanto contra el empresario como contra cualquier otro sujeto que resulte responsable, con independencia del tipo de vínculo que le una al empresario».

En estos casos, además, la víctima es la única parte legitimada activamente, excluyéndose la intervención de posibles coadyuvantes. Debe elegir además la clase de tutela que pretende dentro de las previstas en la Ley, sin que deba ser demandado necesariamente con el empresario el posible causante directo de la lesión, salvo cuando la víctima pretenda la condena de este último o pudiera resultar directamente afectado por la resolución que se dictare.

En relación con la legitimación pasiva, la misma corresponde a los causantes de la lesión impugnada que la ley identifica en los términos generales y amplios, esto es, empleador, asociación patronal, Admón. Pública o cualquier otra persona, entidad o corporación pública o privada, incluidos los propios sindicatos.

El Ministerio Fiscal será siempre parte en estos procesos en defensa de los derechos fundamentales y de las libertades públicas, velando especialmente por la integridad de la reparación de las víctimas e interesando la adopción, en su caso, de las medidas necesarias para la depuración de las conductas delictivas (art. 177.3 de la LRJS).

Órgano competente

Estos procedimientos se tramitarán conforme a las reglas de competencia que se establecen en los arts. 6-8 de la LRJS, ante el Juzgado de lo Social en cuya circunscripción se haya producido el acto lesivo alegado. (arts. 67 y 75 de la LOPJ).

Cuando los efectos de la lesión excedan de la circunscripción de un Juzgado de lo Social, el órgano competente es la correspondiente Sala de lo Social del TSJ de la respectiva CC. AA., o la Audiencia Nacional cuando se exceda de dicho ámbito.

Tramitación

El plazo para interponer la acción coincide con el del acto sobre el que se concreta la lesión del derecho fundamental (art 179.2 de la LRJS).

En relación con la demanda, **estos procesos se excluyen de conciliación, mediación o reclamación administrativa previa** (art. 64.1 de la LRJS y art. 70.1 de la LRJS) **y de la posibilidad de acumulación con otras acciones** (arts. 26.1y 178.1 de la LRJS), la demanda no está sometida a un plazo especial de prescripción o de caducidad, sino que debe interponerse en los plazos legalmente previstos para ejercitar acciones derivadas de las conductas o actos en que se concrete la correspondiente lesión que se impugne (art. 179.2 de la LRJS).

Dispone además el apartado tercero del art. 179 de LRJS, que «La demanda, además de los requisitos generales establecidos en la presente Ley, deberá expresar con claridad los hechos constitutivos de la vulneración, el derecho o libertad infringidos y la cuantía de la indemnización pretendida, en su caso, con la adecuada especificación de los diversos daños y perjuicios, a los efectos de lo dispuesto en los artículos 182 y 183, y que, salvo en el caso de los daños morales unidos a la vulneración del derecho fundamental cuando resulte difícil su estimación detallada, deberá establecer las circunstancias relevantes para la determinación de la indemnización solicitada, incluyendo la gravedad, duración y consecuencias del daño, o las bases de cálculo de los perjuicios estimados para el trabajador».

Una vez que se inicia, el proceso tiene carácter urgente a todos los efectos y goza de preferencia en su tramitación, tanto en la instancia como en la fase de recurso respecto de todos los que se sigan ante el Juzgado o Tribunal (art. 179.1 de la LRJS), computándose como hábiles los días del mes de agosto, tal y como dispone el art. 43.4 de la LRJS.

Excepciones a la no acumulación con acciones de otra naturaleza. Demandas de ejercicio necesario a través de la modalidad procesal correspondiente

A pesar de que el art. 178 de la LRJS impide la posibilidad de acumulación (de acciones otra naturaleza o con idéntica pretensión) basada en fundamentos diversos a la tutela de los derechos fundamentales y libertades públicas, al amparo del art. 184 de la LRJS, las pretensiones de tutela de derechos fundamentales y libertades públicas podrán acumularse con arreglo a la modalidad procesal correspondiente a cada una de ellas.

Medidas cautelares

El art. 180 de la LRJS, establece la posibilidad de que en el mismo escrito de demanda, el actor pueda solicitar la suspensión de los efectos del acto impugnado. Se trata de una medida cautelar adoptada con carácter previo al acto del juicio que tiene la finalidad de evitar en la medida de lo posible la producción de daños inevitables.

Estas medidas tienen un carácter excepcional y no pueden adoptarse en cualquier proceso en el que se alegue una presunta violación de derechos fundamentales, en este sentido dispone el apartado segundo del mencionado precepto lo siguiente:

> «2. El juez o tribunal podrá acordar la suspensión de los efectos del acto impugnado cuando su ejecución produzca al demandante perjuicios que pudieran hacer perder a la pretensión de tutela su finalidad, siempre y cuando la suspensión no ocasione perturbación grave y desproporcionada a otros derechos y libertades o intereses superiores constitucionalmente protegidos.
>
> No obstante lo anterior, en el caso de que se invoque vulneración de la libertad sindical, sólo se podrá deducir la suspensión de los efectos del acto impugnado cuando las presuntas lesiones impidan la participación de candidatos en el proceso electoral o el ejercicio de la función representativa o sindical respecto de la negociación colectiva, reestructuración de plantillas u otras cuestiones de importancia trascendental que afecten al interés general de los trabajadores y que puedan causar daños de imposible reparación».

Como vemos en el esquema, el art. 180.3 y 4 contiene **previsiones concretas** para la adopción de medidas cautelares en los ámbitos de la huelga y cuando la demanda se refiera a protección frente al acoso, así como en los procesos seguidos a instancia de la trabajadora víctima de la violencia de género para el ejercicio de los derechos que le sean reconocidos en tal situación.

Conciliación y juicio

En relación con la conciliación y juicio, habrán de tener lugar en el plazo improrrogable de los cinco días siguientes al de admisión de la demanda, debiendo en todo caso mediar un mínimo de dos días entre la citación y la efectiva celebración de los mismos (art. 181.1 de la LRJS).

En el acto del juicio, una vez justificada la concurrencia de indicios de que se ha producido violación del derecho fundamental o libertad pública, corresponderá al demandado la aportación de una justificación objetiva y razonable, suficientemente probada, de las medidas adoptadas y de su proporcionalidad. Para la inversión de la carga de la prueba no basta, por tanto, su mera alegación, sino que es necesario acreditar indicios de violación de la libertad sindical.

Sentencia e indemnización

Tal y como dispone el art. 180 de la LRJS, «el juez o la Sala dictará sentencia en el plazo de tres días desde la celebración del acto del juicio publicándose y notificándose inmediatamente a las partes o a sus representantes».

La sentencia estimatoria de la demanda contiene, al menos, cuatro pronunciamientos además del que corresponde respecto de las medidas cautelares (art. 182.2 de la LRJS), que vienen establecidos en el art. 182.1 de la LRJS:

> «La sentencia declarará haber lugar o no al amparo judicial solicitado y, en caso de estimación de la demanda, según las pretensiones concretamente ejercitadas:
> a) Declarará la existencia o no de vulneración de derechos fundamentales y libertades públicas, así como el derecho o libertad infringidos, según su contenido constitucionalmente declarado, dentro de los límites del debate procesal y conforme a las normas y doctrina constitucionales aplicables al caso, hayan sido o no acertadamente invocadas por los litigantes.
> b) Declarará la nulidad radical de la actuación del empleador, asociación patronal, Administración pública o cualquier otra persona, entidad o corporación pública o privada.
> c) Ordenará el cese inmediato de la actuación contraria a derechos fundamentales o a libertades públicas, o en su caso, la prohibición de interrumpir una conducta o la obligación de realizar una actividad omitida, cuando una u otra resulten exigibles según la naturaleza del derecho o libertad vulnerados.
> d) Dispondrá el restablecimiento del demandante en la integridad de su derecho y la reposición de la situación al momento anterior a producirse la lesión del derecho fundamental, así como la reparación de las consecuencias derivadas de la acción u omisión del sujeto responsable, incluida la indemnización que procediera en los términos señalados en el artículo 183».

El art. 183 de la LRJS contiene reglas precisas respecto de esta **indemnización** sobre la que obligatoriamente debe pronunciarse la sentencia. En este sentido el apartado segundo de dicho precepto dispone que «el tribunal se pronunciará sobre la cuantía del daño, determinándolo prudencialmente cuando la prueba de su importe exacto resulte demasiado difícil o costosa, para resarcir suficientemente a la víctima y restablecer a ésta, en la medida de lo posible, en la integridad de su situación anterior a la lesión, así como para contribuir a la finalidad de prevenir el daño».

Dicha indemnización será compatible, en su caso, con la que pudiera corresponder al trabajador por la modificación o extinción del contrato de trabajo o en otros supuestos establecidos en el Estatuto de los Trabajadores y demás normas laborales.

En último término, dispone el apartado cuarto de dicho artículo que «cuando se haya ejercitado la acción de daños y perjuicios derivada de delito o falta en un procedimiento penal no podrá reiterarse la petición indemnizatoria ante el orden jurisdiccional social, mientras no se desista del ejercicio de aquélla o quede sin resolverse por sobreseimiento o absolución en resolución penal firme, quedando mientras tanto interrumpido el plazo de prescripción de la acción en vía social».

ANEXO.
FORMULARIOS

Modelo orientativo para la consulta del registro retributivo a la representación legal de los trabajadores

En cumplimiento del apdo. 6 del art. 5 del Real Decreto 902/2020, de 13 de octubre, de igualdad retributiva entre mujeres y hombres, la representación legal de las personas trabajadoras deberá ser consultada, con una antelación de al menos diez días, con carácter previo a la elaboración del registro. Asimismo, y con la misma antelación, deberá ser consultada cuando el registro sea modificado.

El presente modelo permite comunicar a la RLT con carácter previo a su implantación los parámetros que se seguirán en el registro de salarios.

[DATOS EMPRESA].

En [LOCALIDAD], a [DÍA] de [MES] de [AÑO]. **(1)**

A los delegados de personal/comité de empresa de [NOMBRE EMPRESA]. **(2)**

Muy Sres./as nuestros/as:

Por medio del presente escrito, en cumplimiento de lo dispuesto en el art. 5 del Real Decreto 902/2020, de 13 de octubre, de igualdad retributiva entre mujeres y hombres, en materia de derecho de información de los representantes legales de los trabajadores, y con carácter previo a la adaptación del modelo a las nuevas exigencias legales **(3)** adjuntamos el **modelo de registro retributivo que esta mercantil pretende implantar**.

Como verán, el formato utilizado incluye desagregados por sexo y distribuidos por [ESPECIFICAR] **(4)** los **valores medios** en una función de la jornada laboral (o la hora trabajada) de los tres grandes bloques que indica el citado artículo 5.2 del Real Decreto 902/2020, de 13 de octubre:

- Salarios
- Complementos salariales.
- Percepciones extrasalariales.

A tales efectos, cumpliendo lo legalmente establecido:

- La información está **desagregada en atención a la naturaleza de la retribución**, incluyendo —como hemos indicado— salario base, cada uno de los complementos y cada una de las percepciones extrasalariales, especificando de modo diferenciado cada percepción. **(5)**
- Se **desglosan por sexo, la media aritmética y la mediana** de lo realmente percibido por cada uno de estos conceptos en base a [ESPECIFICAR]. **(4)**

Rogándole/s se sirvan firmar la copia de la presente como acuse de recibo de la misma, y a la espera de cualquier apreciación que consideren, atentamente

[SELLO_Y_FIRMA_EMPRESA]

La empresa.

[ADJUNTAR MODELO] **(6)**

Recibí:

[DELEGADO PERSONAL _ O_ COMITE EMPRESA]

Delegados de Personal/Comité de Empresa de [NOMBRE EMPRESA].

---

(1) La representación legal de las personas trabajadoras deberá ser consultada, con una antelación de al menos diez días, con carácter previo a la elaboración del registro.

(2) El derecho a la participación de los trabajadores en la empresa se articula a través de los delegados de personal y comités de empresa, sin perjuicio de otras formas de participación.

(3) La obligación de realizar un registro retributivo existe desde el 8 marzo de 2019 (fecha de entrada en vigor de la modificación realizada sobre el apdo. 2 del art. 28 del ET, por el Real Decreto-ley 6/2019, de 1 de marzo). No obstante, su regulación en los términos descritos a continuación resultará exigible desde el 14 de abril de 2021 (fecha de entrada en vigor del Real Decreto 902/2020, de 13 de octubre).

(4) En función de la distribución utilizada: grupos profesionales (según convenio colectivo), categorías profesionales (en función del grupo de cotización), nivel, puestos de trabajo iguales o de igual valor o cualquier otro sistema de clasificación aplicable.

(5) Cuando la media de las retribuciones de un sexo sea superior en 25 % o más al del otro sexo, el empresario deberá justificarlo por escrito y garantizar que no se debe a motivos relacionados con el sexo de las personas trabajadoras.

(6) Los programas de nóminas por lo general permiten descargar ficheros en formato Excel cumpliendo con las premisas establecidas para el registro retributivo.

Modelo para el registro retributivo

De conformidad con lo establecido en el art. 28.2 del Estatuto de los Trabajadores, todas las empresas deben tener un registro retributivo de toda su plantilla (art. 5 del Real Decreto 902/2020, de 13 de octubre).

El registro retributivo deberá incluir los valores medios de los salarios, los complementos salariales y las percepciones extrasalariales de la plantilla desagregados por sexo y distribuidos conforme a lo establecido en el citado art. 28.2 del ET. A tales efectos, deberán establecerse en el registro retributivo de cada empresa, convenientemente desglosadas por sexo, la media aritmética y la mediana de lo realmente percibido por cada uno de estos conceptos en cada grupo profesional, categoría profesional, nivel, puesto o cualquier otro sistema de clasificación aplicable. A su vez, esta información deberá estar desagregada en atención a la naturaleza de la retribución, incluyendo salario base, cada uno de los complementos y cada una de las percepciones extrasalariales, especificando de modo diferenciado cada percepción.

Cuando la media de las retribuciones de un sexo sea superior en 25 % o más al del otro sexo, el empresario deberá justificarlo por escrito y garantizar que no se debe a motivos relacionados con el sexo de las personas trabajadoras.

[DATOS EMPRESA]

En [LUGAR], a [DÍA] de [MES] de [AÑO].

Al (comité de empresa/ delegados de personal) de la empresa [NOMBRE EMPRESA].

Muy Sres./Sras. Nuestros/as:

Por medio de la presente les hacemos entrega, en cumplimiento del vigente artículo 28 del Real Decreto Legislativo 2/2015, de 23 de octubre, por el que se aprueba el texto refundido de la Ley del Estatuto de los Trabajadores y Sección 1.ª del Real Decreto 902/2020, de 13 de octubre, de igualdad retributiva entre mujeres y hombres, del **registro con los valores medios de los salarios, los complementos salariales, percepciones extrasalariales, horas extraordinarias y horas complementarias de la plantilla, desagregados por sexo y distribuidos por grupos profesionales** [CATEGORÍAS PROFESIONALES O PUESTOS DE TRABAJO IGUALES O DE IGUAL VALOR], **a efectos del día** [DÍA] **de** [MES] **de** [AÑO].

1. Diferencias porcentuales en las retribuciones promediadas de hombres y mujeres desgranados en atención a la naturaleza de la retribución y el sistema de clasificación aplicable. (1)

DATOS DE LA EMPRESA Y CENTRO DE TRABAJO			
Salarios del: [FECHA] al [FECHA]. (2)			
Empresa: [DATOS].			
Centro de trabajo: [DATOS].			
1. GRUPO PROFESIONAL: [ESPECIFICAR] (3)			
SEXO	Valores medios Salarios	Valores medios Complementos salariales	Valores medios Percepciones salariales	Diferencias porcentuales existentes (4)
MUJER	[CANTIDAD] €	[CANTIDAD] €	[CANTIDAD] €	[PORCENTAJE]
HOMBRE	[CANTIDAD] €	[CANTIDAD] €	[CANTIDAD] €	[PORCENTAJE]
2. GRUPO PROFESIONAL: [ESPECIFICAR] (3)			
SEXO	Valores medios Salarios	Valores medios Complementos salariales	Valores medios Percepciones salariales	Diferencias porcentuales existentes (4)
MUJER	[CANTIDAD] €	[CANTIDAD] €	[CANTIDAD] €	[PORCENTAJE]
HOMBRE	[CANTIDAD] €	[CANTIDAD] €	[CANTIDAD] €	[PORCENTAJE]

2. Valores medios de los salarios desgranados por sexo anuales.

DATOS DE LA EMPRESA Y CENTRO DE TRABAJO			
Salarios del: [FECHA] al [FECHA]. (2)			
Empresa: [DATOS].			
Centro de trabajo: [DATOS].			
Grupos profesionales (3)	VALORES MEDIOS DE LOS SALARIOS DESAGREGADOS POR SEXO.		
	Mujeres	Hombres	Diferencia porcentual (brecha) (4)
1. [ESPECIFICAR]	[CANTIDAD] €	[CANTIDAD] €	[PORCENTAJE]
2. [ESPECIFICAR]	[CANTIDAD] €	[CANTIDAD] €	[PORCENTAJE]
3. [ESPECIFICAR]	[CANTIDAD] €	[CANTIDAD] €	[PORCENTAJE]
4. [ESPECIFICAR]	[CANTIDAD] €	[CANTIDAD] €	[PORCENTAJE]
5. [ESPECIFICAR]	[CANTIDAD] €	[CANTIDAD] €	[PORCENTAJE]
6. [ESPECIFICAR]	[CANTIDAD] €	[CANTIDAD] €	[PORCENTAJE]
7. [ESPECIFICAR]	[CANTIDAD] €	[CANTIDAD] €	[PORCENTAJE]
TOTAL	[CANTIDAD] €	[CANTIDAD] €	[PORCENTAJE]

3. Valores medios de las retribuciones por complementos salariales anuales.

DATOS DE LA EMPRESA Y CENTRO DE TRABAJO				
Complementos salariales: [FECHA] al [FECHA]. (2)				
Empresa: [DATOS].				
Centro de trabajo: [DATOS].				
Grupos profesionales (3)	VALORES MEDIOS DE LOS COMPLEMENTOS SALARIALES DESAGREGADOS POR SEXO.			
	Denominación del Complemento	Mujeres	Hombres	Diferencia porcentual (brecha) (4)
1. [ESPECIFICAR]	[ESPECIFICAR]	[CANTIDAD] €	[CANTIDAD] €	[PORCENTAJE]
	[ESPECIFICAR]	[CANTIDAD] €	[CANTIDAD] €	[PORCENTAJE]
	[ESPECIFICAR]	[CANTIDAD] €	[CANTIDAD] €	[PORCENTAJE]
2. [ESPECIFICAR]	[ESPECIFICAR]	[CANTIDAD] €	[CANTIDAD] €	[PORCENTAJE]
	[ESPECIFICAR]	[CANTIDAD] €	[CANTIDAD] €	[PORCENTAJE]
	[ESPECIFICAR]	[CANTIDAD] €	[CANTIDAD] €	[PORCENTAJE]
3. [ESPECIFICAR]	[ESPECIFICAR]	[CANTIDAD] €	[CANTIDAD] €	[PORCENTAJE]
	[ESPECIFICAR]	[CANTIDAD] €	[CANTIDAD] €	[PORCENTAJE]
	[ESPECIFICAR]	[CANTIDAD] €	[CANTIDAD] €	[PORCENTAJE]
TOTAL				

4. Valores medios de las retribuciones por complementos extrasalariales anuales.

DATOS DE LA EMPRESA Y CENTRO DE TRABAJO				
Complementos salariales: [FECHA] al [FECHA]. (2)				
Empresa: [DATOS].				
Centro de trabajo: [DATOS].				
Grupos profesionales (3)	VALORES MEDIOS DE LOS COMPLEMENTOS ESTRASALARIALES DESAGREGADOS POR SEXO.			
	Denominación del Complemento	Mujeres	Hombres	Diferencia porcentual (brecha) (4)
1. [ESPECIFICAR]	[ESPECIFICAR]	[CANTIDAD] €	[CANTIDAD] €	[PORCENTAJE]
	[ESPECIFICAR]	[CANTIDAD] €	[CANTIDAD] €	[PORCENTAJE]
	[ESPECIFICAR]	[CANTIDAD] €	[CANTIDAD] €	[PORCENTAJE]
2. [ESPECIFICAR]	[ESPECIFICAR]	[CANTIDAD] €	[CANTIDAD] €	[PORCENTAJE]
	[ESPECIFICAR]	[CANTIDAD] €	[CANTIDAD] €	[PORCENTAJE]
	[ESPECIFICAR]	[CANTIDAD] €	[CANTIDAD] €	[PORCENTAJE]

3. [ESPECIFICAR]	[ESPECIFICAR]	[CANTIDAD] €	[CANTIDAD] €	[PORCENTAJE]
	[ESPECIFICAR]	[CANTIDAD] €	[CANTIDAD] €	[PORCENTAJE]
	[ESPECIFICAR]	[CANTIDAD] €	[CANTIDAD] €	[PORCENTAJE]
TOTAL				

5. Media de retribución por horas extraordinarias

DATOS DE LA EMPRESA Y CENTRO DE TRABAJO				
Complementos extrasalariales: [FECHA] al [FECHA]. (2)				
Empresa: [DATOS].				
Centro de trabajo: [DATOS].				
MEDIA DE *PERCEPCIONES* ANUALES POR HORAS EXTRAORDINARIAS				
Grupos profesionales (3)	MUJER	HOMBRE	TOTAL	Diferencia porcentual (brecha) (4)
1. [ESPECIFICAR]	[CANTIDAD] €	[CANTIDAD] €	[CANTIDAD] €	[PORCENTAJE]
2. [ESPECIFICAR]	[CANTIDAD] €	[CANTIDAD] €	[CANTIDAD] €	[PORCENTAJE]
3. [ESPECIFICAR]	[CANTIDAD] €	[CANTIDAD] €	[CANTIDAD] €	[PORCENTAJE]
4. [ESPECIFICAR]	[CANTIDAD] €	[CANTIDAD] €	[CANTIDAD] €	[PORCENTAJE]
5. [ESPECIFICAR]	[CANTIDAD] €	[CANTIDAD] €	[CANTIDAD] €	[PORCENTAJE]
6. [ESPECIFICAR]	[CANTIDAD] €	[CANTIDAD] €	[CANTIDAD] €	[PORCENTAJE]
7. [ESPECIFICAR]	[CANTIDAD] €	[CANTIDAD] €	[CANTIDAD] €	[PORCENTAJE]
TOTAL				

6. Media de retribución por horas complementarias

DATOS DE LA EMPRESA Y CENTRO DE TRABAJO				
Complementos extrasalariales: [FECHA] al [FECHA]. (2)				
Empresa: [DATOS].				
Centro de trabajo: [DATOS].				
MEDIA DE PERCEPCIONES ANUALES POR HORAS COMPLEMENTARIAS				
Grupos profesionales (3)	MUJER	HOMBRE	TOTAL	Diferencia porcentual (brecha) (4)
1. [ESPECIFICAR]	[CANTIDAD] €	[CANTIDAD] €	[CANTIDAD] €	[PORCENTAJE]
2. [ESPECIFICAR]	[CANTIDAD] €	[CANTIDAD] €	[CANTIDAD] €	[PORCENTAJE]
3. [ESPECIFICAR]	[CANTIDAD] €	[CANTIDAD] €	[CANTIDAD] €	[PORCENTAJE]
4. [ESPECIFICAR]	[CANTIDAD] €	[CANTIDAD] €	[CANTIDAD] €	[PORCENTAJE]
5. [ESPECIFICAR]	[CANTIDAD] €	[CANTIDAD] €	[CANTIDAD] €	[PORCENTAJE]

6. [ESPECIFICAR]	[CANTIDAD] €	[CANTIDAD] €	[CANTIDAD] €	[PORCENTAJE]
7. [ESPECIFICAR]	[CANTIDAD] €	[CANTIDAD] €	[CANTIDAD] €	[PORCENTAJE]
TOTAL				

Sin otro particular que comunicarle, y rogando firme la copia de la presente como acuse de recibo, se despide,

atentamente,

[FIRMA SELLO EMPRESA]

La empresa.

Recibí:

[FIRMA]

Comité de empresa/ Delegados de personal de [EMPRESA].

---

(1) En caso de inexistencia de RLT, el art. 5.3 del Real Decreto 902/2020, de 13 de octubre, limita la información a aportar a las diferencias porcentuales que existieran en las retribuciones promediadas de hombres y mujeres desagregadas en atención a la naturaleza de la retribución y el sistema de clasificación aplicable. Es decir, cuando se solicite el acceso al registro por parte de la persona trabajadora por inexistencia de representación legal, la información a suministrar corresponderá con este único apartado.
Esta información deberá estar desagregada en atención a la naturaleza de la retribución, incluyendo salario base, cada uno de los complementos y cada una de las percepciones extrasalariales, especificando de modo diferenciado cada percepción.

(2) Se aconseja actualizar el registro salarial anualmente.

(3) Especificar según cada grupo profesional, categoría profesional, nivel, puestos de trabajo iguales o de igual valor, o cualquier otro sistema de clasificación aplicable.

(4) Diferencias porcentuales que existieran en las retribuciones promediadas de hombres y mujeres, calculada según la siguiente fórmula: [(Media retribución total anual hombres – media retribución total anual mujeres) / Media retribución total anual hombres] x 100. *Cuando en una empresa con al menos cincuenta trabajadores, el promedio de las retribuciones a los trabajadores de un sexo sea superior a los del otro en un veinticinco por ciento o más, tomando el conjunto de la masa salarial o la media de las percepciones satisfechas, el empresario deberá incluir en el Registro salarial una justificación de que dicha diferencia responde a motivos no relacionados con el sexo de las personas trabajadoras.*

Formulario de solicitud de acceso a la información retributiva por parte de la persona trabajadora

Mediante el presente formulario una persona trabajadora puede solicitar el acceso a la información retributiva de la empresa al no existir representación legal de los trabajadores al amparo del artículo 28 del Estatuto de los Trabajadores y el derecho reconocido en el apdo. 3 del artículo 5 del Real Decreto 902/2020, de 13 de octubre.

En este caso la información que se facilitará por parte de la empresa se limitará a las diferencias porcentuales que existieran en las retribuciones promediadas de hombres y mujeres desgranadas en atención a la naturaleza de la retribución y el sistema de clasificación aplicable.

D./D.ª [NOMBRE PERSONA TRABAJADORA].

[DATOS PERSONA TRABAJADORA].

[NOMBRE EMPRESA]

[DATOS EMPRESA].

En, [PROVINCIA], a [FECHA].

Asunto: Solicitud de acceso a la información retributiva.

Estimados/as Señores/as,

Por la presente, y de conformidad con lo dispuesto en el artículo 28 del Estatuto de los Trabajadores y el artículo 5.3 del Real Decreto 902/2020, de 13 de octubre, sobre igualdad retributiva entre mujeres y hombres, **SOLICITO** formalmente el acceso a la información retributiva de la empresa.

Dado que en la empresa no existe representación legal de los trabajadores, solicito que se me facilite la información relativa a las diferencias porcentuales que existan en las retribuciones promediadas de hombres y mujeres, desagregadas en atención a la naturaleza de la retribución y el sistema de clasificación aplicable. **(1)**

Agradezco de antemano su colaboración y quedo a la espera de su respuesta en el plazo más breve posible.

Atentamente,

[FIRMA]

D./D.ª [NOMBRE PERSONA TRABAJADORA].

Recibí

[FIRMA SELLO EMPRESA]

La empresa.

---

(1) Cuando se solicite el acceso al registro por parte de la persona trabajadora por inexistencia de representación legal, la información que se facilitará por parte de la empresa no serán los datos promediados respecto a las cuantías efectivas de las retribuciones que constan en el registro, sino que la información a facilitar se limitará a las diferencias porcentuales que existieran en las retribuciones promediadas de hombres y mujeres, que también deberán estar desagregadas en atención a la naturaleza de la retribución y el sistema de clasificación aplicable.

Formulario de solicitud de acceso a la información retributiva por parte de la RLT

Mediante el presente formulario la representación legal de las personas trabajadoras puede solicitar el acceso a la información retributiva de la empresa al amparo del artículo 28 del Estatuto de los Trabajadores y el derecho reconocido en el apdo. 3 del artículo 5 del Real Decreto 902/2020, de 13 de octubre.

En este caso la empresa debe facilitar el acceso al contenido íntegro del registro retributivo.

D./D.ª [NOMBRE REPRESENTANTE PERSONAS TRABAJADORAS].

[DATOS REPRESENTANTE PERSONAS TRABAJADORAS].

[NOMBRE EMPRESA]

[DATOS EMPRESA].

En, [PROVINCIA], a [FECHA].

Asunto: Solicitud de Acceso a la información retributiva.

Estimados/as Señores/as,

Por la presente, y de conformidad con lo dispuesto en el artículo 28 del Estatuto de los Trabajadores y el artículo 5.3 del Real Decreto 902/2020, de 13 de octubre, sobre igualdad retributiva entre mujeres y hombres, la representación legal de los trabajadores de esta empresa **SOLICITA** formalmente el acceso al contenido íntegro del registro retributivo de la empresa.

En virtud del derecho reconocido en el artículo 5.3 del Real Decreto 902/2020, la RLT tiene derecho a conocer el contenido íntegro del registro retributivo, incluyendo los datos promediados respecto a las cuantías efectivas de las retribuciones que constan en el registro. (1)

Agradecemos de antemano su colaboración y quedamos a la espera de su respuesta en el plazo más breve posible.

Atentamente,

[FIRMA]

D./D.ª [NOMBRE PERSONA TRABAJADORA].

Recibí

[FIRMA SELLO EMPRESA]

La empresa.

---

(1) En las empresas que cuenten con representación legal de las personas trabajadoras, el acceso al registro se facilitará a las personas trabajadoras a través de la citada representación, teniendo derecho aquellas a conocer el contenido íntegro del mismo.

Formulario de demanda ante el juzgado de lo social de clasificación profesional y reclamación de cantidad

Mediante el siguiente formulario de demanda, la persona trabajadora podrá reclamar judicialmente el reconocimiento por parte de la empresa del grupo profesional en que efectivamente trabaja y la retribución aparejada a dicha clasificación profesional.

A la acción de reclamación de la categoría o grupo profesional será acumulable la reclamación de las diferencias salariales correspondientes. Contra la sentencia que recaiga no se dará recurso alguno, salvo que las diferencias salariales reclamadas alcancen la cuantía requerida para el recurso de suplicación.

AL JUZGADO DE LO SOCIAL N.º [NÚMERO] **DE** [LOCALIDAD]

D./D.ª [NOMBRE PERSONA TRABAJADORA], mayor de edad, con domicilio a efectos de notificación en [DOMICILIO], en posesión del Documento Nacional de Identidad número [DNI TRABAJADOR], ante el Juzgado de lo Social de [LOCALIDAD] que por turno corresponda, comparezco, y como mejor proceda en derecho,

DIGO

Que, mediante el presente escrito, vengo en formular demanda en materia de CLASIFICACIÓN PROFESIONAL Y RECLAMACIÓN DE CANTIDAD, en virtud del artículo 137 de la Ley de la Jurisdicción Social, contra la empresa [NOMBRE EMPRESA], con domicilio social el [DOMICILIO SOCIAL], dedicada a [ESPECIFICAR], demanda que fundamento de conformidad con los siguientes

HECHOS

PRIMERO.- He venido prestando mis servicios laborales por cuenta de la empresa demandada desde el [DÍA] de [MES] de [AÑO], con el grupo profesional de [GRUPO PROFESIONAL] y percibiendo un salario de [CANTIDAD] euros mensuales.

SEGUNDO.- Desde hace más de un año vengo desempeñando en la empresa las siguientes funciones:

- 1.- [ESPECIFICAR].
- 2.- [ESPECIFICAR].
- 3.- [ESPECIFICAR].

TERCERO.- El Convenio colectivo aplicable al sector, determina que corresponde la categoría de [GRUPO PROFESIONAL], entre otros, a aquel operario que realice las funciones [ESPECIFICAR].

CUARTO.- En repetidas ocasiones ha solicitado de la empresa la oportuna reclasificación profesional, a lo que la empresa se ha negado.

QUINTO.- He solicitado el preceptivo informe al Comité de Empresa, que ha sido emitido, y que adjunto a la presente demanda como doc. núm. 2.

SEXTO.- Como consecuencia de la realización de trabajos de grupo superior, la empresa me adeuda la cantidad total de [CANTIDAD] euros, dado que durante el último año a pesar de haber realizado funciones de grupo superior me ha estado retribuyendo como [GRUPO PROFESIONAL].

El período que se reclama es el siguiente: desde el [DÍA] de [MES] de [AÑO] al [DÍA] de [MES] de [AÑO].

El desglose de la citada cantidad es el siguiente:

La diferencia entre salario base de [ESPECIFICAR] y [ESPECIFICAR] durante el período comprendido entre el [DÍA] de [MES] de [AÑO] y el [DÍA] de [MES] de [AÑO]: ascendía a [CANTIDAD] euros al mes. Dado que son [CANTIDAD] mensualidades y [CANTIDAD] pagas extras (junio y diciembre), la cantidad resultante por este período es de [CANTIDAD] euros. La diferencia por la antigüedad en este mismo período es de [CANTIDAD] euros mes, por las referidas siete mensualidades y dos pagas extras es de [CANTIDAD] euros.

La diferencia entre salario base de [ESPECIFICAR] y [ESPECIFICAR] durante el período comprendido entre el [DÍA] de [MES] de [AÑO] y el [DÍA] de [MES] de [AÑO]: ascendía a [CANTIDAD] euros al mes. Dado que son cinco mensualidades, la cantidad resultante por este período es de [CANTIDAD] euros. La diferencia por la antigüedad en este mismo período es de [CANTIDAD] euros mes, por las referidas cinco mensualidades es de [CANTIDAD] euros.

Por tanto, por el concepto de diferencias retributivas por la realización de trabajos de categoría superior en el periodo de prestación de servicios comprendido entre [FECHA]-[FECIIA] la cantidad total reclamada es de [CANTIDAD TOTAL] euros.

SÉPTIMO.- Con fecha [FECHA], tuvo lugar el preceptivo acto de conciliación ante el SMAC, con resultado de [ESPECIFICAR] según se acredita con la certificación que se acompaña

FUNDAMENTOS DE DERECHO

PRIMERO.- COMPETENCIA

Resulta competente este Juzgado para conocer de la presente demanda de acuerdo con los artículos 2 y 6 de la Ley de la Jurisdicción Social.

SEGUNDO.- CAPACIDAD, LEGITIMACIÓN

Que me encuentro plenamente capacitado/a y legitimado/a en virtud de los artículos 16 y 17 de la Ley de la Jurisdicción Social.

TERCERO.- PROCEDIMIENTO

Será de aplicación el artículo 137 de la Ley de la Jurisdicción Social, relativo a la reclamación de categoría o grupo profesional, el cual señala lo siguiente:

> «La demanda que inicie este proceso será acompañada de informe emitido por el comité de empresa o, en su caso, por los delegados de personal sobre las funciones superiores alegadas y la correspondencia de las mismas dentro del sistema de clasificación aplicable. En el caso de que estos órganos no hubieran emitido el informe en el plazo de quince días, al demandante le bastará acreditar que lo ha solicitado.
>
> En la resolución por la que se admita la demanda, se recabará informe de la Inspección de Trabajo y Seguridad Social, remitiéndole copia de la demanda y documentos que la acompañen. El informe versará sobre los hechos invocados, en relación con el sistema de clasificación aplicable, y demás circunstancias concurrentes relativas a la actividad del actor, y deberá emitirse en el plazo de quince días.

A la acción de reclamación de la categoría o grupo profesional será acumulable la reclamación de las diferencias salariales correspondientes. Contra la sentencia que recaiga no se dará recurso alguno, salvo que las diferencias salariales reclamadas alcancen la cuantía requerida para el recurso de suplicación.»

CUARTO.- FONDO DEL ASUNTO

Serán de aplicación los artículos del 26 a 38 del Texto Refundido de la Ley del Estatuto de los Trabajadores, aprobado por Real Decreto Legislativo 2/2015, de 23 de octubre, en relación con el salario y los artículos 22-25 en relación con la clasificación profesional.

Artículo 22. Sistema de clasificación profesional.

«1. Mediante la negociación colectiva o, en su defecto, acuerdo entre la empresa y los representantes de los trabajadores, se establecerá el sistema de clasificación profesional de los trabajadores por medio de grupos profesionales.

2. Se entenderá por grupo profesional el que agrupe unitariamente las aptitudes profesionales, titulaciones y contenido general de la prestación, y podrá incluir distintas tareas, funciones, especialidades profesionales o responsabilidades asignadas al trabajador.

3. La definición de los grupos profesionales se ajustará a criterios y sistemas que, basados en un análisis correlacional entre sesgos de género, puestos de trabajo, criterios de encuadramiento y retribuciones, tengan como objeto garantizar la ausencia de discriminación, tanto directa como indirecta, entre mujeres y hombres. Estos criterios y sistemas, en todo caso, cumplirán con lo previsto en el artículo 28.1.

4. Por acuerdo entre el trabajador y el empresario se asignará al trabajador un grupo profesional y se establecerá como contenido de la prestación laboral objeto del contrato de trabajo la realización de todas las funciones correspondientes al grupo profesional asignado o solamente de alguna de ellas. Cuando se acuerde la polivalencia funcional o la realización de funciones propias de más de un grupo, la equiparación se realizará en virtud de las funciones que se desempeñen durante mayor tiempo».

Artículo 23. Promoción y formación profesional en el trabajo.

«1. El trabajador tendrá derecho:

a) Al disfrute de los permisos necesarios para concurrir a exámenes, así como a una preferencia a elegir turno de trabajo y a acceder al trabajo a distancia, si tal es el régimen instaurado en la empresa, y el puesto o funciones son compatibles con esta forma de realización del trabajo, cuando curse con regularidad estudios para la obtención de un título académico o profesional.

b) A la adaptación de la jornada ordinaria de trabajo para la asistencia a cursos de formación profesional.

c) A la concesión de los permisos oportunos de formación o perfeccionamiento profesional con reserva del puesto de trabajo.

d) A la formación necesaria para su adaptación a las modificaciones operadas en el puesto de trabajo. La misma correrá a cargo de la empresa, sin perjuicio de la posibilidad de obtener a tal efecto los créditos destinados a la formación. El tiempo destinado a la formación se considerará en todo caso tiempo de trabajo efectivo.

2. En la negociación colectiva se pactarán los términos del ejercicio de estos derechos, que se acomodarán a criterios y sistemas que garanticen la ausencia de discriminación, tanto directa como indirecta, entre trabajadores de uno y otro sexo.

3. Los trabajadores con al menos un año de antigüedad en la empresa tienen derecho a un permiso retribuido de veinte horas anuales de formación profesional para el empleo, vinculada a la actividad de la empresa, acumulables por un periodo de hasta cinco años. El derecho se entenderá cumplido en todo caso cuando el trabajador pueda realizar las acciones formativas dirigidas a la obtención de la formación profesional para el empleo en el marco de un plan de formación desarrollado por iniciativa empresarial o comprometido por la negociación colectiva. Sin perjuicio de lo anterior, no podrá comprenderse en el derecho a que se refiere este apartado la formación que deba obligatoriamente impartir la empresa a su cargo conforme a lo previsto en otras leyes. En defecto de lo previsto en convenio colectivo, la concreción del modo de disfrute del permiso se fijará de mutuo acuerdo entre trabajador y empresario».

Como también lo será el artículo [NÚMERO] Convenio Colectivo de [CONVENIO_COLECTIVO], relativo a la clasificación profesional.

Por lo expuesto,

SOLICITO AL JUZGADO DE LO SOCIAL:

Tenga por presentado este escrito, con sus copias y documentos, lo admita todo ello a trámite, tenga por interpuesta DEMANDA EN MATERIA DE CLASIFICACIÓN PROFESIONAL y RECLAMACIÓN DE CANTIDAD contra la entidad [NOMBRE EMPRESA], la admita, siga el procedimiento por sus trámites, con citación a las partes para los actos de conciliación y juicio, solicite Informe de la Inspección de Trabajo y Seguridad Social y, previo recibimiento a prueba que expresamente se interesa, dicte en su momento Sentencia, por la que estimando la presente demanda condene a la empresa demandada a que me reconozca el grupo de oficial de [ESPECIFICAR] y a retribuirme con arreglo a tal grupo profesional, con efectos desde la solicitud de conciliación en el SMAC, obligándola a estar y pasar por dicha declaración y a abonarme la cantidad de [CANTIDAD] euros, por las diferencias salariales reclamadas con lo demás procedente en derecho.

En [LOCALIDAD], a [DÍA] de [MES] de [AÑO].

[FIRMA]

Demanda de tutela de derechos fundamentales y libertades públicas (discriminación indirecta por razón de sexo)

La igualdad entre hombres y mujeres instaurada por el artículo 14 de la Constitución española prohíbe cualquier tipo de discriminación por razón de sexo al tratarse de un derecho fundamental. Esto permite denunciar su vulneración directamente ante los tribunales.

El presente modelo permite demanda ante el Orden Social por violación del artículo 14 de la Constitución Española y artículo 4.2. c) en relación con el artículo 17.1 del texto refundido de la Ley del Estatuto de los Trabajadores, por constatarse discriminación indirecta en razón de género en el sistema de promoción profesional y ascensos.

AL JUZGADO DE LO SOCIAL DE [LOCALIDAD].

D./D.ª [NOMBRE ABOGADO CLIENTE], con tarjeta de identidad profesional n.º [NÚMERO COLEGIADO ABOGADO CLIENTE] y domicilio a efectos de notificaciones en [DOMICILIO], actuando en nombre y representación de D./D.ª de [NOMBRE_CLIENTE], representación que acredito con copia de escritura de poder que acompaño, con el ruego de su devolución, testimoniada que lo sea, ante el Juzgado comparezco y, como mejor en Derecho proceda,

DIGO

Que por medio del presente escrito formulo DEMANDA SOBRE TUTELA DE LOS DERECHOS FUNDAMENTALES Y LIBERTADES PÚBLICAS contra la empresa [NOMBRE PARTE CONTRARIA], con domicilio en [DOMICILIO SOCIAL], en la persona que ostenta su representación legal D./D.ª [NOMBRE], con DNI núm. [NÚMERO].

En base a los siguientes hechos,

HECHOS

PRIMERO.- Mi mandante inició su relación para la empresa demandada en fecha [DÍA] de [MES] de [AÑO] ostentando en la actualidad la categoría profesional de [ESPECIFICAR], y grupo profesional [ESPECIFICAR], en el centro de trabajo de [CIUDAD] y percibiendo un salario mensual [CANTIDAD] euros incluida la prorrata de pagas extraordinarias reglamentarias, siéndole de aplicación el convenio colectivo de [CONVENIO _ COLECTIVO APLICABLE].

SEGUNDO.- Que durante los años de servicio prestados mi representada ha acumulado los siguientes méritos:

- [DESCRIPCIÓN].
- [DESCRIPCIÓN].
- [DESCRIPCIÓN].

TERCERO.- Que en la última promoción de trabajadores en la empresa se ascendió a la categoría de [GRUPO PROFESIONAL] a un total de [NÚMERO] hombres y [NÚMERO] mujeres, entre los que se encontraban [NÚMERO] trabajadores que venían siendo subordinados de mi mandante.

CUARTO.- Que en la mercantil se ha instaurado un sistema de ascenso a la categoría de [GRUPO PROFESIONAL] y mandos mediante un sistema de libre designación, y el de evaluación continuada para el ascenso a coordinadores.

QUINTO.- Que, en cuanto al sistema de evaluación continuada, la valoración se realiza por el jefe inmediato, la empresa no comunica a los sindicatos, ni a los comités de empresa, ni a ningún trabajador las vacantes para la promoción, ni los criterios seguidos en cada uno de los ascensos y solo conocen, en su caso si se aplican, los criterios tal como indica la empresa, la dirección y los jefes que efectúan la propuesta y por supuesto el trabajador elegido es el único que conoce su promoción.

SEXTO.- Que, así mismo la mercantil demandada no da información y copia sobre los ascensos efectuados y los criterios utilizados para la adjudicación por la evaluación continuada. Ni la relación de los trabajadores que han de ascender y sus méritos y, solo al año, como a todos los trabajadores se entrega los representantes de los trabajadores una relación nominal de todos los ascensos que se han hecho en todos los grupos durante el año.

SÉPTIMO.- Que en la mercantil es práctica habitual que la participación en los cursos de formación se base en la elección discrecional por parte de la empresa de quienes asistirán a los mismos, aun cuando en ocasiones hay peticiones de los propios trabajadores, dándose la circunstancia de que en las dos últimas posibilidades de formación ofertada participaron un total de [NÚMERO] hombres frente a [NÚMERO] mujeres.

OCTAVO.- Que la trabajadora ha solicitado a la empresa:

- Ascenso al grupo profesional de [GRUPO PROFESIONAL] en base a [DESCRIPCIÓN]. Siendo denegado en base a [DESCRIPCIÓN].
- Participación en las acciones formativas impartidas el [FECHA] necesarias para [DESCRIPCIÓN]. Siendo denegado en base a [DESCRIPCIÓN].
- [...]

NOVENO.- Que por parte de la empleadora existe una conducta empresarial merecedora del calificativo de **discriminación indirecta por razón de sexo**, no aislada con relación sólo a materia de promoción profesional, sino del conjunto de la actividad, como demuestra [DESCRIPCIÓN], contraria al principio de igualdad, toda vez que se le viene relegando a funciones de inferior categoría a la que le corresponden en función de sus méritos académicos y profesionales, consistentes en meras labores de [DESCRIPCIÓN], que redundan en notable perjuicio de la formación y promoción profesional de la demandante.

DÉCIMO.- Que la empresa ha incumplido reiteradamente el plan de igualdad, firmado el [FECHA], y en el que se establece: [DESCRIPCIÓN].

UNDÉCIMO.- Que en el pase a las categorías de mando se producía una desproporción adversa para las mujeres, porque esos puestos son ocupados principalmente por los hombres en porcentajes muy superiores a los cubiertos por mujeres, dado el número de personas de uno y otro sexo que emplea la empresa como demuestra: [DESCRIPCIÓN].

DUODÉCIMO.- Que, por haber sufrido discriminación y lesión de sus derechos fundamentales y libertades públicas, procede la **reparación de las consecuencias derivadas del acto, incluida indemnización por daños y perjuicios y daños morales**, que esta parte cifra en la cantidad de [CANTIDAD] euros, sobre la base de los siguientes elementos: **(4)**

- Indemnización por daños y perjuicios.
  - [DESCRIPCIÓN].
  - [CUANTÍA] euros.
- Indemnización por daño moral.
  - [DESCRIPCIÓN].
  - [CUANTÍA] euros.

TRIGÉSIMO.- Que la trabajadora no ostenta ni ha ostentado, en el año inmediatamente anterior a la sanción la condición de delegado de personal o miembro del comité de empresa.

A los anteriores hechos son de aplicación los siguientes,

FUNDAMENTOS DE DERECHO

I. LEGITIMACIÓN (1)

La activa corresponde a la trabajadora demandante en atención a lo prevenido en los arts. 17 y 177 de la Ley 36/2011, de 10 de octubre, reguladora de la jurisdicción social y la pasiva a la empresa demandada.

II. JURISDICCIÓN

Corresponde a la jurisdicción social, con arreglo a lo establecido en el art. 2 de la Ley 36/2011, de 10 de octubre, reguladora de la jurisdicción social y 9.1 y 9.5 de la LOPJ.

III. COMPETENCIA (2)

Es competente el Juzgado de lo Social al que nos dirigimos de conformidad con lo dispuesto en los arts. 6 y 10 de la Ley 36/2011, de 10 de octubre, reguladora de la jurisdicción social.

IV. PROCEDIMIENTO (3)

Por tratarse de un procedimiento de la tutela de los derechos fundamentales y libertades públicas es el correspondiente a la modalidad procesal prevista en los arts. 177 y ss. de la Ley 36/2011, de 10 de octubre, reguladora de la jurisdicción social, en virtud de lo dispuesto en el art. 184 de dicha ley.

V. CONCILIACIÓN PREVIA

Apdo. 1, art. 64 de la LRJS y apdo. 1, art. 70, de la Ley 36/2011, de 10 de octubre, reguladora de la jurisdicción social, por excluir los procesos de tutela de los derechos fundamentales y libertades públicas de conciliación, mediación o reclamación administrativa previa.

VI. DAÑOS Y PERJUICIOS (4)

Apdos. 1 y 2, art. 183, de la Ley 36/2011, de 10 de octubre, reguladora de la jurisdicción social, en relación a la indemnización en función tanto del daño moral unido a la vulneración del derecho fundamental, como de los daños y perjuicios adicionales derivados, en consonancia con lo establecido en los arts. 1100, 1101 y 1106 del Código Civil, por los que esta parte entiende que la parte demandada debe proceder a la reparación de daños por la vía de indemnización de daños y perjuicios en la cuantía siguiente:

- Indemnización por daños y perjuicios descritos en el hecho duodécimo por cuantía de [CUANTÍA] euros.

- Indemnización por daños materiales descritos asimismo en el hecho duodécimo por cuantía de [CUANTÍA] euros.

La cantidad total reclamada es: [CUANTÍA] euros.

VII. FONDO DEL ASUNTO

- El Real Decreto Legislativo 2/2015, de 23 de octubre, por el que se aprueba el texto refundido de la Ley del Estatuto de los Trabajadores, y, en particular, los artículos 4 (derechos laborales), 5 (deberes laborales), 17 (no discriminación en las relaciones laborales) 24 (ascensos) y 28 (igualdad de remuneración por razón de sexo).

- El art. 14 de la Constitución Española, que consagra la prohibición de discriminación por razón de sexo, así como con el artículo 9.2 del texto constitucional, al consagrar la obligación de los poderes públicos de promover las condiciones para que la igualdad del individuo y de los grupos en que se integra sean reales y efectivas, la normativa española vigente contempla tanto la discriminación directa como la indirecta.

- Siguiendo el art. 6.2 de la Ley Orgánica 3/2007, de 22 de marzo, para la igualdad efectiva entre hombres y mujeres, se considera discriminación indirecta por razón de sexo la situación en que una disposición, criterio o práctica aparentemente neutros pone a personas de un sexo en desventaja particular con respecto a personas del otro, salvo que dicha disposición, criterio o práctica puedan justificarse objetivamente en atención a una finalidad legítima y que los medios para alcanzar dicha finalidad sean necesarios y adecuados.

- El reciente art. 7 (Diagnóstico de situación) y anexo (Disposiciones aplicables para la elaboración del diagnóstico) del Real Decreto 901/2020, de 13 de octubre, por el que se regulan los planes de igualdad y su registro y se modifica el Real Decreto 713/2010, de 28 de mayo, sobre registro y depósito de convenios y acuerdos colectivos de trabajo.

- La normativa europea relativa a la discriminación por razón de sexo, tanto a nivel conceptual como en relación a los efectos jurídicos a ella anudados, como la Declaración de los Derechos Universal de los Derechos Humanos de 1948, que proclama la igualdad de todos los seres humanos sin distinción de sexo, la Declaración de las Naciones Unidas sobre la eliminación de todas la formas de discriminación de la mujer, de 1967, la Declaración de la Asamblea General de las Naciones Unidas sobre la eliminación de todas las formas de discriminación contra la mujer de 1979, la Conferencia de Viena sobre los Derechos Humanos de 1993, y las Conferencias Mundiales de Nairobi, de 1985, y Pekín, de 1995), ya el artículo 14 del Convenio Europeo de los Derechos Humanos reconoció el derecho a la igualdad de trato sin distinción o sin discriminación (según se adopte la versión francesa o inglesa) en función –entre otros– del sexo. Por su parte, el Tratado de Roma reconoció en su artículo 119 la igualdad de trato en el derecho laboral, consagra formalmente como principio fundamental de la Unión europea desde la entrada en vigor el 1 de mayo de 1.999 del Tratado de Ámsterdam, que permitió integrar la dimensión del género en el conjunto de las políticas comunitarias y convertir el principio de igualdad de trato en un derecho fundamental.

- La Directiva 2006/54/CE, del Parlamento Europeo y del Consejo, de 5 de julio de 2006, relativa a la aplicación del principio de igualdad de oportunidades e igualdad de trato entre hombre y mujeres en asuntos de empleo y ocupación. A efectos de esta Directiva interesan, entre otros, el art. 1 (definición de discriminación directa e indirecta), 5 (prohibición de la discriminación), 9 (ejemplos de discriminación), 14 (prohibición de discriminación), 18 (indemnización o reparación) y 19 (carga de la prueba).

- Convenio colectivo [CONVENIO COLECTIVO APLICABLE].

a) Discriminación directa o indirecta por razón de sexo. Por exigir determinados requisitos formativos para acceder a determinados puestos que no los requerirían

STSJ Cataluña, rec. 4797/2011, 18 de diciembre de 2012, ECLI:ES:TSJ-CAT:2012:13085. «Centrándonos en la formación y promoción profesionales, objeto del presente recurso, la sentencia del Tribunal de Justicia de la Unión Europea de 30 de septiembre de 2.010 (Sala Segunda) –sentencia Roca Alvarez–, recordó que el artículo 1, apartado 1, de la Directiva 76/207, que contempla la aplicación, en los Estados miembros, del principio de igualdad de trato entre hombres y mujeres en lo que se refiere, en particular, a las condiciones de trabajo, estableció, en su artículo 2, que el principio de igualdad de trato "supone la ausencia de toda discriminación por razón de sexo, bien sea directa o indirectamente", especificando su artículo 5 que la aplicación de este principio en lo que se refiere a las condiciones de trabajo implica "que se garanticen a hombres y mujeres las mismas condiciones, sin discriminación por razón de sexo". En relación al artículo 4 de la última Directiva citada, la sentencia del Tribunal de Justicia de la Unión Europea de 21 de julio de 2.011 (Sala Cuarta), recordó que, en su apartado c) prevé que la aplicación del principio de igualdad de trato en lo que se refiere al acceso a todos los tipos y niveles de formación profesional "implica que los Estados miembros tomarán las medidas necesarias a fin de que la formación profesional sea accesible según los mismos criterios y a los mismos niveles sin discriminación por razón de sexo (...)", y, por lo que respecta a la Directiva 2002/73, trajo a colación su artículo 1, punto 3, al disponer que la aplicación del principio de igualdad de trato "supone la ausencia de toda discriminación directa o indirecta por razón de sexo en los sectores público o privado, incluidos los organismos públicos, en relación con el acceso a todos los tipos y niveles de orientación profesional, formación profesional, formación profesional superior y reciclaje profesional, incluida la experiencia laboral práctica" (en relación a la interpretación del contenido del derecho a la no discriminación por razón de sexo en relación con la retribución de los trabajadores, cabe citar las SSTJCE de 27 de junio de 1990, asunto Kowalska; de 7 de febrero de 1991, asunto Nimz; de 4 de junio de 1992, asunto Bötel; o de 9 de febrero de 1999, asunto Seymour-Smith y Laura Pérez)».

En definitiva, no encontrándose objetivamente justificados los requisitos exigidos para la promoción profesional en la empresa, ni la negativa empresarial a otorgar formación a tales efectos a las trabajadoras coadyuvantes, se estima que concurre en la misma una discriminación indirecta por razón de sexo, al no poder considerarse que el sistema de promoción profesional que nos ocupa sea neutro, dado que, aun teniendo apariencia de tal, produce resultados discriminatorios sin justificación objetiva. A tal conclusión, reiteramos, coadyuvan los datos estadísticos de la empresa, de los que se desprende que los puestos en que es posible promocionar son cubiertos por hombres en porcentajes muy superiores a los cubiertos por mujeres, siendo asimismo muy superior el número de hombres que trabajan en planta frente al de mujeres.

b) Tratamiento distinto y perjudicial de un grupo social formado de forma claramente mayoritaria por mujeres

STS n.º 53/2004, de 22 de diciembre, ECLI:ES:TS:2011:5798. «(...) Sobre la estadística, como fuente de indicios de discriminación indirecta, conviene recordar la doctrina sentada por el Tribunal Constitucional en su sentencia 253/2004, de 22 de diciembre, donde se dice: "Como es lógico, en estos supuestos, cuando se denuncia una discriminación indirecta, no se exige aportar como término de comparación la existencia de un trato más beneficioso atribuido única y exclusivamente a los varones; basta, como han dicho tanto este Tribunal como el Tribunal de Justicia de las Comunidades Europeas, que exista, en primer lugar, una norma o una interpretación o aplicación de la misma que produzca efectos desfavorables para un grupo formado mayoritariamente, aunque no necesariamente de forma exclusiva, por trabajadoras femeninas (trabajadores a tiempo parcial - STJCE de 27 de junio de 1990 -, trabajadores con menos de dos años de permanencia en su puesto de trabajo - STJCE de 9 de febrero de 1999 -, trabajadores con menos fuerza física - STC 149/1991 -- etc.). En estos supuestos es evidente que cuando se concluye que, por ejemplo, un tratamiento concreto de los trabajadores a tiempo parcial discrimina a las mujeres, no se está diciendo que en esta misma situación laboral se trata mejor a los varones que a las mujeres. Y, en segundo lugar, se requiere que los poderes públicos no puedan probar que la norma que dispensa una diferencia de trato responde a una medida de política social, justificada por razones objetivas y ajena a toda discriminación por razón de sexo (por todas, SSTJCE de 14 de diciembre de 1995, asunto The Queen v. Secretary of State for Health; de 20 de marzo de 2003, asunto Jorgensen, y de 11 de septiembre de 2003, asunto Steinicke)».

c) Causa objetiva y razonable que justifique la diferencia de trato

STS, rec. 2328/2013, de 14 de mayo de 2014, ECLI:ES:TS:2014:1908. Reconociendo que el empresario privado para esta obligado a otorgar un trato igual o uniforme a todos sus trabajadores —pudiendo establecer aquellas diferencias que le parezcan más convenientes en orden a sus propios intereses empresariales—, el TS asevera que la empresa no puede hacer, sin demostrar que exista para ello una causa objetiva y razonable que lo justifique, asignar unas cantidades significativamente inferiores en los departamentos integrados exclusivamente por mujeres respecto a las que otorga en los departamentos muy mayoritariamente ocupados por hombres.

Para la Sala IV, «la diferencia de trato, insistimos, en ausencia de cualquier explicación o justificación razonable que la diera sentido, tiene carácter discriminatorio porque, de forma objetiva, esa diferenciación establecida por el empleador privado, instrumentada mediante una concesión aparentemente neutra, entraña un trato retributivo que discrimina peyorativamente a quienes prestan servicios en un departamento ocupado exclusivamente por mujeres, hasta el punto de que ellas, en clara y exagerada disparidad con sus compañeros varones mayoritariamente destinados en los otros departamentos, perciben unas sumas significativamente inferiores (en ningún caso alcanzan siquiera el 10% de las que se cobra en los departamentos mayoritariamente ocupados por hombres) a las de aquéllos. Habiéndolo entendido así, en fin, la sentencia impugnada, procede, visto el parecer contrario del Ministerio Fiscal, desestimar el recurso y confirmar aquella en todos sus pronunciamientos. Con imposición de costas a la recurrente».

d) Estadística como medio revelador de la existencia de discriminación indirecta

Por su parte, el Tribunal Constitucional ha estimado que la estadística es un medio revelador de la existencia de discriminación indirecta (SSTC, 128/1.987, de 14 de julio, y 253/2004, de 22 de diciembre) y, como recuerda en la STC, Rec. 133/10, de 18 de julio de 2011, la estadística puede constituir una decisiva fuente de indicios de discriminación indirecta, según estableció ya la precitada STC n.º 253/2004, donde se dice:

«Como es lógico, en estos supuestos, cuando se denuncia una discriminación indirecta, no se exige aportar como término de comparación la existencia de un trato más beneficioso atribuido única y exclusivamente a los varones; basta, como han dicho tanto este Tribunal como el Tribunal de Justicia de las Comunidades Europeas, que exista, en primer lugar, una norma o una interpretación o aplicación de la misma que produzca efectos desfavorables para un grupo formado mayoritariamente, aunque no necesariamente de forma exclusiva, por trabajadoras femeninas (trabajadores a tiempo parcial –STJCE de 27 de junio de 1990–, trabajadores con menos de dos años de permanencia en su puesto de trabajo –STJCE de 9 de febrero de 1999–, trabajadores con menos fuerza física –STC 149/1991– etc.). En estos supuestos es evidente que cuando se concluye que, por ejemplo, un tratamiento concreto de los trabajadores a tiempo parcial discrimina a las mujeres, no se está diciendo que en esta misma situación laboral se trata mejor a los varones que a las mujeres. Y, en segundo lugar, se requiere que los poderes públicos no puedan probar que la norma que dispensa una diferencia de trato responde a una medida de política social, justificada por razones objetivas y ajena a toda discriminación por razón de sexo (por todas, SSTJCE de 14 de diciembre de 1995, asunto The Queen v. Secretary of State for Health; de 20 de marzo de 2003, asunto Jorgensen, y de 11 de septiembre de 2003, asunto Steinicke).

En suma, en estos supuestos, para que quepa considerar vulnerado el derecho y mandato antidiscriminatorio consagrado en el art. 14 CE debe producirse un tratamiento distinto y perjudicial de un grupo social formado de forma claramente mayoritaria por mujeres, respecto de bienes relevantes y sin que exista justificación constitucional suficiente que pueda ser contemplada como posible límite al referido derecho.

Finalmente debe observarse que la incorporación de la discriminación indirecta como contenido proscrito por el art. 14 CE repercute en la forma en la que el intérprete y aplicador del Derecho debe abordar el análisis de este tipo de discriminaciones, ya que implica que «cuando ante un órgano judicial se invoque una diferencia de trato... y tal invocación se realice precisamente por una persona perteneciente al colectivo tradicionalmente castigado por esa discriminación –en este caso las mujeres–, el órgano judicial no puede limitarse a valorar si la diferencia de trato tiene, en abstracto, una justificación objetiva y razonable, sino que debe entrar a analizar, en concreto, si lo que aparece como una diferenciación formalmente razonable no encubre o permite encubrir una discriminación contraria al art. 14 CE » (STC 145/1991, de 1 de julio, F. 2). Para ello deberá atender necesariamente a los datos revelados por la estadística (STC 128/1987, de 14 de julio, F. 6). En este mismo sentido se ha manifestado reiteradamente el Tribunal de Justicia de las Comunidades Europeas (por todas, Sentencia de 9 de febrero de 1999, ya citada).»

e) Discriminación indirecta por razón de sexo en la promoción profesional

STS, rec. 133/2010, 18 de julio de 2011. Donde ante un proceder similar al de la empresa demandada la Sala IV asevera: «Conviene recordar que el ordinal decimotercero de los hechos declarados probados muestra el proceder de la empresa en materia de ascensos, el secretismo con el que se acuerdan estos y que los mismos se realizan principalmente por cooptación, lo que es indicativo, igualmente, de la existencia de un proceso de promoción profesional discriminatorio».

Igualmente, a la vista de la doctrina en ella expuesta, el TS entiende que «(...) no puede estimarse que el sistema de promoción profesional que nos ocupa sea neutro porque, aunque tenga apariencia de tal, produce resultados discriminatorios sin justificación objetiva. Los datos numéricos son siempre fríos y admiten varias lecturas, pero, si se controvierte la promoción profesional, la cuestión no está en examinar el ascenso a categoría ordinaria, como la de profesional, sino el pase a la categoría de coordinador y a la de mando. Es en el ascenso a estas categorías donde se produce una desproporción adversa para las mujeres, porque esos puestos son ocupados, principalmente, por los hombres en porcentajes muy superiores a los cubiertos por mujeres, dado el número de personas de uno y otro sexo que emplea la empresa. Estos resultados se ven favorecidos por el sistema de selección: el ascenso a técnicos y mandos es por libre designación y el pase a coordinador es el resultado de la evaluación continuada del superior inmediato. Así mismo, facilita estos resultados desproporcionados el secretismo y la falta de publicidad con la que los ascensos se llevan a cabo, sin que las plazas se oferten, ni sean conocidas por los sindicatos o por los trabajadores cuya asistencia a los cursos de formación depende del poder discrecional de la empresa».

VIII. *IURA NOVIT CURIA*

En todo lo no invocado resulta de aplicación el principio *iura novit curia*, plasmado en el párrafo segundo del punto primero del artículo 218 de la Ley de Enjuiciamiento Civil, en virtud del cual serán aplicables las demás normas que sean de pertinente, especial o general aplicación, y que el juzgador podrá tener en cuenta de oficio sin necesidad de que hayan sido previamente alegados o invocados por alguna de las partes intervinientes.

Por todo lo expuesto,

SOLICITO AL JUZGADO:

Que, teniendo por presentado este escrito y documentación adjunta con sus copias se sirva admitirlo, y previos los trámites correspondientes, dicte sentencia estimatoria de la demanda y declare la existencia de [DESCRIPCIÓN] (vulneración denunciada), y la nulidad radical de la conducta del demandado, ordenando el cese inmediato del comportamiento discriminatorio y la [DESCRIPCIÓN] (pretensión), con la indemnización por daños incluidos los morales, que esta parte cifra en la cantidad de [CANTIDAD] euros.

En [PROVINCIA], a [FECHA]

[FIRMA]

OTROSI DIGO: a los efectos prevenidos en el art. 21.2 de la de la Ley 36/2011, de 10 de octubre, reguladora de la jurisdicción social, en la celebración de la vista del juicio, compareceré asistido y defendido por el/la Letrado/a Sr./a D./D.ª [NOMBRE_LE-TRADO], señalándose a efectos de citaciones y notificaciones el domicilio del mismo, sito en [DIRECCIÓN].

SEGUNDO OTROSI DIGO: conforme al art. 90 de la de la Ley 36/2011, de 10 de octubre, reguladora de la jurisdicción social y en cumplimiento de un correcto ejercicio del derecho de defensa y de la tutela judicial efectiva que garantiza la Constitución y el resto del ordenamiento jurídico, interesa al derecho de esta parte la práctica, en dicho acto, de las siguientes pruebas:

- INTERROGATORIO del representante legal de la empresa para que previa citación al efecto y bajo juramento indecisorio, absuelva las posiciones que, en su momento, se formularán verbalmente con el apercibimiento de que en caso de no comparecer se tendrán por ciertos los hechos en los que el interrogado hubiese intervenido personalmente

- DOCUMENTAL, debiendo requerirse al demandado para que presente y aporte al proceso los siguientes documentos, con apercibimiento de que de no hacerlo sin causa justificada podrán estimarse probadas las alegaciones hechas por esta parte en relación con esta prueba:

1. Hojas salariales del trabajador demandante de los últimos doce meses.

2. Documentos de cotización TC1 y TC2 del mismo periodo, así como partes de alta y de baja en la Seguridad Social.

3. Contrato de trabajo del trabajador/a demandante.

4. Listado de ascenso a la categoría/grupo profesional de [GRUPO PROFESIO-NAL] desde [FECHA] hasta [FECHA].

5. Listado de trabajadores/as asistentes a los cursos de formación desde [FE-CHA] hasta [FECHA] realizados por la empresa.

- TESTIFICAL, para que los testigos que a continuación se relacionan, sean citados por vía judicial para ser examinados en dicho acto de juicio:

D./D.ª [NOMBRE] con domicilio en [DIRECCIÓN].

D./D.ª [NOMBRE]con domicilio en [DIRECCIÓN].

TERCER OTROSI DIGO: se adjunta una copia de la demanda para el Ministerio Fiscal a los efectos prevenidos en el art. 177.3 de la de la Ley 36/2011, de 10 de octubre, reguladora de la jurisdicción social. **(5)**

CUARTO OTROSÍ DIGO: a esta parte interesa que se fije en sentencia la cantidad de [CANTIDAD] euros como indemnización de daños y perjuicios al amparo de los apdos. 1 y 2 del art. 183, de la Ley 36/2011, de 10 de octubre, reguladora de la jurisdicción social. **(4)**

SOLICITO AL JUZGADO DE LO SOCIAL:

Que tenga por hecha dichas manifestaciones, siendo justicia que reitero, en el lugar y fecha indicados con anterioridad.

[FIRMA]

---

(1) De acuerdo con el apdo. 1, art. 177 de la LRJS, «cualquier trabajador o sindicato que, invocando un derecho o interés legítimo, considere lesionados los derechos de libertad sindical, huelga u otros derechos fundamentales y libertades públicas, incluida la prohibición de tratamiento discriminatorio y del acoso, podrá recabar su tutela a través de este procedimiento cuando la pretensión se suscite en el ámbito de las relaciones jurídicas atribuidas al conocimiento del orden jurisdiccional social o en conexión directa con las mismas, incluidas las que se formulen contra terceros vinculados al empresario por cualquier título, cuando la vulneración alegada tenga conexión directa con la prestación de servicios».

(2) Estos procedimientos se tramitarán conforme a las reglas de competencia que se establecen en los arts. 6 a 8 de la LRJS, ante el Juzgado de lo Social en cuya circunscripción se haya producido el acto lesivo alegado (arts. 67 y 75 de la LOPJ).

(3) Sin perjuicio de lo dispuesto en el apartado 2 del artículo 178, al amparo del art. 184 de la LRJS, las pretensiones de tutela de derechos fundamentales y libertades públicas podrán acumularse —con arreglo a la modalidad procesal correspondiente a cada una de ellas— a las demandas por: despido y por las demás causas de extinción del contrato de trabajo; modificaciones sustanciales de condiciones de trabajo; suspensión del contrato y reducción de jornada por causas económicas, técnicas, organizativas o de producción o derivadas de fuerza mayor; disfrute de vacaciones; materia electoral; impugnación de estatutos de los sindicatos o de su modificación; movilidad geográfica; derechos de conciliación de la vida personal, familiar y laboral a las que se refiere el artículo 139 de la LRJS impugnación de convenios colectivos; sanciones impuestas por los empresarios a los trabajadores en que se invoque lesión de derechos fundamentales y libertades públicas; Medidas cautelares y audiencia preliminar. Estos casos, se tramitarán inexcusablemente, con arreglo a la modalidad procesal correspondiente a cada uno de ellos, dando carácter preferente a dichos procesos y acumulando en ellos, según lo dispuesto en el apartado 2 del art. 26 de la LRJS, las pretensiones de tutela de derechos fundamentales y libertades públicas con las propias de la modalidad procesal respectiva.

(4) De acuerdo con el art. 183 de la LRJS.

(5) El Ministerio Fiscal será siempre parte en estos procesos en defensa de los derechos fundamentales y de las libertades públicas, velando especialmente por la integridad de la reparación.

Modelo orientativo para la confección de un informe de auditoría retributiva

Proponemos a modo orientativo una plantilla de informe de auditoría retributiva.

Informe auditoría retributiva de [EMPRESA]

1. INTRODUCCIÓN

La auditoría retributiva es una herramienta esencial para garantizar la igualdad salarial entre hombres y mujeres en el ámbito laboral. Este informe se enmarca dentro de un contexto legal que abarca tanto el ámbito internacional como el europeo y español, estableciendo un conjunto de normativas y directrices que buscan eliminar las desigualdades retributivas y promover la transparencia en las políticas salariales.

2. NORMATIVA (1)

Para llevar a cabo el informe de auditoría retributiva con perspectiva de género se han utilizado las siguientes normativas:

- Ámbito Internacional

Desde 1919, la Organización Internacional del Trabajo (OIT) reconoce el derecho a la igualdad de remuneración para hombres y mujeres por un trabajo de igual valor, considerándolo un elemento clave de la justicia social. Este principio se refuerza en la Declaración de Filadelfia de 1944, que establece el derecho de todos los seres humanos a perseguir su bienestar material y desarrollo espiritual en condiciones de igualdad de oportunidades. Los Convenios 100 y 111 de la OIT, de 1951 y 1958 respectivamente, son fundamentales en este ámbito, ya que garantizan la igualdad de remuneración y prohíben la discriminación en el empleo y la ocupación.

- Unión Europea

En el ámbito europeo, el artículo 157 del Tratado de Funcionamiento de la Unión Europea de 1957 consagra el principio de igualdad de retribución. Este principio se desarrolla a través de diversas directivas y recomendaciones, como la Directiva 75/117/CEE de 1975 y la Directiva 2006/54/CE de 2006, que refuerzan la igualdad de oportunidades y de trato en el empleo y la ocupación. La Estrategia Europea para la Igualdad de Género 2020-2025 y la Directiva (UE) 2023/970 del Parlamento Europeo y del Consejo de 10 de mayo de 2023, son ejemplos recientes de los esfuerzos continuos de la UE para garantizar la igualdad retributiva.

- Legislación Española

En España, el principio de igualdad retributiva se ha consolidado a través del Estatuto de los Trabajadores de 1980 y se ha desarrollado mediante diversas normativas:

- Ley Orgánica 3/2007, de 22 de marzo, para la igualdad efectiva de mujeres y hombres.
- Real Decreto 901/2020, de 13 de octubre, por el que se regulan los planes de igualdad y su registro y se modifica el Real Decreto 713/2010, de 28 de mayo, sobre registro y depósito de convenios y acuerdos colectivos de trabajo

- Real Decreto 902/2020, de 13 de octubre, de igualdad retributiva entre mujeres y hombres. Este RD establece la obligación de realizar auditorías retributivas para las empresas que elaboren un plan de igualdad, con el objetivo de identificar y corregir las desigualdades salariales. Estas auditorías deben incluir un diagnóstico de la situación retributiva y un plan de actuación para corregir las desigualdades detectadas.
- Artículo 3. Principio de transparencia retributiva.
- Artículo 4. La obligación de igual retribución por trabajo de igual valor.
- Artículo 5. Normas generales sobre el registro retributivo.
- Artículo 6. Registro retributivo de las empresas con auditoría retributiva.
- Artículo 7. Concepto de auditoría retributiva.
- Artículo 8. Contenido de la auditoría retributiva.
- Real Decreto Legislativo 2/2015, de 23 de octubre, por el que se aprueba el texto refundido de la Ley del Estatuto de los Trabajadores.
- Artículo 28.3. Igualdad de remuneración por razón de sexo.

- [CONVENIO COLECTIVO APLICABLE].

. [PLAN DE IGUALDAD]. **(2)**

3. CONCEPTO DE AUDITORÍA RETRIBUTIVA Y ELEMENTOS BÁSICOS DE ANÁLISIS (3)

La auditoría retributiva pretende comprobar que el sistema retributivo de [NOMBRE EMPRESA], de manera transversal y completa, de acuerdo con lo previsto en el artículo 46.2.e) de la Ley Orgánica 3/2007, de 22 de marzo, y como parte del plan de igualdad, cumple en la materia retributiva con el principio de igualdad entre mujeres y hombre. De esta manera, la auditoría retributiva de la entidad permitirá concretar, si las hubiera, las necesidades para evitar, corregir y prevenir los obstáculos y dificultades existentes o que pudiera producirse. Así pues, garantizar la igualdad retributiva, asegurando la transparencia y el seguimiento de dicho sistema retributivo.

Antes de iniciar una auditoría retributiva, es fundamental comprender varios conceptos clave que enmarcan el estudio y subrayan su importancia para la empresa.

- Salario y retribución

El artículo 26 del Estatuto de los Trabajadores define el salario como la totalidad de las percepciones económicas de los trabajadores, en dinero o en especie, por la prestación de servicios laborales por cuenta ajena. Esto incluye tanto la retribución del trabajo efectivo como los periodos de descanso computables como trabajo. No se consideran salario, aunque sí retribución, las indemnizaciones por gastos derivados de la actividad laboral, las prestaciones de la Seguridad Social y las indemnizaciones por traslados, suspensiones o despidos. El concepto amplio de retribución abarca no solo el salario, sino también los complementos en efectivo o en especie, como primas, horas extraordinarias, facilidades de transporte, ayudas para vivienda, indemnizaciones por formación, pagos en caso de despido, gratificaciones discrecionales, subsidios por enfermedad y pensiones de jubilación.

- Principio de igualdad de retribución por trabajo de igual valor

El artículo 28.1 del Estatuto de los Trabajadores establece el principio de igualdad retributiva por la prestación de un trabajo de igual valor, sin discriminación por razón de sexo. Este principio implica que las retribuciones deben basarse en criterios objetivos y no en el sexo del trabajador. La igualdad de retribución se refiere a cualquier percepción económica, directa o indirecta, y busca asegurar la equidad salarial. La normativa define que un trabajo tiene igual valor que otro cuando las funciones, condiciones educativas, profesionales, factores relacionados con su desarrollo y condiciones laborales sean equivalentes.

- Brecha retributiva entre mujeres y hombres

La brecha retributiva mide la diferencia entre los ingresos medios de mujeres y hombres como porcentaje de los ingresos de los hombres. Esta brecha refleja desigualdades estructurales y discriminación que afectan a las mujeres en el ámbito laboral. Factores como estereotipos de género, conciliación y corresponsabilidad, tiempo de trabajo, segregación laboral y la infravaloración de trabajos predominantemente femeninos contribuyen a esta brecha. No toda diferencia salarial implica discriminación, pero si existe, debe tener una justificación objetiva y razonable.

- Determinantes de la brecha retributiva

Los determinantes de la brecha salarial incluyen estereotipos y roles de género, conciliación y corresponsabilidad, tiempo de trabajo, segregación laboral por género, infravaloración de trabajos femeninos, estructura retributiva, sector de actividad y tamaño de la empresa. Estos factores pueden generar desventajas particulares para las mujeres trabajadoras, afectando sus condiciones salariales y oportunidades de desarrollo profesional.

Para realizar el estudio de las retribuciones se ha utilizado la retribución normalizada.

La retribución normalizada es aquella que la persona obtendría si cumpliera todas las condiciones siguientes durante todo el periodo de referencia:

- Ha estado contratada de principio a fin.
- Su contrato es a tiempo completo.
- No ha estado ningún día en situación de baja laboral.
- No ha reducido su jornada laboral.

Se calcula, para un periodo de referencia, como: (Retribución/Horas del periodo) x Horas trabajadas.

Esto se hace así porque la retribución efectiva no nos da una visión correcta de la brecha existente al comparar retribuciones de distintos periodos.

Recordamos que la brecha retributiva es la diferencia que existe entre las retribuciones medias de los hombres y las mujeres. Su fórmula es la siguiente:

Brecha = [(Retribución media anual de los hombres – retribución media anual de las mujeres) / Retribución media anual de los hombres]

El resultado se expresa como porcentaje, y tiene la siguiente interpretación:

- - > 0 %. Significa que las mujeres cobran menos que los hombres. Se expresaría como «las mujeres cobran un x % menos que los hombres», donde la retribución de los hombres es tomada como referencia.
- - = 0 %. Significa que las mujeres cobran igual que los hombres.
- - < 0 %. Significa que las mujeres cobran más que los hombres.

En este sentido, hay que tener en cuenta una cuestión: la manera de hallar la brecha hace que, si los hombres cobran de media el doble que las mujeres, la brecha será del 50 %. Pero si las mujeres cobran de media el doble que los hombres, la brecha será de -100 %. Por eso en caso de brechas negativas los % absolutos son más altos y pueden pasar del -100 %.

4. PROCESO Y METODOLOGÍA

El proceso y la metodología para realizar una auditoría retributiva en [NOMBRE EMPRESA] se estructuran en varias etapas clave, cada una con objetivos específicos y procedimientos detallados. A continuación, se presenta un resumen de este proceso:

- Recogida y tratamiento de información cualitativa y cuantitativa

Se recopila información relevante sobre la plantilla de la empresa, incluyendo convenios colectivos, legislación aplicable, clasificaciones profesionales, partidas retributivas, datos personales y profesionales de los empleados, y datos específicos para el registro retributivo y el estudio de la brecha salarial.

- Estudio de la clasificación profesional existente en la empresa

Se analiza la clasificación profesional de la empresa y se compara con la establecida en el convenio colectivo de referencia para identificar posibles discrepancias o áreas de mejora.

- Estudio del sistema retributivo existente en la empresa

Se clasifican las retribuciones en salario, complementos salariales y percepciones extrasalariales, y se identifican como anualizables o no anualizables, y normalizables o no normalizables, para entender mejor la estructura retributiva.

- Estudio del procedimiento de valoración de puestos de trabajo

Se utiliza la valoración de los puestos de trabajo para determinar el valor que cada puesto aporta a la empresa, considerando factores objetivos y específicos del sector y la organización.

Con objeto de tener una justa valoración relativa del conjunto de tareas que constituyen el contenido de funciones de cada puesto y subsiguiente aportación de la persona trabajadora para ejecutarlas con los rendimientos que fije el proceso al que la persona trabajadora esté asignada, [EMPRESA] ha optado por recurrir a las siguientes especificaciones que a continuación se indican:

a) Criterio de conocimientos. En su doble vertiente de teóricos y prácticos (fiabilidad, experiencia, etc.).

b) Criterio de esfuerzos aportados, tanto sensoriales o nerviosos como físicos o mentales.

c) Criterio de responsabilidad por los elementos que tenga a su cargo la persona trabajadora o se relacionen con ella (instalaciones, materiales y productos, personas o información, etc.).

d) Criterio de condiciones ambientales (penosidad, toxicidad, o peligrosidad).

La valoración asignada con estos sistemas establece la posición relativa de cada uno de los puntos de la empresa en cuanto a jerarquía de valores laborales cualitativos. Dicha valoración se refiere a las cualidades o exigencias del puesto como tal, independientemente de la persona que lo ocupe. Adaptación de las personas trabajadoras a los puestos de acuerdo con sus aptitudes.

En el establecimiento de estos criterios han intervenido los representantes legales de las personas trabajadoras.

- Estudio estadístico de los datos

Se realiza un análisis estadístico de los datos de retribución, considerando medias, medianas, máximos, mínimos y cuartiles, para identificar patrones y posibles brechas retributivas.

- Consideración de otros factores relevantes

Se analizan otros factores que pueden influir en la retribución, como la antigüedad, tipo de contrato, tipo de jornada, conciliación, y número de hijos, para entender mejor las causas de las brechas retributivas.

- Redacción del informe de diagnóstico retributivo

Se elabora un informe que identifica las diferencias retributivas entre hombres y mujeres, y las posibles causas de estas diferencias, determinando si responden a razones objetivas no relacionadas con el sexo de los trabajadores.

- Propuesta de acciones correctoras de las brechas existentes

Se diseñan medidas correctoras para eliminar las brechas retributivas identificadas, adaptadas a las características y necesidades específicas de la empresa, y se integran en el plan de igualdad de la empresa.

5. VIGENCIA DE LA AUDITORÍA RETRIBUTIVA

La auditoría retributiva tiene como vigencia el mismo periodo temporal que el plan de igualdad de [NOMBRE EMPRESA]: [AÑO]-[AÑO]. (4)

6. CONTENIDO DE AUDITORÍA RETRIBUTIVA (5)

INFORME DEL DIAGNÓSTICO RETRIBUTIVO (6)

6.1. Criterios generales de análisis

En primer lugar, para el desarrollo de la auditoría retributiva de [EMPRESA] vamos a separar los distintos niveles profesionales existentes en la empresa.

La clasificación profesional es la siguiente: [A MODO DE EJEMPLO]

NIVEL	PUESTO DE TRABAJO
30	Gerente
30	Secretario/a del Consejo
29	Dirección Área Económica
29	Jefe/a de Área
29	Jefe/a Servicio
27	Técnico/a informática
26	Secretaría Departamento
25	Auxiliar
25	Auxiliar
25	Auxiliar
24	Puesto base

Los grupos profesionales siguen el convenio colectivo de [CONVENIO COLECTIVO APLICABLE] Y son los siguientes: [A MODO DE EJEMPLO]

- **Grupo A**: Pertenecen a este grupo profesional los trabajadores cuyo puesto de trabajo requiera estar en posesión de los títulos de Doctor, Licenciado, Ingeniero, Arquitecto o equivalentes, según establezca la Administración Educativa competente.

- **Grupo B**: Pertenecen a este grupo profesional los trabajadores cuyo puesto de trabajo requiera estar en posesión de los títulos de Ingeniero Técnico, Diplomado Universitario, Arquitecto Técnico o equivalentes, según establezca la Administración Educativa competente.

- **Grupo C. técnicos especialistas**: Pertenecen a este grupo profesional los trabajadores cuyo puesto de trabajo requiera estar en posesión de los títulos de Bachillerato, Formación Profesional específica de grado superior o equivalentes, según establezca la Administración Educativa competente.

- **Grupo D. Técnicos auxiliares**: Pertenecen a este grupo profesional los trabajadores cuyo puesto de trabajo requiera estar en posesión de los títulos de Graduado en Educación Secundaria Obligatoria, Formación Profesional específica de grado medio o equivalentes, según establezca la Administración Educativa competente, así como aquellos otros cuya prestación exige tener el dominio de un oficio.

A su vez, el art. [NÚMERO] del [CONVENIO COLECTIVO APLICABLE] establece dentro de los grupos profesionales los siguientes niveles salariales: [A MODO DE EJEMPLO]

Grupo	Nivel
A	A1
A	A2
B	B1
B	B2
C	C1
C	C2
C	C3
D	C

La estructura retributiva se trata en el art. [NÚMERO] del [CONVENIO COLECTIVO APLICABLE] y tiene la siguiente forma: [A MODO DE EJEMPLO]

- **1. Salario base.**
- **2. Complementos salariales:**
  - **2.1. Complementos personales:**
    - » Antigüedad.
    - » Antigüedad consolidada.
    - » Complementos *Ad personam*.

- 2.2. **Complementos de puesto de trabajo:**
  » Dirección.
  » Especialización/actualización.
  » Guaridas.
  » Funcional.
  » Jornada de mañana y tarde.
- 2.3. **Complementos por cantidad de trabajo:**
  » Horas extraordinarias.
  » Trabajo los sábados, domingos y festivos.
- 3. **Retribuciones en especie.**
- 4. **Percepciones no salariales:**
  » Dietas y desplazamientos.

6.2. Valoración de puestos de trabajo (7)

La valoración de puestos de trabajo consiste en determinar el valor relativo de los puestos en una organización, independientemente de la persona que ocupa el puesto en ese momento.

Existen numerosos métodos de valoración de puestos de trabajo tanto cualitativos, como cuantitativos.

Con respecto a la valoración de puestos de trabajo en [NOMBRE_EMPRESA], para evitar la discriminación salarial de género se ha optado por la valoración cuantitativa o analítica que sirven para objetivar la jerarquía de retribuciones en la empresa. (8)

A continuación, se define brevemente las funciones de cada puesto de trabajo y el resultado de la valoración:

- [GRUPO PROFESIONAL]: [DESCRIPCIÓN]. **(9)**
- [GRUPO PROFESIONAL]: [DESCRIPCIÓN].
- [GRUPO PROFESIONAL]: [DESCRIPCIÓN].
- [GRUPO PROFESIONAL]: [DESCRIPCIÓN].

En cuanto a las categorías de factores por sexo de la Herramienta de Valoración de puestos de trabajo, [DESCRIPCIÓN]. **(10)**

6.3. Plantilla

La plantilla tenida en cuenta para realizar la auditoría retributiva de [NOMBRE EMPRESA] asciende a [NÚMERO TOTAL] personas trabajadoras, que se corresponden con aquellas que a lo largo de [AÑO] han estado de alta algún periodo como plantilla de la [NOMBRE EMPRESA] y han recibido retribución.

Para el estudio de las brechas retributivas se tienen en cuenta todas las personas que hayan formado parte de la plantilla en algún momento del año [AÑO], estén o no de alta en la misma a fecha 31 de diciembre de [AÑO]. Esto permite tener información transversal y completa sobre el sistema retributivo.

De estas [NÚMERO TOTAL] personas, [NÚMERO TOTAL MUJERES] son mujeres y [NÚMERO TOTAL HOMBRES] hombres, lo que supone un [PORCENTAJE] % de mujeres frente a un [PORCENTAJE] de hombres.

La plantilla por tanto está [MASCULINIZADA_O_FEMINIZADA]. El índice de feminización es de [INDICAR] lo que implica que por cada mujer de la plantilla hay [NÚMERO] hombres.

La brecha de género es del [PORCENTAJE] %.

Si separamos por colectivos tenemos lo siguiente:

Mujeres	Hombres	Total	% mujeres	% hombres	Brecha de género	Índice feminización
[NÚMERO]	[NÚMERO]	[NÚMERO]	[PORCENTAJE]	[PORCENTAJE]	[PORCENTAJE]	[PORCENTAJE]

Se observa que [DESCRIPCIÓN].

6.4. Valoración de los datos del registro retributivo (11)

[REGISTRO RETRIBUTIVO] **(12)**

La estructura salarial puede dar lugar a condiciones de remuneración diferentes para las trabajadoras y los trabajadores. La estructura retributiva en [EMPRESA] se compone, como se ha indicado siguiendo el art. [NÚMERO] del [CONVENIO COLECTIVO APLICABLE] de diversos complementos, pero su concesión se ajusta a lo establecido con carácter general en el apdo.1 del art. 26 del Estatuto de los Trabajadores.

- SALARIO BASE: es la retribución fijada por unidad de tiempo o de obra y que constituye la parte fundamental del salario.

- COMPLEMENTOS SALARIALES: retribuciones que se adicionan al salario base; se pueden denominar pluses, primas, complementos o premios.

- RETRIBUCIONES EXTRASALARIALES: cantidades percibidas como indemnización o suplido por los gastos que tiene al realizar su trabajo, prestaciones e indemnizaciones correspondientes a traslados, suspensiones o despidos.

- COMPLEMENTOS PERSONALES: que se fijan en función de circunstancias relativas a las condiciones particulares o propias de la persona trabajadora (cualidades o conocimientos), en que se valoran, por ejemplo, su antigüedad o la vinculación continuada a la empresa, la cualificación individual mediante la titulación académica o profesional, los conocimientos de idiomas, informática, etc.

- COMPLEMENTOS RELACIONADOS CON EL PUESTO DE TRABAJO, que se fijan teniendo en cuenta las circunstancias específicas en que se desarrolla el trabajo. En esta tipología entrarían los pluses de nocturnidad, los de trabajo en días festivos, así como los pluses de peligrosidad, penosidad o toxicidad, los complementos por calidad y cantidad de trabajo, dentro de los cuales hay que situar los pluses de asistencia y puntualidad, las primas o los incentivos de productividad, que premian el rendimiento laboral por encima de unos mínimos.

- COMPLEMENTOS RELACIONADOS CON LA SITUACIÓN Y RESULTADOS DE LA EMPRESA.

Teniendo en cuenta el promedio de retribuciones cobradas en el ejercicio de [MES]/[AÑO] -[MES]/[AÑO], existen excepciones donde se supera el 25 % de diferencia entre sexos, siendo favorable en los hombres. Como se ve, estas diferencias salariales vienen motivadas por [DESCRIPCIÓN]. **(13)**

6.5. Sistema de promoción (14)

En el ejercicio de la promoción profesional dentro de la entidad, se establece un procedimiento objetivo y transparente bajo criterios demostrables de valía profesional e informando a toda la plantilla de la posibilidad de presentar candidaturas de la existencia de promoción interna, fomentando que el sexo minoritario, en este caso son hombres, presenten sus perfiles. Dentro de la promoción, los puestos exigen una dedicación exclusiva en su desarrollo, siendo exigible [DESCRIPCIÓN] **(15)** equiparables entre hombres y mujeres.

En cuanto a la evaluación de los perfiles, las personas encargadas de ello tienen formación en igualdad entre mujeres y hombre, teniendo requerimientos objetivos en cuanto al desempeño del puesto de trabajo y no por razón de sexo.

De esta manera, se produce un desequilibrio entre hombres y mujeres en la promoción a favor de los/as [HOMBRES_O_MUJERES], esto se debe a [DESCRIPCIÓN]. **(16)**

En cuanto a la promoción en la entidad, la propia entidad tiene un procedimiento interno cuyas personas profesionales responsables de la promoción tienen formación en igualdad entre hombres y mujeres.

6.6. Sistema de selección y contratación

[NOMBRE EMPRESA] realiza la selección y contratación del personal según [ESPECIFICAR] **(17)**, por el que se garantiza la aplicación de las siguientes medidas en el proceso de selección:

- [MEDIDA]: [DESCRIPCIÓN]. **(18)**
- [MEDIDA]: [DESCRIPCIÓN].
- [MEDIDA]: [DESCRIPCIÓN].

6.7. Sistema de clasificación profesional

En cuanto a la clasificación profesional se tiene en cuenta que [ESPECIFICAR]. **(19)**

6.8. Sistema de formación

[NOMBRE EMPRESA] se asegura que todas las personas de la empresa tengan las mismas horas de formación para su desarrollo personal y que hayan tenido formación sobre igualdad entre mujeres y hombres, procurando que las formaciones sean dentro de la jornada laboral, que en cuanto a habilidades directivas haya paridad entre sexos y que la impartición de la formación se tenga en cuenta y se promueva aspectos de igualdad y el uso del lenguaje inclusivo.

6.9. Condiciones de trabajo

No existe diferencias sustanciales diferentes entre hombres y mujeres en cuanto a la duración de la jornada laboral, ni en sus respectivas retribuciones. Todas las condiciones de trabajo están enmarcadas dentro del convenio colectivo de aplicación sin distinción entre mujeres y hombres.

Además, con la herramienta de valoración de puestos se observa que no hay distinciones importantes en las puntuaciones de los factores entre mujeres y hombres.

Se exponen distintos ejemplos de las puntuaciones de los factores en distintas agrupaciones:

6.10. Ejercicio corresponsable de los derechos de la vida personal, familiar y laboral

No se tiene registro de las personas que se han beneficiado de excedencias o reducciones de la jornada para el cuidado de menores o familiares. Sin embargo, dentro del Reglamento interno de [EMPRESA] explica el procedimiento para tal fin.

Como propuesta de mejora para la entidad, será el llevar el registro de las personas beneficiarias de tales derechos.

6.11. Infrarrepresentación femenina

[DESCRIPCIÓN].

Al tratarse de una entidad ampliamente [MASCULINIZADA_O_FEMINIZADA] donde más del [PORCENTAJE] % de la plantilla está compuesta por [HOMBRES_O_MUJERES] (SI/NO) existe infrarrepresentación femenina.

7. PLAN DE ACTUACIÓN (20)

De los datos analizados se concluye la necesidad de adoptar una serie de medidas que garanticen el cumplimiento del artículo 3 del Real Decreto 902/2020, de 13 de octubre, de igualdad retributiva entre mujeres y hombres, en cuanto al principio de transparencia retributiva y artículo 4 del mismo texto normativa relativo a la obligación de igual retribución por trabajo de igual valor.

a) Diagnósticos regulares y estudios analíticos del sistema de retribución

Se establece la realización de diagnósticos anuales para analizar las posibles brechas salariales tanto desde la perspectiva de nuevas contrataciones como a nivel interno, asegurando la equidad interna y externa de la política retributiva y de beneficios sociales. Del mismo modo se realizarán estudios analíticos del sistema de retribución aplicado en la empresa y, en caso de detectar variaciones por motivo de género, implementar acciones que aseguren el cumplimiento de la equidad salarial.

Ambas medias partirán de la elaboración de un registro retributivo siguiendo lo establecido en el Real Decreto 902/2020, de 13 de octubre, de igualdad retributiva entre mujeres y hombres conforme a la herramienta de Igualdad del ministerio. De acuerdo con la regulación contenida en el Real Decreto 902/2020, de 13 de octubre, de igualdad retributiva entre mujeres y hombres, el registro retributivo deberá incluir los valores medios de los salarios, los complementos salariales y las percepciones extrasalariales de la plantilla desagregados por sexo y distribuidos conforme a lo establecido en el artículo 28.2 del Estatuto de los Trabajadores y conforme a la herramienta de Igualdad del Ministerio. Este registro debe realizarse anualmente, con fecha de referencia el 1 de febrero de cada año.

Para ello, es necesario desglosar cada complemento salarial y extrasalarial para facilitar el estudio de las diferencias existentes. En el registro retributivo de la empresa, deberán establecerse, convenientemente desglosadas por sexo, la media aritmética y la mediana de lo realmente percibido por cada uno de estos conceptos en cada grupo profesional, categoría profesional, nivel, puesto o cualquier otro sistema de clasificación aplicable. Esta información deberá estar desagregada en atención a la naturaleza de la retribución, incluyendo salario base, cada uno de los complementos y cada una de las percepciones extrasalariales, especificando de modo diferenciado cada percepción.

Además, en las empresas con auditoría retributiva, el registro retributivo debe reflejar las medias aritméticas y las medianas de las agrupaciones de los trabajos de igual valor en la empresa, conforme a los resultados de la valoración de puestos de trabajo efectuada por esta. Por tanto, el registro retributivo del año [AÑO] debe recoger dicha circunstancia, de forma que se recoja la información desglosada según la agrupación de los puestos y clasificación profesional aplicada en la entidad y, adicionalmente, la agrupación resultante de los puestos de igual valor según la valoración de puestos de trabajo (VPT) de la entidad. Los promedios y las medianas calculados para cada agrupación no podrán ser coincidentes, salvo en el supuesto poco probable en el que la agrupación de puestos según clasificación aplicada en la entidad y la agrupación de puestos de igual valor sean perfectamente idénticas

Finalmente, es preceptiva la consulta previa a la representación legal de las personas trabajadoras (RLPT), si la hubiese, con una antelación de 10 días antes de la elaboración del registro. **Esta obligación es de carácter anual**, comenzando su obligatoriedad una vez finalizado el año natural. **(21)**

b) Realización de una valoración periódica de puestos de trabajo (VPT)

La realización de una valoración periódica de puestos de trabajo (VPT) **cada dos años**, o en su defecto, una vez transcurrido la mitad de la vigencia del plan de igualdad, es fundamental para asegurar la equidad retributiva. Esta valoración debe llevarse a cabo utilizando la herramienta de VPT recientemente publicada, que aporta novedades en cuanto al criterio de valoración, así como al establecimiento de factores y su ponderación y puntuación. La finalidad de esta valoración es corregir las posibles desviaciones que se detecten respecto a la VPT previa a la realización de la auditoría retributiva objeto del presente documento.

La auditoría retributiva, que debe realizarse con la misma periodicidad que la VPT, tiene por objeto obtener la información necesaria para comprobar si el sistema retributivo de la empresa cumple con la aplicación efectiva del principio de igualdad entre mujeres y hombres en materia de retribución. Esta auditoría debe incluir un diagnóstico de la situación retributiva en la empresa, la evaluación de los puestos de trabajo y la identificación de posibles deficiencias o desigualdades en el diseño o uso de las medidas de conciliación y corresponsabilidad.

La representación legal de la plantilla, en caso de existir, debería participar en la elaboración del Manual de Valoración de Puestos de Trabajo de la Entidad, asegurando así la transparencia y la equidad en el proceso de valoración y auditoría retributiva.

c) Crear un manual de política retributiva

El manual de política retributiva es una herramienta esencial para garantizar la equidad salarial y eliminar la brecha de género en la entidad. Este manual debe establecer las cantidades que percibirán todas las personas que trabajen en la entidad en función de su categoría, grupo profesional o puesto de trabajo, asegurando que el sexo de las personas no incida sobre dicha retribución. En el plazo de un año de creará este documento teniendo en cuenta las siguientes premisas:

1. **Alineación del valor del puesto con la retribución**: el manual debe alinear la aportación del valor de cada puesto de trabajo con la retribución correspondiente, sin que el sexo de las personas que lo ocupen influya en dicha retribución. Esto se basa en la necesidad de garantizar la igualdad de retribución por trabajos de igual valor, conforme a la Directiva 2023/970 de 10 de mayo.

2. **Disponibilidad y transparencia**: el manual debe estar a disposición de toda la plantilla y se entregará una copia del mismo a todas las personas de nueva incorporación. La transparencia en los sistemas retributivos es fundamental para revelar y corregir posibles sesgos y discriminaciones de género.

3. **Factores de análisis**: para determinar la política retributiva, se deben analizar diversos factores, entre ellos: el convenio colectivo, la ubicación de la empresa, los diferentes puestos de trabajo y la situación económica de la empresa. Es crucial que las cantidades asignadas no afecten al sexo de las personas que ocupan los distintos puestos de trabajo.

4. **Control y seguimiento**: el control de la política retributiva se llevará a cabo a través del registro retributivo que se realizará anualmente, en virtud del artículo 28 del Estatuto de los Trabajadores. Este registro debe incluir los valores medios de los salarios, los complementos salariales y las percepciones extrasalariales de la plantilla desagregados por sexo.

5. **Participación de la representación legal**: la representación legal de la plantilla, en caso de existir, debería participar en la elaboración del Manual de Política Retributiva de la entidad. Esta participación es esencial para asegurar la transparencia y la equidad en el proceso de valoración y auditoría retributiva.

8. CRONOGRAMA (22)

La comisión negociadora tendrá competencias para fijar un cronograma de actuaciones dentro del plan de igualdad [art. 6.1.c) Real Decreto 901/2020, de 13 de octubre]. Nada establece la norma en relación con el cumplimiento temporal de los objetivos o medidas desarrolladas en materia de igualdad. Sobre este aspecto resulta recomendable el desarrollo de cronograma de trabajo lo más realista posible en función de la actividad del área o departamento de trabajo al que se pretenda aplicar cada medida, sin perder de vista cualquier aspecto abordado en la fase de seguimiento o la posible prioridad aplicativa de alguna medida. Las previsiones temporales podrán ser ajustadas en función de las necesidades o un posterior incremento en la asignación de recursos materiales y/o humanos.

CRONOGRAMA								
AÑO	2024		2025		2026		2027	
MESES	1-6	6-12	1-6	6-12	1-6	6-12	1-6	6-12
MEDIDAS								
Diagnósticos regulares y estudios analíticos del sistema de retribución	X		X		X		X	
Realización de una valoración periódica de puestos de trabajo (VPT)			X				X	
Manual de política retributiva	X							

(1) En el primer apartado de nuestro informa citaremos toda la normativa analizada para llevar a cabo el informe de auditoría retributiva con perspectiva de género.

(2) De acuerdo con el artículo 7.1 del Real Decreto 902/2020, de 13 de octubre, de igualdad retributiva entre mujeres y hombres, las empresas que elaboren un plan de igualdad deberán incluir en el mismo una auditoría retributiva de conformidad con el artículo 46.2.e) de la Ley Orgánica 3/2007, de 22 de marzo, para la igualdad efectiva de mujeres y hombres (en adelante LOI). Por lo tanto, todos los planes de igualdad de las empresas, elaborados con carácter obligatorio o voluntario, deben incluir la auditoría retributiva

(3) Explicar brevemente el objetivo de la auditoría retributiva que se ha realizado.

(4) La auditoría retributiva tendrá la vigencia del plan de igualdad del que forma parte, salvo que se determine otra inferior en el mismo (apdo. 2 del art. 7 del Real Decreto 902/2020, de 13 de octubre).

(5) El contenido de la auditoría retributiva se define en el art. 8 del Real Decreto 902/2020, de 13 de octubre. Se trata de pasar por todas las áreas de obligado diagnóstico previo al plan de igualdad indicando todos aquellos factores de interés con perspectiva de género.

(6) Una vez aclarados los conceptos de análisis, se procede a desarrollar la auditoría retributiva de la empresa, comenzando con un diagnóstico sobre la brecha salarial para identificar diferencias retributivas y planificar actuaciones para corregir cualquier brecha salarial discriminatoria, integrando estas medidas en el plan de igualdad de la empresa. El diagnóstico requiere:
1.º La evaluación de los puestos de trabajo teniendo en cuenta la obligación de igual retribución por trabajo de igual valor (art. 4 del Real Decreto 902/2020, de 13 de octubre), tanto con relación al sistema retributivo como con relación al sistema de promoción.
2.º La relevancia de otros factores desencadenantes de la diferencia retributiva, así como las posibles deficiencias o desigualdades que pudieran apreciarse en el diseño o uso de las medidas de conciliación y corresponsabilidad en la empresa, o las dificultades que las personas trabajadoras pudieran encontrar en su promoción profesional o económica derivadas de otros factores como las actuaciones empresariales discrecionales en materia de movilidad o las exigencias de disponibilidad no justificadas.

(7) La valoración de puestos de trabajo tiene por objeto realizar una estimación global de todos los factores que concurren o pueden concurrir en un puesto de trabajo, teniendo en cuenta su incidencia y permitiendo la asignación de una puntuación o valor numérico al mismo. Los factores de valoración han sido considerados de manera objetiva y están vinculados con el desarrollo de la actividad laboral.
La valoración se refiere a cada una de las tareas y funciones de cada puesto de trabajo de la empresa, ofrece confianza respecto de sus resultados y es adecuada al sector de actividad, tipo de organización de la empresa y otras características que a estos efectos puedan ser significativas, con independencia, en todo caso, de la modalidad de contrato de trabajo con el que vayan a cubrirse los puestos.

(8) Redactar las conclusiones sobre la situación de la plantilla en relación a si la misma está feminizada o masculinizada. A modo de ej.: «se hace hincapié en que la entidad es [FEMINIZADA_O_MASCULINIZADA] ya que la mayoría de los puestos de trabajo cuentan con mayoría de [MUJERES_O_HOMBRES], a excepción de [A modo de ej.: "puestos de trabajo donde solo hay una persona y lo ocupa un hombre (GRUPO PROFESIONAL) y (GRUPO PROFESIONAL)"]. Además, las puntuaciones son sustraídas de los puestos de trabajo, es decir, los factores evaluados dan el mismo resultado tanto para mujeres como para hombres en el mismo puesto de trabajo».

(9) A modo de ej.: «Teclistas monotipistas: Es el Personal Oficial que compone sobre un teclado de máquina monotipia toda clase de textos de posible ejecución en dichas máquinas. Deberán conocer con perfección los mecanismos esenciales de la máquina, así como la reparación de pequeñas averías. La composición mínima, debidamente corregida, será la de 6.000 letras-hora. Tendrán la categoría de Personal Oficial de primera las personas que procedan del Personal Oficial cajista, o quienes realizan los trabajos más complejos con suficiente perfección, tales como los de estadística y fórmulas. El resto tendrá la consideración de Personal Oficial de segunda».

(10) Explicar (acompañando con gráficos) las diferencias entre sexos teniendo en cuenta la herramienta de valoración de puestos de trabajos.

(11) De conformidad con lo establecido en el artículo 28.2 del Estatuto de los Trabajadores, todas las empresas deben tener un registro retributivo de toda su plantilla, incluido el personal directivo y los altos cargos. Este registro tiene por objeto garantizar la transparencia en la configuración de las percepciones, de manera fiel y actualizada, y un adecuado acceso a la información retributiva de las empresas, al margen de su tamaño, mediante la elaboración documentada de los datos promediados y desglosados. El registro retributivo deberá incluir los valores medios de los salarios, los complementos salariales y las percepciones extrasalariales de la plantilla desagregados por sexo y distribuidos conforme a lo establecido en el artículo 28.2 del Estatuto de los Trabajadores y cumplir lo establecido en los arts. 5 y 6 del Real Decreto 902/2020, de 13 de octubre.

(12) Se recomienda añadir el registro retributivo de análisis.

(13) El registro deberá incluir la justificación a que se refiere el artículo 28.3 del Estatuto de los Trabajadores, cuando la media aritmética o la mediana de las retribuciones totales en la empresa de las personas trabajadoras de un sexo sea superior a las del otro en, al menos, un veinticinco por ciento. Como ej. de justificación de las diferencias: «(...) existen excepciones donde se supera el 25% de diferencia entre sexos, siendo favorable en las mujeres por el hecho de que la plantilla es feminizada, se van a ver las diferencias salariales a favor de las mujeres, motivada por la cantidad de mujeres que hay con respecto a los hombres, también hay diferencia de salarios entre las propias mujeres o entre mujeres y hombres, estas se deben a que hay personas que tienen complementos salariales que otras no tienen como son: [ESPECIFICAR EL NOMBRE DEL COMPLEMENTO Y LAS CARACTERÍSTICAS DEFINIDAS POR EL CONVENIO PARA SU PERCEPCIÓN QUE JUSTIFICAN MAYOR RETRIBUCIÓN]».

(14) La relevancia de otros factores desencadenantes de la diferencia retributiva, así como las posibles deficiencias o desigualdades que pudieran apreciarse en el diseño o uso de las medidas de conciliación y corresponsabilidad en la empresa, o las dificultades que las personas trabajadoras pudieran encontrar en su promoción profesional o económica derivadas de otros factores como las actuaciones empresariales discrecionales en materia de movilidad o las exigencias de disponibilidad no justificadas.

(15) A modo de ej.: «(...) la disponibilidad para viajar en el puesto de [GRUPO PROFESIONAL]».

(16) A modo de ej.: «(...) que la mayoría de las personas trabajadoras son hombres».

(17) A modo de ej.: «(...) su manual de procedimiento de contratación».

(18) Especificar un procedimiento de análisis previo de las tareas y competencias del puesto, criba de currículums recibidos, guión para la realización de entrevistas y pruebas prácticas, bases para la valoración y decisión, entrevista personal, etc., y especificar un porcentaje de cada una de las fases descritas en función de la valoración de cada una de ellas. En este apartado también podría hacerse mención a la existencia y justificación de medidas de discriminación positiva para la contratación de mujeres o cualquier colectivo.

(19) A modo de ej.: «(...) la mayoría de los puestos de trabajo son ocupados por mujeres, tras el uso de la herramienta de valoración de puestos de trabajo con perspectiva de género da como resultado la no existencia de diferencias entre sexos para un mismo puesto de trabajo, a excepción de los complementos y añadidos salariales individuales.

Existe una diferencia importante en cuanto a hombres y mujeres en relación con los puestos de trabajos, sin embargo, los resultados de la valoración de los puestos de trabajo indican que no existe ninguna discriminación por razón de sexo en la clasificación profesional».

(20) La auditoría retributiva implica la obligación de la empresa de establecer un plan de actuación para la corrección de las desigualdades retributivas, con determinación de objetivos, actuaciones concretas, cronograma y persona o personas responsables de su implantación y seguimiento. El plan de actuación deberá contener un sistema de seguimiento y de implementación de mejoras a partir de los resultados obtenidos.

Con carácter general estas medidas serán acordadas dentro de la comisión negociadora del plan de igualdad, pero es una obligación empresarial.

(21) Con independencia del cronograma que se acuerde en el seno de la comisión negociadora, se hace necesario recordar que esta obligación es de carácter anual, comenzando su obligatoriedad una vez finalizada el año natural. Para ello es preceptiva consulta previa a la RLPT, si la hubiese, con una antelación de 10 días.

(22) La comisión negociadora tendrá competencias para fijar un cronograma de actuaciones dentro del plan de igualdad [art. 6.1.c) Real Decreto 901/2020, de 13 de octubre]. Nada establece la norma en relación con el cumplimiento temporal de los objetivos o medidas desarrolladas en materia de igualdad. Sobre este aspecto resulta recomendable el desarrollo de cronograma de trabajo lo más realista posible en función de la actividad del área o departamento de trabajo al que se pretenda aplicar cada medida, sin perder de

vista cualquier aspecto abordado en la fase de seguimiento o la posible prioridad aplicativa de alguna medida. Las previsiones temporales podrán ser ajustadas en función de las necesidades o un posterior incremento en la asignación de recursos materiales y/o humanos.